U0560721

国家出版基金项目
NATIONAL PUBLICATION FOUNDATION

中国话语体系建设丛书

丛书主编 沈壮海

▼ 王萌 李天成 著

中国近代史话语体系初探

WUHAN UNIVERSITY PRESS

武汉大学出版社

图书在版编目（CIP）数据

中国近代史话语体系初探／王萌,李天成著 . -- 武汉 ：武汉
大学出版社, 2025.5. -- 中国话语体系建设丛书／沈壮海主编 .
ISBN 978-7-307-25010-9

Ⅰ. K250.7

中国国家版本馆 CIP 数据核字第 2025B6Q667 号

责任编辑:聂勇军　　　责任校对:汪欣怡　　　版式设计:马　佳

出版发行：**武汉大学出版社**　　（430072　武昌　珞珈山）

（电子邮箱：cbs22@ whu.edu.cn　网址：www.wdp.com.cn）

印刷:湖北恒泰印务有限公司

开本:720×1000　1/16　印张:15　字数:242 千字　插页:2

版次:2025 年 5 月第 1 版　　2025 年 5 月第 1 次印刷

ISBN 978-7-307-25010-9　　定价:98.00 元

版权所有，不得翻印;凡购我社的图书，如有质量问题，请与当地图书销售部门联系调换。

"中国话语体系建设丛书"编委会

主　任　沈壮海

副主任　方　卿

编　委（以姓氏拼音字母为序）

方德斌　冯　果　贺雪峰　李佃来　李圣杰

刘安志　刘　伟　陆　伟　罗永宽　孟　君

聂　军　强月新　陶　军　于　亭　张发林

作者简介

王萌，现为武汉大学历史学院教授、博士生导师，武汉大学人文社科优秀青年学者。主要研究方向为中国近现代史、抗日战争史。主持并完成国家社科基金一般项目与青年项目、教育部人文社科青年项目多项，发表论文40余篇，出版专（译）著6部，曾获高等教育（本科）国家级教学成果奖二等奖、湖北省高等学校教学成果奖特等奖、第十届孙平化日本学学术奖论文类一等奖等教学科研类奖项多项。

李天成，现为华中师范大学中国近代史研究所博士研究生，主要研究方向为中国近现代史、中外关系史。在《城市史研究》及《历史和历史教育》（韩国）等刊物发表论文多篇。

前　　言

　　由各种核心概念构建形成的中国近代史话语体系，反映研究者的历史观和史学特具的教育功能。本著首先考察 1912 年以来中外学界形成的数种中国近代史话语体系及其核心概念、基本观点。蒋廷黻作为五四时期成长起来的新派历史学家，他的"近代化"话语体系依附于其所处的时代语境，充分体现于其所著《中国近代史》一书之中。蒋廷黻的"近代化"话语体系及其对相关问题的表述、讨论，形成一套解读中国近代史鲜明的分析框架。蒋著关于近代史分期问题、重要人物历史功绩评价问题等方面的评述，迄今仍是我们理解中国近代史特征的思考起点。学界对于蒋廷黻整体化理解中国近代史的思维路径，大多给予较为肯定的评价。然而对于历史人物、事件、制度构建以及彻底西化等问题，不能简单以是否推进"近代化"为标尺，进行简单化、片面化的理解，故而对其批判之声亦始终不绝。

　　"革命"是近代中国的历史基调之一，所有以"革命"为话语体系的中国近代通史著作均以此形成核心概念与基本观点。范文澜所著《中国近代史》（上册），是较为完整体现中华人民共和国成立之前"革命"话语体系的经典著作，构建了中国学界的第一种"革命"话语体系。这一话语体系以"反帝反封建"为核心概念，意图揭示近代中国历史的主线是人民大众英勇进行反帝反封建的斗争史，背后反映的是以毛泽东为核心的中国共产党人的中国近代史观。这一话语体系与"近代化"话语体系处于高度对立状态，反映了 1949 年之前中国近代史研究领域激烈的意识形态之争。

　　第二种"革命"话语体系以胡绳所著的《从鸦片战争到五四运动》为代表。胡绳在其著《序言》中明确表明，他是基于对中国近代史分期问题"三次革命高潮"的思考而形成该著的主体线索。所谓"三次革命高潮"时期，即"第一次革命高潮"时期是 1851—1864 年的太平天国运动时期；"第二次革命高潮"时期是中日甲午战争后的数年，在这数年中发生了 1898 年的戊戌维新运动和 1900 年的义和团运动；"第三次革命高潮"时期是由 1905 年同盟会成立到 1911—1912 年的辛亥革命时期。胡绳的这本著作，可以看作中华人民共和国成立 30 年前后，跨越"文革"至改革开放初期中国近代史学界形成的第二种"革命"话语体系。在此话语体系中，毛泽东关于中国近代史的论述，是胡著对相关问题论述的重要指引；值得注意的是，胡著中"革命"话语与"近代化"话语之间的对立关系已有所缓和。

　　近年来，张海鹏提出中国近代史"三条线索"与"四点启示"，形成第三种"革命"话语体系。所谓"三条线索"，即张海鹏所归纳的：第一，中国近代史起自 1840 年鸦片战争，中间经历晚清和中华民国时期，终结于 1949 年 10 月 1 日中华人民共和国成立。对于中国近代史这条线索的理解，今天与 30 年前并不一样。第二，中国社会在鸦片战争以前是一个封建社会。鸦片战争以来，中国与列强签订了一系列的不平等条约，条约极大地损害了中国主权的完整，破坏了中国自给自足的小农经济基础，引进了西方资本主义的生产因素，阻断了中国经济体系自身走向资本主义的道路，使中国社会逐渐变成半殖民地半封建社会。这一社会性质，是贯穿中国近代历史的一条基本规律。第三，理解了这一规律，就理解了为什么"革命"是近代中国的历史主调之一，中国近代史如何经历了从"沉沦""谷底"到"上升"的全部过程。所谓"四点启示"，即历史选择了马克思主义为指导思想，历史选择了社会主义道路，历史选择了中国共产党作为推动中国历史前进的领导力量，历史证明实现中华民族伟大复兴是近代以来中国人民最伟大的梦想。在此话语体系中，民族独立问题和社会经济现代化问题，并非对立关系，而是孰先孰后的关系。解决民族独立问题，需要反帝反封建的民主主义革命，而解决社会经济的现代化问题，就要实现工业化，近代中国只有首先解决国家、民族的独立，才可能实现工业化和现代化。

　　中国近代史，不仅是学术界研究的对象，也是社会大众渴望了解的知识宝库。本著另考察近代以来历史教育界对于面向大众的中国近代史话语体系的探索与构建过程。19 世纪末至 20 世纪初，历史学在中国逐渐由传统学术转变为现代学术，与此同时具有近代指向性的历史教育开始形成。中国近代历史学和历史教育在某种程度上是以同期化的方式产生的。而在现实的社会层面，历史教育所发挥的作用往往大于历史学，特别是在现代国民意识形成中具有重要作用。随着社会的发展，在每个时期的历史教育中都会出现多种历史认识问题。因此，考察中国近、现代史话语体系的建构过程，无法否定历史教育在其中扮演的重要角色。

我们关注到，作为我国高等学校历史专业学生通用教材的《中国近代史》，存在 1977 年、1979 年、1983 年、1994 年四个版本。1977 年版《中国近代史》面世后，在国内引起较大反响。党的十一届三中全会之后，中国近代史学界关于中国近代史发展规律有了新的认识，这一认识充分反映于 1979 年、1983 年两版《中国近代史》的话语叙述中。这两版，尤其是 1983 年版，对一些重要历史人物、事件、活动有了新的评价。1994 年版《中国近代史》吸收改革开放十余年来中国近代史学界的研究成果，出版后并未进行大的改动，是目前中国大学历史专业普遍使用的经典中国近代史教材。我们发现，当前中国近代史主流话语体系中的诸多关键词、核心词等，都可以从这四版《中国近代史》中找到最初运用的语境与具体指向。这四版《中国近代史》是我们了解"文革"后中国近代史话语体系变迁的重要考察对象，它们在话语叙述上的变化，反映不同时期中国近代史学界对于"时代之变""时代之问""时代之思"的因应。

目　录

第二部分　历史教育与话语体系建构

第三部分　教科书中的话语体系

第一部分 『革命』与『近代化』的话语纠葛

第一章

蒋廷黻《中国近代史》与"近代化"话语体系

蒋廷黻(1895—1965)，字绥章，湖南邵阳人。蒋氏出身富户，幼受传统教育。1906年入长沙民德小学学习，开始接受新式教育。1911年赴美留学，后以《英国劳工党的外交政策》为博士论文，获哥伦比亚大学博士学位。1923年蒋氏回国后，任教于南开大学。他在南开任教六年，主要讲授西方民主政治，并从事中国外交史研究。1929年蒋氏被清华大学校长罗家伦所聘，任清华大学历史系主任。清华任教期间，蒋氏认为是其一生中最快乐的岁月，他得以研读大量故宫档案以及晚清要人的文件信札，并利用各种一手档案资料开始著述。这一时期他出版、发表《近代中国外交史资料辑要》《琦善与鸦片战争》等多部中国近代史领域论著。或因在《独立评论》和《大公报》发表多篇关于中外关系的政论文章，蒋氏引起蒋介石注意。1935年他受蒋介石之邀，弃学从政，出任国民政府行政院政务处长，1936年任中国驻苏联大使。抗战全面爆发后，蒋廷黻回国。① 《中国近代史》是1938年武汉会战期间，蒋氏在汉口所著的一本小册子。这本小书被学界认为是蒋廷黻奠定其中国近代史研究学术地位，宣传其"近代化"话语体系及近代化史观的最重要成果。

① 关于蒋廷黻的个人生平，诸多论著皆有涉及。较详细者，可参考严君：《蒋廷黻生平事略》，《民国档案》1989年第1期。

第一节 《中国近代史》的出版与传播

《中国近代史》篇幅仅五万余字，叙述鸦片战争至1938年武汉会战期间近百年的中国历史，该书较为完整地再现了中国近代"千年未有之大变局"的宏大历史图景，被史家视为中国近代化史观之圭臬，是中国近代史研究领域一部影响深远的著作。该著将中国近代史分为四章，第一章"剿匪与抚夷"，叙述时段自中英接触至第二次鸦片战争结束，侧重说明传统中国对外政策之特征；第二章"洪秀全与曾国藩"，叙述太平天国运动之兴衰；第三章"自强及其失败"，叙述洋务运动之起落；第四章"瓜分及民族之复兴"，叙述维新变法、义和团运动、辛亥革命、国民革命对救国救民之实践。是否推进"近代化"，是蒋氏视为顺逆时代潮流之标准。他在书中明确提出，近代中国能够救国救民之根本方案，在于实现近代化。

武汉会战期间，陶希圣、吴景超、陈之迈三人决定编辑《艺文丛书》，每册数万字，蒋廷黻受邀撰写。蒋氏自述此段经历，可知其写作《中国近代史》的旨趣：

> 这本《中国近代史大纲》是民国二十七年（1938）五、六两月起草的。那时我已辞去驻苏大使的任务，还未恢复行政院政务处的执掌，在汉口有几个月的安逸，于是趁机写这本小书。
>
> 我在清华教书的时候，原想费十年功夫写部近代史。抗战以后，这种计划实现的可能似乎一天少一天。我在汉口的那几个月，身边图书虽少，但是我想不如趁机把我对我国近代史的观感作一个简略的初步报告。这是这书的性质，望读者只把它作个初步报告看待。①

蒋廷黻原准备十年完成的这部"近代史"，两月即告完工，显然他对书中观点早已成竹在胸，史料运用可谓娴熟自如。该著语言通俗易懂，出版后流传甚

---

① 蒋廷黻：《中国近代史大纲》，台北：启明书局1949年版，（自序）第1页。

广，被喻为治中国近代史者之必读书。其出版情况大致可分三个阶段：①

第一阶段，民国时期版本。1939 年青年书店翻印此书，改名《中国近代史大纲》。1939 年商务印书馆将蒋氏《中国近代史》与陈恭禄《中国近代史》合编，作为《民国丛书》第二编之一出版。1949 年台湾启明书局以《中国近代史大纲》为名重版。因抗战已告胜利，此版将宣传"抗战建国"之第四章最后一节删去，后附作者《琦善与鸦片战争》《最近三百年东北外患史（从顺治到咸丰）》两文。

第二阶段，中华人民共和国成立至改革开放前的版本。蒋介石败退台湾之后，蒋廷黻出任台湾当局"驻美大使"等职务，《中国近代史》在中国境内几乎"销声匿迹"。在香港，1954 年立达书局保留《中国近代史》原名出版，同年中美图书公司改名《中国近代史大纲》出版，1960 年立生书店以《中国近代史》原名再版，1970 年上海印书馆亦以原名出版，1974 年惊声文物供应社改名《中国近代史大纲》出版。在中国台湾地区，大多改名再版，如 1970 年台北大西洋图书公司出版的《中国近代史论集》。这一时期港台有十余种版本面世，不难看出该书在港台地区的风靡程度。

第三阶段，改革开放后的版本。1978 年党的十一届三中全会召开，重新确立了党的实事求是思想路线。1987 年岳麓书社以原版为底本出版蒋廷黻《中国近代史》，出版时删去第四章最后一节，另附重印前言，并收入《评〈清史稿·邦交志〉》《琦善与鸦片战争》《最近三百年东北外患史（从顺治到咸丰）》三篇文章，此为改革开放以来大陆第一种《中国近代史》重刊本；1990 年，上海书店按 1939 年商务版重印，收为《民国丛书》第二编；1999 年岳麓书社再版该书，书末增加责任编辑文正义的重版后记；海南出版社 1994 年出版《中国近代史》，该版正文部分将原版最后一节修改后印出；北京东方出版社 1996 年以《中国近代史大纲》为名再版，删去最后一节；上海古籍出版社 1999 年再版该书，沈渭滨撰写导读，该版被学界誉为"获得普遍认可的权威版本"。

进入 21 世纪后，《中国近代史》不仅成为研究中国近代史的经典著作，而且

---

① 关于《中国近代史》之出版、传播过程，已有学者专文介绍。本书择取概要，并略作总结。具体可参见苗润雨：《蒋廷黻〈中国近代史〉版本流变考》，《图书馆研究与工作》2019 年第 9 期。

成为学校开展中国近现代史教育的普及性读物，该书的观点乃至其中引用的史料，不断在各类教科书及考试中被引用。

在日本，该著亦有日译版出版。或因该著篇幅较短，或为使读者更好地了解蒋氏其人其文，出版社在出版该著时都会附上蒋氏其他重要文章，以及我国学界关于该著的相关研究成果。如 2006 年江苏教育出版社删去原版最后一节并附"外二种"；2012 年武汉出版社增补《中国与近代世界的大变局》《琦善与鸦片战争》两文；江苏人民出版社 2014 年版除附以上两文外，另加附《南京的机会与日本的"和平"》一文；2015 年群言出版社出版的版本分两辑，第一辑为"中国近代史"，第二辑为包含蒋氏 12 篇文章的"中国与近代世界"；2016 年民主与建设出版社的版本除增补"外二种"之外，另补《蒋廷黻小传》《蒋廷黻眼中的中国近代史》两文；2016 年中国华侨出版社再版该著，在三篇附录之外另加《蒋廷黻这个人》；北京联合出版公司 2016 年版《中国近代史大纲》增补了三篇文章；2016 年中华书局出版《中国近代史》《中国近代史新编》两种；江西教育出版社再版该书时，补入《蒋廷黻简明年谱》等若干文章；2017 年华中科技大学出版社的版本增补蒋氏四篇文章；2018 年华文出版社改名《中国近代简史》出版；2019 年团结出版社出版《蒋廷黻讲中国近代史》等；2021 年商务印书馆重印《中国近代史》，并将之纳入"中华现代学术名著丛书"，另附蒋氏相关研究文章汇编，包括《〈中国近代史大纲〉小序》《现今史家的制度改革观》《评〈清史稿·邦交志〉》《〈近代中国外交史资料辑要〉上卷自序》《〈近代中国外交史资料辑要〉中卷自序》《琦善与鸦片战争》《李鸿章——三十年后的评论》《中国与近代世界的大变局》《中国近代化的问题》《百年的外交》《再论近百年的外交》以及青年学者尹媛萍的两篇文章《蒋廷黻先生学术年表》《蒋廷黻与中国近代史书写》，使得其著内容大为充实。

蒋廷黻《中国近代史》的不断再版，充分说明这本书对于国人获取近代史领域基本知识所起的重要作用。事实上，中外学界关于蒋氏其人及其著的研究从未止步。① 无论是否赞同著中观点，这本书蕴含的丰富知识量，构建的明快叙事主线，都使人们将之作为了解中国近代史、研究近代史的重要读物并付诸案头。

---

① 关于 21 世纪之前中外学界对于蒋廷黻研究的概述，张玉龙已有相应总结，参见张玉龙：《蒋廷黻研究述评》，《云梦学刊》2004 年第 2 期；迄今关于蒋氏研究的综述，则尚阙如。

除通俗易懂、可以较快了解近代史的基本常识之外，最令人感兴趣的，还是这本著作中所提出的"近代化"理论及其相关讨论。"现代化"这个词，是20世纪60年代以后才在西方社会科学研究中逐渐流行的术语。关于"现代化"的中心思想及对于建设社会主义中国的重要意义，如周恩来所指出的："我们要实现农业现代化、工业现代化、国防现代化和科学技术现代化，把我们祖国建设成为一个社会主义强国，关键在于实现科学技术的现代化……我们落后于世界先进水平……我们应该迎头赶上，也可以赶上。"①邓小平也指出："在二十世纪内，全面实现农业、工业、国防和科学技术的现代化，把我们的国家建设成为社会主义的现代化强国，是我国人民肩负的伟大历史使命。"②1980年新年伊始，邓小平在中共中央召集的干部会议上分析当时的形势和任务，提出："我们从八十年代的第一年开始，就必须一天也不耽误，专心致志地、聚精会神地搞四个现代化建设。"③作为改革开放的重要课题，中国为何要搞"现代化"？如何搞好"现代化"？"现代化"与中华民族伟大复兴之间存在怎样的联系？对于这些现实问题的关切，使得人们需要从历史中寻求答案。"近代化"一般被认为是"现代化"的早期阶段。人们期待能从蒋廷黻《中国近代史》中了解中国近代化之路，这或许是该著经久不衰的重要原因之一。

第二节　蒋著"近代化"话语体系的核心观点

首先，蒋廷黻所著《中国近代史》，是中美史学融汇的产物。有学者指出，在美国接受"新史学"训练的蒋氏，重点参考了马士有关中外关系史的研究著作，由此形成以鸦片战争为起点，以中西关系为中心，以学习西方、追求近代化、救国救民、复兴民族为主线的中国近代史叙事模式。④ 蒋氏结合中国历史文化的实际，将实现"近代化"作为"救国救民族"的最有效方案，进而形成本书的核心观点。

---

① 《周恩来选集》（下卷），北京：人民出版社1984年版，第412~413页。
② 《邓小平文选》（第二卷），北京：人民出版社1994年版，第85~86页。
③ 《邓小平文选》（第二卷），北京：人民出版社1994年版，第241页。
④ 王宪明：《蒋廷黻著〈中国近代史〉学术影响源探析——以所受"新史学"及马士的影响为中心》，《河北学刊》2004年第4期。

20 世纪二三十年代，中国近代通史性的著作层出不穷，有学者将它们的书写范式，大略归纳为"革命话语"与"近代化话语"，陈恭禄所著《中国近代史》与蒋著《中国近代史》，一般被认为属于后者。所谓"近代化话语"，即把中国近代史视为中国在西方冲击之下不断调整自身，从传统社会向现代社会的转变过程。① 相较于陈著近 60 万言的规模体量，蒋著以更通俗、简洁的笔法，勾勒出中国近代化道路的坎坷曲折及其所理解的国家发展方向，其思维较陈著更为明晰，角度也较陈著更为开阔。陈恭禄的《中国近代史》由上海光明书局 1933 年出版，但其观点应形成于九一八事变之前。蒋氏将他对现实政治的关切蕴含于其著之中，体现出浓厚的意识形态色彩，从"历史服务现实"层面而言，并非陈著所及，更重要的是，蒋著对"近代化"话语的使用，较陈著也更为娴熟，形成更具鲜明特色的"近代化范式"。蒋著所构建的话语范式，已具有话语体系的特征。沈渭滨以蒋氏《中国近代史》为分析对象，论证他在"以史为鉴""以史经世"传统治史理念下，以中华民族能够走出传统状态而步入"近代化"为线索，实际上构建了一套分析框架和通史体系。沈先生如此总结其方法论：

> 从方法论层面说，历史研究是运用一连串概念去阐述历史发展过程的内在联系，而概念的诠释功能只有在特定的建构中才能充分显示理论张力。这种由概念构建成的评价体系，往往表现为一种特殊的话语系统，体现着研究者的历史观和史学特具的训鉴功能。传统史学发展到清末，基本上只是对史料的辨伪、辑佚、考证、训诂之类的方法，主要不是思辨而是功夫论层面的研究。不少学者缺乏观念更新、构建改制一类的自觉追求，为版本而研究版本，为古籍而研究古籍，不能从整体上解释历史。蒋廷黻说：中国的史家，往往是"治史书而非治历史"，指出此种方法在现在已经落伍，不能再继续下去。②

考古学家李济肯定蒋廷黻所建立的"近代化"话语体系对于中国近代史学科

---

① 欧阳军喜：《20 世纪 30 年代两种中国近代史话语之比较》，《近代史研究》2002 年第 2 期。
② 沈渭滨：《蒋廷黻与中国近代史研究》，《复旦学报》(社会科学版)1999 年第 4 期。

的贡献，认为："为中国近代史……建立了一个科学的基础，这个基础不只是建立在若干原始资料之上，更重要的是它发展的几个基本观念。"①历史学家郭廷以在评价蒋廷黻的学术成就时提到，他开创了新的风气，"把中国近代史研究带入一个新的境界，特别是给我们新的方法与新的观念"②。李济、郭廷以对蒋廷黻在中国近代史研究上所作的贡献，尤其是对其所构建的"近代化"话语体系给予较为中肯公允的评价。

蒋廷黻在《中国近代史》总论中，将人类文明总体视为不断进化的过程，提到中西文明在近代前夜存在的本质性差异："中华民族到了19世纪就到了一个特殊时期……到了19世纪，这个局势就大不同了，因为在这个时候到东亚来的英、美、法诸国绝非匈奴、鲜卑、蒙古、倭寇、满清可比。原来人类的发展可分两个世界，一个是东方的亚洲，一个是西方的欧美。"③

继此，他又提出"中国步入近代何以落后"问题："嘉庆道光年间的中国人当然不认识那个西方世界。直到现在，我们还不敢说我们完全了解西洋的文明。不过有几点我们是可以断定的。第一，中华民族的本质可以与世界上最优秀的民族比。中国人的聪明不在任何别的民族之下。第二，中国的物产虽不及俄、美两国的完备，然总在一般国家水平线之上。第三，我国秦始皇的废封建为郡县及汉唐两朝的伟大帝国足证我民族是有政治天才的。是故论人论地，中国本可大有可为。然而到了19世纪，我民族何以遇着空前的难关呢？"④他自答道："第一是因为我们的科学不及人"，"第二，西洋已于18世纪中年起始用机械生财打仗，而我们的工业、农业、运输、军事，仍保存唐宋以来的模样"，"第三，西洋在中古的政治局面很像中国的春秋时代，文艺复兴以后的局面很像我们的战国时代"，故而"在列强争雄的生活中，西洋人养成了热烈的爱国心，深刻的民族观念；我们则死守着家族观念和家乡观念。所以在19世纪初年，西洋的国家虽小，然团

① 李济：《回忆中的蒋廷黻先生》，(台湾)《传记文学》1966年第1期。
② 刘凤翰：《蒋廷黻博士对中国近代史上几个问题的见解》，(台湾)《传记文学》1965年第6期。
③ 蒋廷黻：《中国近代史》，北京：商务印书馆2021年版，第3页。此版本据商务印书馆1939年版排印。(后文引用较多，均来自本书，为节约篇幅，未一一标注。后同。)
④ 蒋廷黻：《中国近代史》，北京：商务印书馆2021年版，第3页。

结有如铁石之固；我们的国家虽大，然如一盘散沙，毫无力量。总而言之，到了19世纪，西方的世界已经具备了所谓近代文化。而东方的世界则仍滞留于中古，我们是落伍了"！① 显然，蒋廷黻的自问自答是为他的"时代之问"作铺垫。他继而问道："近百年的中华民族根本只有一个问题，那就是：中国人能近代化吗？能赶上西洋人吗？能利用科学和机械吗？能废除我们家族和家乡观念而组织一个近代的民族国家吗？能的话，我们民族的前途是光明的；不能的话，我们这个民族是没有前途的。"②

蒋氏认为"旧社会走循环套"③，中国到了嘉庆年间已走到了循环套的最低点。为了论证中国士人传统自大心理对于近代化起步的阻滞，他详述马戛尔尼访华这一历史事件的来龙去脉，"外人最初对于我们的通商制度虽不满意，然而觉得既是中国的定章，只好容忍。到了18世纪末年（乾隆末年、嘉庆初年），外人的态度就慢慢变了"④。他特别谈及中英双方争议的关键问题——跪拜礼之争，写道："在乾隆帝方面，他也十分高兴迎接英国的特使，但是乾隆把他当作一个藩属的贡使看待，要他行跪拜礼。马戛尔尼最初不答应，后来有条件的答应。他的条件是：将来中国派使到伦敦去的时候，也必须向英王行跪拜礼；或是中国派员向他所带来的英王的画像行跪拜答礼。他的目的不外要表示中英的平等。中国不接受他的条件，也就拒绝行跪拜礼。乾隆帝很不快乐，接见以后，就要他离京回国。至于马戛尔尼所提出的要求，中国都拒绝了。那次英国和平的交涉要算完全失败了。"⑤蒋廷黻对中英鸦片战争之前的中西关系则是如此理解的，"中西的关系是特别的。在鸦片战争以前，我们不肯给外国平等待遇；在以后，他们不肯给我们平等待遇"⑥。

鸦片战争的失败，并未刺激中国走上近代化道路。蒋氏在第四节"民族丧失二十年的光阴"中提到，鸦片战争失败的根本原因乃中国的落伍，也即落后于英

① 蒋廷黻：《中国近代史》，北京：商务印书馆2021年版，第4页。
② 蒋廷黻：《中国近代史》，北京：商务印书馆2021年版，第4页。
③ 蒋廷黻：《中国近代史》，北京：商务印书馆2021年版，第32页。
④ 蒋廷黻：《中国近代史》，北京：商务印书馆2021年版，第9页。
⑤ 蒋廷黻：《中国近代史》，北京：商务印书馆2021年版，第10页。
⑥ 蒋廷黻：《中国近代史》，北京：商务印书馆2021年版，第10页。

国的近代化，"我们的军器和军队是中古的军队，我们的政府是中古的政府，我们的人民，连士大夫阶级在内，是中古的人民"，在蒋氏看来，鸦片战争的失败是宿命所定，"我们虽拼命抵抗终归失败，那是自然的，逃不脱的。从民族的历史看，鸦片战争的军事失败还不是民族致命伤。失败以后还不明了失败的理由力图改革，那才是民族的致命伤"①。

为了说明洋务运动对于中国近代化事业所起的重要作用，蒋廷黻援引的史料，对后世学界说明洋务运动的性质，具有一定的启示意义。如胡林翼对于长江安庆段轮船行驶于江上印象之深刻，见下段史料所述：

> 驰至江滨，忽见二洋船鼓轮西上，迅如奔马，疾如飘风。文忠(即胡)变色不语，勒马回营，中途呕血，几至坠马……阎丹初尚书向在文忠幕府，每与文忠论及洋务，文忠辄摇手闭目，神色不怡者久之，曰："此非吾辈所能知也。"②

蒋廷黻引用这段史料，旨在说明胡林翼等洋务官员对于西洋机械的先进性有着切身感触与高度关注，而这正是清朝开启近代化道路的动因所在。

近代中国何以"救国救民族"？蒋廷黻对四个方案予以点评：其一，同光年间奕䜣、文祥、曾国藩、李鸿章、左宗棠领导的洋务运动，即学习运用及制造西洋的军器来对付西洋人。蒋廷黻认为，这个方案并不彻底。因提案者对于西洋文化的认识原本有限，且同治光绪年间的政治制度及时代精神不容许洋务运动的领袖们前进。其二，甲午之后康有为领导的变法运动，主旨是变更政治制度，最终目的是要改君主立宪，以期民族精神及维新事业得以在立宪政体下得到充分发挥和推进。蒋氏认为，这一方案的失败，乃慈禧太后甘心做顽固势力的中心。清皇室及士大夫阶级和民间顽固势力极为雄厚，加上慈禧太后的支持，遂成为一种不可阻遏的反动潮流。其三，庚子年间兴起的义和团运动。蒋氏认为，这一运动反对西洋化、近代化，本质上与第一第二方案背道相驰，其失败乃"极自然的"。

---

① 蒋廷黻：《中国近代史》，北京：商务印书馆 2021 年版，第 18 页。
② 薛福成：《庸庵笔记》(卷一)，北京：商务印书馆 1937 年版，第 15~16 页。

其四,孙中山提出的救国救民方案,也即三民主义与革命方略,在蒋氏看来,"无疑的是我民族唯一复兴的路径"①。蒋廷黻提出并衡量这四个方案的成效,显然是与西洋化、近代化的程度相关联的。反西洋化、近代化的义和团运动,在蒋看来注定会失败。尽管认同孙中山的救国方案,但对其领导的辛亥革命的功绩,蒋也能给予较为客观的评价:"辛亥革命打倒了满清,这是革命唯一的成绩。满清打倒了以后,我们固然扫除了一种民族复兴的障碍,但是等到我们要建设新国家的时候,我们又与民族内在的各种障碍面对面了。"②对于北洋时期军阀之所以"不尽忠于民国,不拥护民国宪法",蒋氏认为主要在于当时民众极低的文化素养,"他们当兵原来不是要保御国家,是要解决个人生计问题的。如不加以训练,他们不知道大忠,那就是忠于国家和忠于主义,只知道小忠,忠于给他们衣食的官长,和忠于他们同乡或同族的领袖"③。他注意到,工商学界并不反对军阀,主要在于专制政体下不知何为民权,而知识分子为谋求功名,不但不能制止军阀,甚而助纣为虐。可以看到,当时蒋廷黻所构建的中国近代史话语体系中,表面上并未涉及任何阶级立场。

正如很多学者所归纳的,蒋廷黻的史观也有进化史观的影子,这在他的书中写得很清楚,"半新半旧是不中用的。换句话说:我国到了近代要图生存,非全盘接受西洋文化不可"④。他对于列强的侵略有着清醒认识,直指"帝国主义是我们的大敌人。同治光绪年间如此,现在还是如此"⑤。他看到近代中国之所以饱受欺凌,根本在于对列强战争屡遭失败。中国面临列强瓜分的危机,乃因甲午战争清朝的惨败;1937年全面抗战前夜,日本华北驻屯军增兵平津,挑起卢沟桥事变,亦系借口《辛丑条约》起衅,故而蒋氏强调"在近代的世界,败仗是千万不能打的"⑥。

① 蒋廷黻:《中国近代史》,北京:商务印书馆2021年版,第82~86页。
② 蒋廷黻:《中国近代史》,北京:商务印书馆2021年版,第91页。
③ 蒋廷黻:《中国近代史》,北京:商务印书馆2021年版,第92页。
④ 蒋廷黻:《中国近代史》,北京:商务印书馆2021年版,第48页。
⑤ 蒋廷黻:《中国近代史》,北京:商务印书馆2021年版,第54页。
⑥ 蒋廷黻:《中国近代史》,北京:商务印书馆2021年版,第74页。

第三节　蒋著"近代化"话语体系涉及的相关问题

历史，是人的历史。历史事件的推动者始终是历史人物。蒋著既以中国能否近代化为问题导向，也就必然涉及具体的历史人物、政治力量是否支持中国近代化以及其背后观念等问题。蒋著对历史人物、政治力量的表述与评价，本质上亦用来支撑其"近代化"话语体系，故而了解其论及哪些历史人物与政治力量，并给予何种评价，自然也就成为理解其"近代化"话语体系的"窗口"了。

令人感受深刻的是，蒋廷黻围绕包括林则徐在内士大夫"隐瞒真相"问题发表议论，批判士大夫的虚伪与劣根性，谓之"唱高调"，他具体写道：

> 是在当时的人对禁烟问题都带了几分客气。在他们的私函中，他们承认禁烟的困难，但是在他们的奏章中，他们总是逢迎上峰的意旨，唱高调。这种不诚实的行为是我国士大夫阶级大毛病之一。其实禁烟是个极复杂、极困难的问题。纵使没有外国的干涉，禁烟已极其困难，何况在道光间英国人绝不愿意我们实行禁烟呢？……英国对于我们独自尊大、闭关自守的态度已不满意，要想和我们算一次账，倘若我们因鸦片问题给予英国任何借口，英国绝不惜以武力对付我们。那次的战争我们称为鸦片战争，英国人则称为通商战争，两方面都有理由。关于鸦片问题，我方力图禁绝，英方则希望维持原状：我攻彼守。关于通商问题，英方力图获得更大的机会和自由，我方则硬要维持原状：彼攻我守。就世界大势论，那次的战争是不能避免的。①

蒋廷黻重点着墨阐述林则徐等士大夫的"怯懦"。他认为，林则徐到广东以后，就知道中国军器不如西洋，所以竭力购买外国大炮与外国船只，同时派人翻译外国所办的刊物。他将在广东所搜集的材料都给了魏源，并不敢公开提倡禁

---

① 蒋廷黻：《中国近代史》，北京：商务印书馆 2021 年版，第 13 页。

烟。蒋廷黻专门引用了道光二十二年(1842)九月林则徐在贬戍伊犁途中一封致友人信函的内容:

> 彼之大炮,远及十里内外,若我炮不能及彼,彼炮先已及我,是器不良也。彼之放炮,如内地之放排炮,连声不断,我放一炮后,须辗转移时,再放一炮,是技不熟也。求其良且熟焉,亦无他深巧耳。不此之务,即远调百万貔貅,恐只供临敌之一哄。况逆船朝南暮北,惟水师始能尾追,岸兵能顷刻移动否?……似此之相距十里八里,彼此不见面而接仗者,未之前闻,故所谋往往相左。徐尝谓剿夷八字要言,器良、技熟、胆壮、心齐是已。第一要大炮得用,令此一物置之不讲,真令岳、韩束手,奈何,奈何![1]

这段内容被后世学界广泛引用,说明中英军事实力上的巨大差距。但蒋廷黻对其有另一番解读,"他(林则徐)请他的朋友不要给别人看。换句话说,真的林则徐,他不要别人知道",并且推论"难怪他后来虽又作陕甘总督和云贵总督,他总不肯公开提倡改革。他让主持清议的士大夫睡在梦中,他让国家日趋衰弱,而不肯牺牲名誉去与时人奋斗"[2]。他甚而为此揶揄林则徐,"林的运气真好:他病太重,以后不久就死了,他的名誉借此保存了"[3]。而对于琦善、耆英等人,则认为不足责,"(他们虽把)中外强弱的悬殊看清楚了,而且公开地宣传了,但是士大夫阶级不信他们,而且他们无自信心,对民族亦无信心,只听其自然,不图振作,不图改革"[4]。蒋廷黻对于琦善的评价,历来受到学界的争议,他在所撰《琦善与鸦片战争》一文中称赞琦善在外交方面"实在是远超时人,因为他审察中外强弱的形势和权衡利害的轻重,远在时人之上"[5],蒋氏这番言论,可以看做为琦善这个近代中国外交人物饱受非议者"翻案"了。

---

[1] 《林则徐全集》第七卷《信札卷》,福州:海峡文艺出版社2002年版,第3586页。
[2] 蒋廷黻:《中国近代史》,北京:商务印书馆2021年版,第19页。
[3] 蒋廷黻:《中国近代史》,北京:商务印书馆2021年版,第25页。
[4] 蒋廷黻:《中国近代史》,北京:商务印书馆2021年版,第20页。
[5] 蒋廷黻:《琦善与鸦片战争》,《清华学报》第6卷第3期(1931年10月)。

蒋廷黻对洋务运动人物多有品评，如对清朝官员文祥给予很高的评价：

> 文祥虽是亲贵，但他的品格可说是中国文化的最优代表，他为人十分廉
> 洁，最尽孝道。他可以作督抚，但因为有老母在堂，不愿远行，所以坚辞。
> 他办事负责而认真，且不怕别人的批评。我们如细读《文文忠年谱》，我们
> 觉得他真是一个"先天下之忧而忧，后天下之乐而乐"的大政治家。
>
> 奕䜣与文祥在元首逃难、京都将要失守的时候，接受大命。他们最初因
> 无外交经验，不免举棋不定。后来把情势看清楚了，他们就毅然决然承认外
> 人的要求，与英法订立《北京条约》。条约签订以后，英法退军，中国并没
> 丧失一寸土地。咸丰六年①的《天津条约》和十年的《北京条约》是三年的战
> 争和交涉的结果。条款虽很多，主要的是北京驻使和长江通商。历史上的意
> 义不外从此中国与西洋的关系更要密切了。这种关系固可以为祸，亦可以为
> 福，看我们振作与否。奕䜣与文祥绝不转头回看，留恋那已去不复回的闭关
> 时代。他们大着胆向前进，到国际生活中去找新出路。我们研究近代史的人
> 所痛心的就是这种新精神不能出现于鸦片战争以后而出现于二十年后的咸末
> 同初。一寸光阴一寸金，个人如此，民族更如此。②

蒋廷黻对于洋务重臣曾国藩的历史地位有相当篇幅阐述。他认为，曾国藩是
我国旧文化的代表人物，甚至是理想人物，"他是一个实践主义的理学家"③。他
提到，曾国藩治兵的第一个特别之处，即在于对精神教育的注重。但蒋廷黻也认
为，曾国藩所领导的湘军历史贡献有限，"曾国藩所领导的……运动又能救国救
民族吗？他救了满清，这是毫无疑问的。但是满清并不能救中国，倘若他客观的
诚实的研究满清在嘉庆、道光、咸丰三代的施政，他应该知道满清是不可救药
的"④。不难看出，蒋廷黻这里关于"救国救民族"的认知，与孙中山"三民主义"

---

① 应为"咸丰八年"（1858 年）。
② 蒋廷黻：《中国近代史》，北京：商务印书馆 2021 年版，第 29 页。
③ 蒋廷黻：《中国近代史》，北京：商务印书馆 2021 年版，第 36 页。
④ 蒋廷黻：《中国近代史》，北京：商务印书馆 2021 年版，第 41 页。

中的民族主义是基本合辙的。

在蒋著中，特别提到李鸿章在洋务运动中扮演的重要角色，蒋氏对此投入很多笔墨。他在书中大段引用李鸿章致总理衙门函中的相关内容，引人注目：

> 鸿章窃以为天下事穷则变，变则通。中国士大夫常浸于章句小楷之积习，武夫悍卒又多粗蠢而不加细心，以至所用非所学，所学非所用。无事则嗤外国之利器为奇技淫巧，以为不必学；有事则惊外国之利器为变怪神奇，以为不能学。不知洋人视火器为身心性命之学者已数百年。一旦豁然贯通，参阴阳而配造化，实有指挥如意，从心所欲之快。……日本君臣发愤为雄，选宗室及大臣子弟之聪秀者，往西国制器厂师习各艺，又购制器之器，在本国制习。现在已能驾驶轮船，造放炸炮。去年英人虚声恫喝，以兵临之。然英人所恃为攻城之利者，彼已分擅其长，由是凝然不动，而英人固无如之何也。夫今之日本，即明之倭寇也，距西国远，而距中国近。……日本以海外区区小国，尚能及时改辙，知所取法，然则我中国深维穷极而通之故，夫亦可以皇然变计矣。……杜挚有言曰：利不百，不变法。功不十，不易器。苏子瞻曰：言之于无事之时，足以为名，而恒苦于不信；言之于有事之时，足以见信，而已苦于无及。鸿章以为，中国欲自强，则莫如学习外国利器。欲学习外国利器，则莫如觅制器之器，师其法而不必尽用其人。欲觅制器之器与制器之人，则或专设一科取士，士终身悬以为富贵功名之鹄，则业可成，艺可精，而才亦可集。①

蒋廷黻对李鸿章的好感，亦可见于 1929 年他撰写的《评〈清史稿·邦交志〉》，其中称"李氏鸿章在同治初年，常以《江宁》及《天津条约》为古今之大变局一语，激时人之图自强，此可谓知时之言也"②。不难理解其著中大段引用李鸿

---

① 吴汝纶编：《李文忠公全书·奏稿》(卷二十四)，光绪乙巳四月金陵付梓戊申五月印行本，第 8 页。

② 蒋廷黻：《评〈清史稿·邦交志〉》，《北平北海图书馆月刊》第 2 卷第 6 号(1929 年 6 月)。

章函文，称许此文乃"中国 19 世纪最大的政治家最具历史价值的一篇文章。我们应该再三诵读"①。他还述及李鸿章对日本维新图强的认识，赞道，"日本明治维新的世界的历史的意义，他一下就看清了，并且大声疾呼要当时的人猛醒与努力。这一点尤足以表现李鸿章的伟大"②。正因李鸿章清醒地认识时代，故而蒋氏认为李鸿章乃同治、光绪年间洋务运动的"中心人物"。

对于中国派至英、法的首任公使郭嵩焘，蒋廷黻给予更高的评价，认为郭嵩焘使西归国后的见识，乃"全国最开明的一个人"，"他对西洋的认识远在李鸿章之上"③。在蒋的回忆录中，他进一步赞许郭氏，称"他代理广东巡抚时，就不准潮州人拒绝与外人往来。他的政策是要中国在国际上寻求和平、繁荣……而不要闭关自守。与他同时代比较进步的人士，已有人准备接受外国武器、轮船，甚至铁路，但郭某较他们更进步，他进而主张采用某些西方的政治、经济措施。惜乎，中外双方均未重视他的识见"④。

然而，值得注意的是，从蒋廷黻对左宗棠西征与收复新疆的表述中却可见其所持的消极态度。他称："左宗棠军事的顺利不但出于俄国意料之外，还出于我们自己的意料之外。他次第把陕西、甘肃收复了。到了光绪元年，他准备进攻新疆，军费就成了大问题。从道光三十年洪秀全起兵到光绪元年，二十五年之间，中国无时不在内乱内战之中，实已兵疲力尽，何能再经营新疆呢？并且交通不便，新疆民族复杂，面积浩大，成败似乎毫无把握。于是发生大辩论，左宗棠颇好大喜功，他一意主进攻。……他的理由似乎充足，言论十分激昂。李鸿章的看法正与左的相反。李说自从乾隆年间中国占领新疆以后，中国没有得着丝毫的好处，徒费驻防的兵费。这是实在的情形。……左宗棠的言论比较动听，李的比较合理，左是高调，李是低调。士大夫阶级一贯的尚感情，唱高调，当然拥护左宗棠。于是借外债，移用各省的建设费，以供左宗棠进攻新疆之用。

①　蒋廷黻：《中国近代史》，北京：商务印书馆 2021 年版，第 46 页。
②　蒋廷黻：《中国近代史》，北京：商务印书馆 2021 年版，第 46 页。
③　蒋廷黻：《中国近代史》，北京：商务印书馆 2021 年版，第 53 页。
④　蒋廷黻：《蒋廷黻回忆录》，北京：中华书局 2014 年版，第 171 页。

左宗棠的运气真好,因为新疆发生了内讧,并没有遇着坚强的抵抗。光绪三十年底(此为误,为光绪三年——笔者注),他把全疆克服了。"①大体可见,蒋廷黻持崇李贬左的态度。他对左宗棠的"微词",可能与国民政府对九一八事变的消极应对有关。

尽管同属"近代化话语",蒋著与陈恭禄的《中国近代史》还是存在明显不同之处。如蒋看来,中国能否实现近代化,在于中国是否具有向近代化的欧美列强看齐的眼光,发陈著所未发。蒋廷黻对于不平等条约的认识和表述,基于他"近代化"话语体系的理路,"不平等条约的更换一部分由于我们的无知,一部分由于我们的法制未达到近代文明的水准"②。在《琦善与鸦片战争》一文中,他认为中英忽战忽和的主要原因,乃"彼时中国不明国际公法及国际关系的惯例。不但不明,兼之不承认有所谓国际者存在"③。

另外,蒋廷黻对于"民意"所起的作用是不以为意的,如关于英人广州入城问题,他表示"徐广缙升任总督以后,就写信问林则徐驭夷之法。林回答说'民心可用'。道光的上谕和林则徐的回答都是士大夫阶级传统的高调和空谈。仅以民心对外人的炮火当然是自杀。民心固不可失,可是一般人懂得什么国际关系?主政者应该负责指导舆论"④。从这些表述中可见,蒋廷黻认为主政者的眼光与作为,是决定中国能否走向近代化的关键因素,他多次将误国的原因归结于士大夫阶级的空疏与虚骄,也即前文所谓的"唱高调",而其题外之意——对中国知识界于九一八事变以来国民政府对日妥协与退让的不满,以及强烈要求国民政府抗日的声浪,持否定态度;而对于鸦片战争前后民众反抗列强压迫的斗争意识,亦给予消极评价,至于近代中国民众发挥主导作用的大事件,如五四运动等,蒋著中基本未给予任何叙述与评议。

---

① 蒋廷黻:《中国近代史》,北京:商务印书馆 2021 年版,第 58 页。
② 蒋廷黻:《中国近代史》,北京:商务印书馆 2021 年版,第 19 页。
③ 蒋廷黻:《琦善与鸦片战争》,《清华学报》第 6 卷第 3 期(1931 年 10 月)。
④ 蒋廷黻:《中国近代史》,北京:商务印书馆 2021 年版,第 24 页。

第四节　关于蒋著"近代化"话语体系的多元声音

在中华人民共和国成立后相当长的一段时期内，中国学界基于蒋廷黻所处的政治阵营，对蒋著及其观点基本持批判态度。许多历史学者对蒋廷黻"近代化"话语体系的批判，往往基于他在论著中对西方殖民主义的"理解"，这在蒋廷黻的回忆录中有所表露：

> 作为一个中国人，我对殖民或帝国主义并不深恨，因为我感到中国如果愿意，同样有资格能产生与欧洲相同的组织力、相同的政治、相同的经济水准以及资源。改良中国生活方式，根除无效率、涣散的习性，就能建立有效率的生活方式。我不敢肯定的说，目前所行的拓殖是有害而无利的。欧洲人在殖民到各洲时做了很多事，有些他们有意做好，有些他们有意做坏。那些日以继夜终年高喊打倒帝国主义，而不能提高自己生活水准的人，我认为他们是自戕、是怯懦。易言之，帝国主义或拓殖主义下的牺牲者，他们可以改善他们自己的处境，至少，可以用平等或互惠的关系来代替一方统治另一方的关系。
>
> 当我离美返国时，我仔细回想沙费尔德教授的授课内容。当时，中国反帝国主义和不平等条约甚嚣尘上，但我一直未能像其他的国人那样仇恨帝国主义。①

不难理解，蒋廷黻在这一时期被斥为"文化买办"或"洋奴买办"并非无因。当时学界并不否认蒋廷黻在社会主义中国仍具影响，"三十多年来，他在'历史化中国外交史、学术化中国外交史'的幌子下，一贯散播满足投降论毒素，拼命为帝国主义及其殖民制度涂脂抹粉，妄图麻痹中国人民反对帝国主义的斗志。其流毒相当深广，至今仍未完全消除"②。蒋廷黻在《中国近代史》中关于鸦片战争

---

① 蒋廷黻：《蒋廷黻回忆录》，北京：中华书局2014年版，第103页。
② 金应熙：《批判洋奴买办蒋廷黻的反动史学观点》，《中山大学学报》(社会科学版)1961年第2期。

起因的评述尤其受到猛烈批判，如关于马戛尔尼使华礼仪问题，有学者表示："在十八世纪末和十九世纪的前半期，作为封建国家的满清统治者当然不懂得近代资本主义世界中的外交礼仪，其在对外关系上妄自尊大的态度和某些个别条文中的不合理现象也是有的。但它毕竟是在中国自己的国土内制定和实行，而并不是强迫别的国家在其领土上去实行某种奴役性的制度；领域方面，英国人到中国来，根本就不是为了建立什么平等的邦交，寻求什么合理的待遇，其唯一的目的就是来掠夺中国人民的财物，并把中国变为其所奴役的殖民地或半殖民地。"①

有学者批判道，"他(蒋廷黻)痛恨人民群众的革命斗争，因此他的历史观出处都与历史唯物主义根本对立"，针对蒋廷黻提出的"帝国主义论"——"资本主义可以独立变为帝国主义，也可以不变为帝国主义"，"据我们所知，历史上各种政体，君主也好，民主也好，各种社会经济制度……都有行帝国主义的可能"，将其斥之为"恶毒污蔑"，表明"特定社会经济形态的帝国主义，其经济本质乃是垄断资本的统治"，蒋氏将帝国主义说成是"科学时代"，"那不待说更为荒谬"。至于蒋廷黻提及的"近代化"方案，则被认为是对英美帝国主义的"卖身投靠"，与民族资产阶级要求实行的资本主义方案有根本区别。②

对蒋著的肯定性评价，是伴随改革开放后学术界的思想解放而陆续出现的。陈旭麓在 1987 年岳麓书社版《中国近代史》的前言中提及：

> 存其文而原其人，不以其人的政治立场而抹杀其学术的成就，也不因今天的需要而去涂改前人的文字，所以付印时除个别词句外……述事论史悉存原貌，不加改削。只有原书最后一节，讲的是抗战建国的现实，不免囿于成见，就把它节略了……重印这本书，对我们考察近代中国社会和了解此前一些代表性论著对近代中国的认识，不会没有帮助。③

---

① 吴文璨：《批判蒋廷黻的反动历史观点对于中国近代史的扭曲和污蔑》，《开封师院学报》1956 年创刊号。

② 金应熙：《批判洋奴买办蒋廷黻的反动史学观点》，《中山大学学报》(社会科学版) 1961 年第 2 期。

③ 蒋廷黻：《中国近代史(外三种)》，长沙：岳麓书社 1987 年版，第 6 页。

　　尽管出版方希望读者不要因作者其人政治立场而否定其著作的学术成就，然而该书在出版问世后仍泛起不同声音。刘耀撰两文专门批判蒋廷黻的近代化史观及其对近代史研究带来的问题，他首先认为，蒋廷黻的论著对旧中国史学界近代史研究确实起过巨大的影响作用，旧中国史学界有关近代史与中国对外关系史著作，几乎有半数以上都因袭蒋廷黻的史学观点，其著述曾是民国时期一些大学历史系讲授中国近代史的教科书，影响极为广泛。蒋廷黻提倡的文化史观，认为中国总是由治至乱，受"农业社会的循环律"制约而不能独立发展，东、西两种不同系统的文化发展到近代，西方的世界已经具备了所谓的近代文化，而东方的世界则仍滞留于中古。刘耀对此持彻底否定态度，认为当西方国家步入资本主义时代，中国还停留在封建社会后期，对此情况不能从文化上去寻找，而要从中国封建社会经济结构中去寻找原因，根源在于中国封建社会经济结构建立在地主土地所有制基础之上。对于蒋氏近代中国"中西合化"的说法，刘耀批判道："把中国半殖民地化说成中西合化，鼓吹民族投降主义，可谓蒋廷黻论述中外关系史的一大特色。"①

　　刘耀还认为，蒋廷黻在《中国近代史》一书中提到"中国'非全盘接受西洋文化不可'"的说法，目的不过是遵照西方资产阶级学者鼓吹的世界主义之说，宣扬中国要变为一个由帝国主义统治的殖民地。蒋廷黻用"全盘西化说"来评价历史人物和解释历史事件，存在诸多问题：歪曲鸦片战争的性质，颠倒抵抗派与投降派的功过是非；对洋务派人物的功过是非颠倒，称洋务运动是"救国救民族的方案"；对康有为领导的变法运动的认定，是对该运动性质的曲解；攻击义和团反帝爱国运动是"开倒车"；散布同盟会纲领"偏于理想"，否认辛亥革命推翻清政府的历史作用等。刘耀强调，蒋廷黻的"全盘西化"说，实质就是殖民地化。②他对蒋廷黻"近代化"话语体系的批驳，有当时深刻的时代背景，体现了一位马克思主义史学者的敏锐洞察力，实际上针对的是当时学界兴起的泛西方化思潮。

　　林冠群则对蒋著中表达的鸦片战争史观给予驳斥。他指出蒋氏关于林则徐致姚椿、王柏心函的解读并不全面，"别的且不说，就在蒋氏引以证明林'不肯牺

　　①　刘耀：《蒋廷黻的文化史观与中国近代史》，《人文杂志》1988 年第 6 期。
　　②　刘耀：《蒋廷黻的"全盘西化"说与中国近代史》，《社会科学战线》1989 年第 2 期。

牲自己名誉'的这封信里，林则徐就万般无奈而悲愤地向老朋友倾诉：'自念一身休咎，死生皆可置之度外，惟中原顿遭蹂躏，如火燎原，润州失后，未得续信，不知近状何若？''前事可悲，后患尤大，每一思之，心肝欲裂。''时事艰如此，凭谁议海防？'请看，这哪里是为顾惜个人名誉而弃国家安危于不顾的鄙微心迹？如果他真是个只顾性命名誉的人，他应该连这封信也不要写，为何还在信中论及最为敏感的时事？"林冠群的批评基于史学功用角度而发，"史学的成就离开了正确的政治立场，到底还有多少'学术成就'可言呢？难道让今天的青年们接受蒋氏的论点，为了中国的现代化也要求变中国为超级大国的新殖民地或附庸吗？难道让香港继续留在英国人的手里，承认他们的统治权，再吸取那里的殖民地经验来发展我们的经济吗？蒋氏到底有没有国家主权的观念"？①

对蒋著除批驳声音之外，也有较为温和的声音。如刘桢认为，学界不会全盘接受蒋著，但拿此书来印证当时读书界"要获新知须读旧书"，也有其价值。刘桢认可蒋著中的一些观点，提到"近代史以 1840 年为起点，并不是中国社会自然进化的必然结果，而是靠了外力给予的加速度"。然而，刘也认为蒋著"其论述的年代越靠近，越是茫然与矛盾"②。一些学者肯定蒋廷黻把历史学当作科学看待，重视区别历史研究与历史宣传、重视整体理解中国近代史的思考路径。蒋廷黻在回忆录中也提到旁证各种史料，尤其是中方史料来研究中国问题的必要性：

> 在美研究时，我对中国外交极感兴趣。那时有关中国外交的标准书籍是莫斯（H. B. Morse）的三卷《中国国际关系》（即马士《中华帝国对外关系史》——笔者注）。该书是依据英国蓝皮书和美国对外关系丛书写成的。就英、美两方资料说，莫斯的书是无懈可击的。但，事实上，仅凭两国资料是写不出杰出的外交著作的。因此，莫斯的著作观点是片面的。他对参加鸦片战争及英法联军和谈的中国人士的描述是模糊不清的。这些人当时对问题的看法究竟如何？他们提出过意见吗？十九世纪中国的外交观点如何？这些问

---

① 以上引自林冠群：《评蒋廷黻的鸦片战争史观》，《海南大学学报》(社会科学版) 1997 年第 3 期。

② 刘桢：《旧籍中的新启示——读蒋廷黻先生的〈中国近代史〉》，《读书》1993 年第 3 期。

题让我在南开上课时都令我感到困扰。我想根据中国书面资料，来研究中国外交史。①

　　蒋的治学态度，为一些学者所肯定。蔡乐苏、尹媛萍指出蒋氏在外交史研究中，重视中外外交观念的冲突，大胆给一些"卖国贼"翻案，这些做法是因其肯定"平等互利""国家通商"等价值倾向的结果。蒋氏提出的整体近代化理论，从目标上看是要建设国际水平的、富强的、能与列强并驾齐驱的国家；在结构上是物质、制度和精神的统一体；从实现近代化的途径来看，其遵循孙中山的道路，即军政、训政、宪政之路；从学习的国际榜样而言，中国要完成近代的大业，就要学习西洋的科学、技术和民主自由思想。蒋廷黻十分了解中国与世界的差距，心存紧迫感和危机感，希望中国能迅速走向近代化。② 尹媛萍以蒋廷黻与美国东亚史学者魁特(Payson Jackson Treat)关于中日甲午战争起因的分歧为考察对象，指出蒋氏认为民族平等在东亚史研究中是必须尊重的普世性原则。蒋氏在1938年写作《中国近代史》时，将为清朝"辩护"的观点隐含于事实叙述当中，刻画出甲午战前中国在日本侵略压力下所作的军事与外交抉择过程，而未再过分强调李—袁政策的不合理性。尹媛萍强调，中美这次"交锋"的过程展现了以蒋廷黻为代表的、具有开创性精神的民国学人，究竟是在怎样的中外学术话语系统中定位自身，并在兼顾调和与超越西方的过程中，为中国近代史研究定下基调的。③

　　一些学者理性地分析蒋著中的话语与写作动机。欧阳军喜认为，驱使蒋廷黻研究中国近代史的最终原因，是一种民族主义的情绪，也即试图从历史中找出近代以来中国落后挨打的原因，源于他对历史与现实的理解。他还指出，蒋廷黻以中西关系为中心，以近代为主线来构建他的中国近代史话语，具有很强的西方思

　　① 蒋廷黻：《蒋廷黻回忆录》，北京：中华书局2014年版，第127页。
　　② 蔡乐苏、尹媛萍：《蒋廷黻史学理念释要》，《清华大学学报》(哲学社会科学版)2008年第3期。两氏对于蒋廷黻的琦善研究，也给予肯定，认为蒋廷黻对于琦善的一些论断具有合理性，时人对他作翻案文章的理解与他的真实意图存在差距。蒋氏的目的在于为中国抵抗帝国主义侵略寻找可行之路，即运用外交手段求得和平，以现代化方法与帝国主义抗衡。参见蔡乐苏、尹媛萍：《反抗帝国主义的另一条道路——评蒋廷黻的琦善研究》，《湖南大学学报》(社会科学版)2008年第6期。
　　③ 尹媛萍：《中美学界关于甲午战争起因的早期争论——以蒋廷黻与魁特为例》，《史学史研究》2017年第4期。

想背景。欧阳军喜也委婉指出蒋氏的问题，即把近代化等同于欧化，近代史等同于欧化史，原本丰富多彩的中国近代史也就被简化为一种西方文化在中国的扩张史。①

近年来对于《中国近代史》中一些人物形象的书写，学界也有相应的研究成果。如李卫民对蒋著关于倭仁贴标签式的评价就有不同的意见，他首先肯定蒋对倭仁的看法对后学影响很大，但指出蒋氏引用倭仁反对设立同文馆欲证其为阻碍中国近代化的保守派人士，是比较牵强的，倭仁也并非一概反对学习西方文明，他面对近代中国之变局，提出怎样坚守中国人传统信仰的问题，是具有积极意义的。② 兰梁斌对于蒋著《中国近代史》中康有为形象的书写，则认为此乃蒋氏基于自由主义与民族主义交织的史学思想，从民族主义的角度来肯定康有为变法运动的现代价值。③ 这些声音总体来看，是温和的、理性的。

小　结

蒋廷黻所触及的中国近代史的核心问题，"就是能不能实现近代化"，他所倡导的近代化史观，在人们思考从传统到现代的转型问题时，"更像是一个绕不过去的原点"④。人们批判他为琦善等人"翻案"，根本而言也是对其所构建的"近代化"话语体系的驳斥，是对其将"近代化"作为中国近代史根本问题的近代化史观的否定。蒋廷黻的"近代史"话语体系，是中国 20 世纪二三十年代这一抗战特殊时代背景下一些历史学者思考中国出路的理论框架，即使是蒋廷黻学术衣钵的主要继承者，如邵循正等人，最终疏离这一话语体系而接近"革命"话语体系，形成其有别于蒋氏的治史理念与风格。

蒋廷黻作为五四时期成长起来的新派历史学家，他的"近代化"话语体系依

---

① 欧阳军喜：《蒋廷黻与中国近代史研究二题》，《复旦学报》（社会科学版）2001 年第 2 期。

② 李卫民：《论晚清官员分析教案问题的三个基点——兼评蒋廷黻、朱维铮、吕实强等人的观点》，《河北师范大学学报》（哲学社会科学版）2014 年第 2 期。

③ 兰梁斌：《20 世纪三四十年代历史书写中的康有为——以陈恭禄、蒋廷黻、范文澜为中心》，《杭州师范大学学报》（社会科学版）2018 年第 5 期。

④ 尹媛萍：《蒋廷黻与中国近代史书写》，《史学史研究》2016 年第 1 期。

附于所处的时代语境。五四时期，我国报刊上经常讨论的"西化"和"欧化"，即指"近代化"。当时人们认为，西方即欧美列强是现代国家中独立富强的典范，中国要走向独立富强，就只有向西方国家学习，奋起直追，以达到富国强兵的目的，"这就是中国人的早期现代化思想"①。所谓的"早期现代化思想"，也就是蒋廷黻所提到的"近代化"。罗荣渠将 19 世纪 60 年代自强运动作为中国现代化的最初启动阶段，与蒋廷黻的论断接近。但是，罗荣渠认为晚清现代化起步之艰难、行动之缓慢，仅仅从传统文化的封闭性和思想启动的滞后性等方面找原因，是远远不够的，"因为文化传统具有高度稳定性，是现代化过程中的慢变因素；在中国社会中，占支配地位的儒教文化是皇权官僚政治及与其小农经济基础紧密结合在一起的"②。

　　蒋廷黻的"近代化"话语体系及其对相关问题的表述、探讨，形成一套解读中国近代史鲜明的分析框架。他关于近代史分期问题、重要人物历史功绩评价问题等方面的评述，迄今仍是我们理解中国近代史历史特征的思考起点，学界对于蒋廷黻整体化理解中国近代史的思维路径，大多给予肯定评价。然而，对于历史人物、事件、制度构建以及西化等问题，不能简单以是否推进"近代化"为标尺，进行简单化、片面化的理解，故而学界对其评价则给予严肃的批判。历史证明，中国曾走过的"近代化"之路，不可能"全盘欧美化"，学界对于蒋廷黻的批评声音大多基于此而发。我们在讨论蒋廷黻的这套话语体系的同时，必然也会基于自身所构建或认同的话语体系。多元话语体系的对话，当然有利于我们了解中国近代史的本质。

---

① 罗荣渠：《现代化新论——世界与中国的现代化进程》，北京：商务印书馆 2020 年版，第 9 页。

② 罗荣渠：《现代化新论——世界与中国的现代化进程》，北京：商务印书馆 2020 年版，第 287 页。

第二章

范文澜《中国近代史》(上册) 与
第一种"革命"话语体系

　　1941 年 5 月，毛泽东在延安高级干部会议上所作的《改造我们的学习》中提出，要组织力量开展近百年来的政治史、经济史、军事史、文化史研究，帮助全党和全国人民认清中国国情，更加坚定地、万众一心地执行党的政策，争取革命的彻底胜利。为响应毛泽东的这一号召，1945 年范文澜在延安开始撰写《中国近代史》。1947 年该书由新华书店发行首版，后经各方意见修改补充，至 1955 年已印行至第 9 版。新中国成立后，作者回顾当时的写作计划，"原想把旧民主主义革命时代和新民主主义革命时代的历史一起写下来，就旧民主主义革命时代划归上编，新民主主义革命时代划归下编"[1]。由于范文澜离开延安中止写作，这本书涵括时段上起鸦片战争的发生，下至义和团运动的落幕，并未写到新旧民主主义革命界分的五四运动。然而，这并未影响范著成为马克思主义中国近代史经典著作的地位。有学者认为，这本书标志着近代史研究达到了新的阶段，它所奠定的基本框架和提出的一系列深刻论断，影响了近代史研究数十年之久。[2] 不仅如此，范文澜《中国近代史》中使用的"革命"话语，为包括马克思主义史学家在内的中国学界广泛使用，体现其强韧的生命力。今天，我们基于话语体系的视角

---

[1]　范文澜：《中国近代史》(上册)，北京：人民出版社 1955 年版，第 1 页。
[2]　陈其泰：《范文澜〈中国近代史〉的开拓意义——纪念范文澜诞生 100 周年》，《中国社会科学院研究生院学报》1993 年第 6 期，第 74 页。

去解读范文澜的这本著作，对于理解党的早期中国近代史"革命"话语体系的形成，其意义不言而喻。

第一节　对近代中外战争的评述

战争，是列强将不平等条约强加于中国的主要手段。中国近代史启端于鸦片战争。范文澜在第一章"第一次鸦片战争"中详细论述鸦片战争发生的原因，强调英国对中国的侵略野心由来已久，"这个贪婪强暴而又在印度积有经验的英国强盗，对满清政府统治下的封建中国，抱着极大野心，一刻也不肯放松侵略的机会，是势所必然的"，"印度的英国政府的十分之一的收入都是由于出卖鸦片给中国人而得来的，它不惜发动武力来阻止中国的自救行动，资产阶级所谓'自由''文明'的实质就是'强权即公理'"[1]。作者分析鸦片战争之前中国面临的危机：

> 被英国看作侵略对象的中国，单凭布匹是难以侵入的。因为当时中国的生产情况，是小农业与家庭手工业结合的小生产，广大农民遭受地主残酷地(的)剥削，过着勤劳穷苦的生活，只能满足于结实而廉价的土布，不需要外国机器布。社会上层人士，四季服装……材料全用丝织品，中国的养蚕业和丝织工业在当时举世无匹。"天朝物产丰盈，无所不有，原不藉外夷货物，以通有无。"(1793 年——乾隆五十八年给英王乔治三世——GeorgeIII 上谕)政府的这种自给自足的经济基础，支持了满清政府传统的闭关政策，也养成了满清政府的顽固昏聩思想。这种政策和思想反过来又巩固了封建社会的落后停滞性。英国布匹与毛织品显然不能在中国市场取得必需品的地位和广泛推销的机会。习惯于海盗行为的英国政府，为要打破中国的大门，可耻地进行臭秽的鸦片贸易，再加上凶横无理的武装攻击；而看守中国大门的恰恰是腐烂了的满清王朝。它是最坏的看门者，它对欧洲资本主义的文化紧闭大

---

① 范文澜：《中国近代史》(上册)，北京：人民出版社 1955 年版，第 2、7 页。

门，对鸦片却偷偷开门让它流进来。①

作者所引用的乾隆帝致英王乔治三世上谕中的语句，作为说明鸦片战争发生前中国陷入危机的"经典"史料，被学界广泛用于批判清政权保守自大、昏聩无识。

面对鸦片的泛滥，当道光帝看到"抵抗派"官员林则徐奏文中称"（鸦片）迨流毒于天下，则为害甚巨，法当从严。若犹泄泄视之，是使数十年后，中原几无可以御敌之兵，且无可以充饷之银"时，他深受触动，决定严禁。不同于蒋廷黻《中国近代史》中抑贬林则徐的观点，作者称赞林则徐是中国封建文化优良部分的代表者，又是清时代维新运动的重要先驱者，"禁绝鸦片决不像林则徐所想所做的那样简易，这是很显然的。林则徐的才能在当时虽然是第一流，但闭关时代的封建知识限制了他，使他对于中国以外的世界，尤其是资本主义的世界，茫然无知⋯⋯鸦片战争以前，中国已有资本主义的萌芽，在外国资本主义侵略的刺激下，一小部分地主开始有转化的倾向，林则徐正是这种倾向的代表人⋯⋯林则徐是满清时代开眼看世界的第一人"②。另外，作者也提到作为"外国鸦片商代理人"，以首席大学士穆彰阿为首的"投降派"暗中破坏烟禁的行为，指出"这一派人在统治阶级中占领导地位，本身利害与外国侵略者相符合。伴着外国侵略的逐步深入，他们的卖国勾当也逐步发达：从穆彰阿开始，继承人有曾国藩、李鸿章、袁世凯、段祺瑞、汪精卫以及最后的也是最大的卖国贼蒋介石，百年来一脉相传，逼使中国一层一层地陷入殖民地化的地狱里"③。

作者从林则徐的御敌行动中提出"民心"可用论，认为他的禁烟虽然没有取得成功，但值得被中国人纪念和尊敬，因为林则徐懂得"抵抗侵略必须依赖民众这一真理"，"这种依靠民众的正确思想，大异于一般统治阶级的疑民心理，这是他（林则徐）真心对外的证明。当他在禁烟期中，不仅信任一般民众，而且还信任所谓'贪利亡命'的枭徒和久受歧视的佃户⋯⋯林则徐是少数进步人士的代

---

① 范文澜：《中国近代史》（上册），北京：人民出版社1955年版，第3~4页。
② 范文澜：《中国近代史》（上册），北京：人民出版社1955年版，第17、20~21页。
③ 范文澜：《中国近代史》（上册），北京：人民出版社1955年版，第17页。

表者。这种进步性主要表现在依靠人民的力量，坚决抵抗外国侵略"①。随着清朝战败与《南京条约》的签订，作者认为中国社会的性质发生了根本变化，"所谓'法穷财尽'，就是中国在政治上主权不完整，在经济上财物无限制的外溢，人民生活加倍穷困，这恰恰是半殖民地社会的情况，《南京条约》开始了这种情况"②。作者基于中英两国关系的角度，认为鸦片战争"是老大的封建主义社会与新兴的资本主义社会的斗争，在政治上表现为闭关自守与海盗式掠夺的斗争。从中国内部说来，是抵抗派与投降派的斗争，这一斗争表现在思想上成为进步倾向与守旧顽固的斗争，表现在政治上转成满汉民族的斗争"③。

第二次鸦片战争是 1856 年 10 月至 1860 年 10 月，英、法两国在美、俄支持下联合发动的侵华战争。作者在第四章"第二次鸦片战争"中提及这一战争发生的原因及性质，"第二次鸦片战争是第一次鸦片战争的扩展和深入。发动战争的主要原因是外国侵略者结合中国封建势力共同扑灭中国人民革命的火焰。这个火焰要烧毁满清统治也要延烧侵略者在不平等条约上抢得的特权。狡猾的侵略者采取战争手段来促迫愚昧顽固的满清政府，使它感觉到有进一步和外国侵略者结合的必要。第二次鸦片战争就是中外反革命结合过程的具体表现"④。在作者看来，第二次鸦片战争的性质与第一次鸦片战争并无不同，"第二次鸦片战争恰与第一次一样，人民走的是反抗路线；统治阶级走的是投降路线"⑤。第二次鸦片战争迫使清政府先后签订《瑷珲条约》《天津条约》和《北京条约》等不平等条约，清朝丧失大片领土，海关落入外人手中，这些严重后果在作者看来，"满清由被迫屈服，进而勾结外国侵略者合力消灭中国人民革命。闭关政策完全失败了，中国主权的丧失更多了，中国半殖民地的灾难更严重地增加了"⑥。

中法战争系因法国侵略中国和越南而引起的战事。清廷内部和战不定，作者对此说道："西太后在主战舆论的压迫下，虽然颁发了类似宣战的诏谕，但并没

① 范文澜：《中国近代史》(上册)，北京：人民出版社 1955 年版，第 24、25、30 页。
② 范文澜：《中国近代史》(上册)，北京：人民出版社 1955 年版，第 55 页。
③ 范文澜：《中国近代史》(上册)，北京：人民出版社 1955 年版，第 60 页。
④ 范文澜：《中国近代史》(上册)，北京：人民出版社 1955 年版，第 169 页。
⑤ 范文澜：《中国近代史》(上册)，北京：人民出版社 1955 年版，第 205 页。
⑥ 范文澜：《中国近代史》(上册)，北京：人民出版社 1955 年版，第 189 页。

抵抗到底的决心，再加上李鸿章极力主和，所以和法国'讲解'的勾当，自 1884年 10 月以后，或明或暗，一直没有停顿过"①，最后李鸿章的主张完全实现，两国归于和议，中国不败而败。

日本自明治维新以来，资本主义逐渐发展起来。它和日本的封建经济相结合，表现出强烈的侵略性。1874 年日本侵略台湾，1879 年吞并琉球。1875 年至1894 年，中日关于朝鲜问题几经交涉，作者将中日关于朝鲜的交涉分为三期：第一期为争宗主权阶段，第二期为引俄制日阶段，第三期为恃俄拒日阶段。1894年 7 月高升号事件发生，中日甲午战争爆发。李鸿章外交上主张屈服求和，军事上主张避战自保，在其指导下陆海军"战无不败"。日本战胜腐败的清朝，迫其签订丧权辱国的《马关条约》。作者认为《马关条约》是《南京条约》以来"划一新时代"的卖国条约，"中国殖民地化的程度从此更深入一大步。过去割让香港、九龙司及藩属国，还说是'偏远地区'，现在可以割及大块设省地区了。过去外国在中国设立工厂还不算'合法'，现在可以在中国制造，而且免纳海关进口税了。各国与满清缔约，都享有'利益均沾'的特权，《马关条约》开了端，接着就是割地狂潮和投资竞争，中国被瓜分的危机更加迫切了"②。

第二节　对两次农民运动的赞誉

在晚清历史上，共发生过两次重大的农民运动。太平天国运动主要是反对清廷的封建压迫，义和团运动则主要反对帝国主义的侵略。

在第二章"太平天国革命"中，作者首先说明鸦片战争之后中国社会各阶层经济状况之变化：土地集中现象在鸦片战争后特别显著，地主豪绅因中小农破产，财产愈益增加，鸦片销路得以顺利扩张；佃农雇农生活条件尤其恶劣，中小等佃户负债更多，终生承受高利贷的盘剥。雇农工资通常每年十千文，无力娶妻成家，不得不依附雇主过奴隶般生活，是农民中最苦的一级。因地主的严酷剥削，中小农佃户继续破产失业，多数转入雇农或流民群中。作者对此感慨道：

① 范文澜：《中国近代史》(上册)，北京：人民出版社 1955 年版，第 234 页。
② 范文澜：《中国近代史》(上册)，北京：人民出版社 1955 年版，第 273 页。

"只有革命才是出路。"①

太平天国运动就是这样的一场革命。这场革命得到人民的拥护，作者认为："政治上经济上两大平等，是在封建压迫之下困苦不堪的广大人民主要是农民的迫切要求，也是中国社会进一步发展的必要条件。《救世》《醒世》两篇论文，剥去它的宗教外衣，就可以看出它的民主主义思想的本质，太平革命运动就在这个平等思想推动之下壮大起来。"②由洪秀全、冯云山、杨秀清、萧朝贵、韦昌辉、石达开等人组成的太平天国早期领导集团，这个集团的结合与分裂，决定着太平天国运动的胜利与失败。作者对此六人的出身阶级进行了较为详细的分析：洪秀全属于中农家庭，父兄耕田谋生，家境贫困；冯云山，原为科举失意的穷苦塾师，后充当矿山苦工；杨秀清，世代以烧炭种山为业，五口通商之前，以护送洋货为业，上海开埠后，广州国际贸易衰弱，杨秀清失业归家仍做烧炭工人；萧朝贵，原为农民，破产流落，后与杨秀清结识；韦昌辉，地主兼典当商，为一县首富，捐得监生，出入衙门办事，又是豪绅身份；石达开，当地土豪大姓，人口多，富有财产。作者将太平天国领袖的阶级成分与其投身革命的彻底性联系起来，认为杨秀清多智谋，萧朝贵忠实坦率、勇敢刚强，代表农民的革命性，而韦昌辉出身剥削阶级，被迫参加金田起义，在太平军领导集团中是一个品性不良的人。"以上七人，从团结方面说，在太平天国名义下，一致反对满清统治者；农民、手工业工人、运输工人、会党，以及一部分失意的士人、被欺压的地主商人，都有代表参加了这个领导集团，形成庞大无比的革命声势"③。

作者认为太平军早期取得胜利，既因得到人民拥护，也因治军得法，"太平军从广西出发，沿路诛戮妖魔(官、幕、吏、役)，焚烧衙门、粮册、田契、借券，杀逐豪绅、地主、富农、和尚、道士——这种人多数是土地占有者或高利贷者。人民挣脱封建剥削的束缚，感受革命所给予的愉快是不可以用言语形容的，他们参战，当然不是所谓胁从；拥护，当然不是所谓好乱……满清军队杀人、放火、奸淫、掳掠，根本不知有所谓纪律。太平军恰恰相反，普遍保持

---

① 范文澜：《中国近代史》(上册)，北京：人民出版社1955年版，第82~83页。
② 范文澜：《中国近代史》(上册)，北京：人民出版社1955年版，第96页。
③ 范文澜：《中国近代史》(上册)，北京：人民出版社1955年版，第103页。

极严格的军事纪律……太平军……能够取得广大人民的拥护，就是因为它的纪律非常好"①。

1853 年太平天国在南京刊布《天朝田亩制度》，将其作为太平天国政权政治经济的基本思想，其中提到"有田同耕，有饭同食，有衣同穿，有钱同使，无处不均匀，无人不饱暖也"，作者对此分析道："这是农民的朴素平均主义思想，由于这种思想，在土地问题上产生了分田法，推翻地主占有土地制"，但作者同时也指出其具有虚幻性，"这个分田法不是根据各地实际情况，而是在纸面上作详细规定，这就不得不陷入空想"②。此外，作者看到，在太平天国境内出现了妇女解放运动，即太平军把妇女看做姐妹，与看做兄弟的男子平等，太平天国禁缠足，禁买卖奴婢，禁娼妓，禁人民畜妾，所有恶俗，悉数铲除，而在开科取士上，男女都有应试权利，在政治地位上，女官与男官同等。作者认为这是相当彻底的妇女解放运动，应给予赞赏与肯定。

太平天国经天京之变与安庆失守后开始走向衰败，作者提到这场革命最终失败的主客观原因：

> 宗派、保守、安乐三种思想，总根源在农民阶级消极方面的狭隘性、保守性、私有性。太平军领导集团的腐化分裂，正是这种特性的反映，也就决定了太平天国的必然崩溃……原因是：第一，满清统治阶级与外国侵略者逐渐结合，反革命势力壮大起来，反革命势力超过革命势力。第二，那时候中国不曾有工人阶级的存在，农民阶级不得工人阶级的领导就无法负担民主革命的任务。太平天国在主观客观两方面都缺少胜利的条件，所以，历史决定这个革命只能起着民主革命先驱者的作用。③

这里，作者明确提到了农民阶级的特性，以及该阶级在没有工人阶级的领导下，无法承担民主革命任务的局限性。值得注意的是，作者在这段中充分运用辩

---

① 范文澜：《中国近代史》（上册），北京：人民出版社 1955 年版，第 110~111 页。
② 范文澜：《中国近代史》（上册），北京：人民出版社 1955 年版，第 123 页。
③ 范文澜：《中国近代史》（上册），北京：人民出版社 1955 年版，第 154 页。

证法，明确提到了反革命势力与革命势力"此消彼长"的关系。

相较对太平天国革命性的赞赏，对于镇压太平天国运动的湘、淮军将领曾国藩、李鸿章等人，作者视之为"汉奸"，斥其为镇压革命力量的刽子手。曾国藩所作《讨粤匪檄》，提到"士不能诵孔子之经，而别有所谓耶稣之说、《新约》之书"，他的宣传在士人中起到效果，引起他们对太平天国的仇恨。作者直陈其本质，"湘军的领导骨干是地主阶级的士人，他们借'卫道'名义掩盖汉奸的面目，使人们误以为他们反对太平军也是有理由的"①。太平天国运动的革命性，是相对于清朝政权的腐败而言的，作者认为人民要求革命具有正当性，"这样一具残暴腐败的统治机器……对满洲贵族、汉奸、地主、外国侵略者有存在的必要，从人民方面看，除了搞毁它，再没有自救的道路"②。然而，这一革命又为何会失败？作者援引马克思对 1848 年欧洲革命失败原因的分析，指明革命和反革命都不能是孤立的，中国人民必须和全世界革命人民结成一体，才能取得革命的胜利，"在整个旧民主主义革命时期里，中国人民是孤立无援的"③。

义和团运动是以落后的宗教迷信为形式，以反对帝国主义为内容的群众运动。作者指出其发生的必然性，"当时人民在满清愚民政策与宗教麻醉的欺骗影响下，只能由这种落后形式表现出他们的义愤"④。作者指出农民最痛恨的敌人——享有特权的教士和教民，"传教士遍布在城市和乡村里，干着欺骗、掠夺等等丑恶行为。特别是在农村，侵侮农民，更是无所不为。中国人民主要是农民已经受尽封建压迫的痛苦，现在又加上了外国教堂的压迫，而这种压迫是中国人民所不能忍受的。所以反对教堂，不论采取什么形式，本质上都是正义的行动，许多行动汇集起来，便成为大规模的反帝运动"⑤。

作者同样分析了义和团运动的阶级成分构成，指出义和团成员绝大多数是农民，由于农民是义和团最主要的组成部分，所以这个运动表现出特殊的坚韧性。

---

① 范文澜：《中国近代史》(上册)，北京：人民出版社 1955 年版，第 122 页。
② 范文澜：《中国近代史》(上册)，北京：人民出版社 1955 年版，第 85 页。
③ 范文澜：《中国近代史》(上册)，北京：人民出版社 1955 年版，第 87 页。
④ 范文澜：《中国近代史》(上册)，北京：人民出版社 1955 年版，第 329 页。
⑤ 范文澜：《中国近代史》(上册)，北京：人民出版社 1955 年版，第 334 页。

义和团成员中还包括城市小手工业者及水陆交通运输工人，以及兵士及妇女。

作者特别提到义和团运动兴起的经济原因，参加义和团的民众，大多是因为洋货进口增加，新工厂相继建立而失业破产的农民和手工业者，他们保守的生产方式，表现出落后性。然而他们要求驱逐那些以宗教之名行掠夺之实的洋人，以及严明的纪律，作者对此给予很高的评价：

> 志愿和纪律产生无比的勇敢，义和团员手执刀、矛、木棍、竹竿、石块与帝国主义军队正式对敌，一方面显示迷信愚昧，同时也显示伟大的自我牺牲精神。这种精神的来源，主要是对外国侵略者的仇恨，迷信只能起到辅助作用……如果没有极深厚的民族仇恨作基础，义和团首领岂能一次又一次鼓励团员们上战场……正说明义和团运动是人民反帝斗争。①

他进一步提到义和团运动的重要意义：

> 义和团运动充分表现出中国人民坚强的反抗精神，足以教训那些狂妄无知、高谈瓜分的帝国主义者，开始认识"中国群众含有无限蓬勃生气"。"近年以来时常讨论之'瓜分中国'一事"，义和团运动以后，各国报纸再也不喜讨论这个"题目"。为什么呢？因为"无论欧美日本各国，皆无此脑力和兵力可以统治此天下生灵四分之一"。"故瓜分一事，实属下策。"……这一功绩是不可磨灭的。②

第三节 对清廷两次改良运动的批判

从自救自保层面而论，晚清推行过两次改良运动，即洋务运动与戊戌变法。第二次鸦片战争之后，洋务派成为与顽固派平分政权的统治者，作者在第四

---

① 范文澜：《中国近代史》(上册)，北京：人民出版社1955年版，第354页。
② 范文澜：《中国近代史》(上册)，北京：人民出版社1955年版，第398页。

章第五节中专门论述"同治中兴"的虚伪性，认为这是清廷内部一部分顽固派向洋务派转化的结果。所谓"洋务派"与"洋务运动"，他如此定义："顽固派转化为洋务派，在政府主持中外合作反太平军的是奕訢，在地方实行的是曾国藩、李鸿章、左宗棠……洋务派制造船炮，目的在镇压革命，并不是抵抗外国；办同文馆等目的在培养买办和翻译员，并不是为了真正了解外国。'中学(封建专制学说)为体，西学(格致天算学)为用'，是洋务派一贯不变的方针。"①为了进一步说明洋务派的反动立场，作者对洋务派的定义又有进一步的阐述：洋务派是封建旧军阀经过外国侵略者改造，适合于镇压太平天国革命之用的新军阀。

洋务派所推行的洋务运动，亦称"自强"运动，为作者所否定。他对其反动性质，作如下论述：

> 奕訢请设总理衙门奏折里说："臣等就今日之势论之，发捻交乘，心腹之害也；俄国壤地相接，肘腋之忧也；英国志在通商，肢体之患也。故灭发捻为先，治俄次之，治英又次之。"这里所谓"治俄""治英"，都是装点门面的废话，只有"灭发捻"才是代表满汉统治阶级的实话。……《北京条约》以后，满汉洋务派都谈"自强"，奕訢所谈的是治汉的"满洲自强"，曾、左、李所谈的是利己的"军阀自强"，"自强"目的都在壮大本集团的力量，镇压人民革命。他们"自强"的程度，决定于所得外国侵略者援助的多少。②

作者引用奕訢奏折中关于"平发捻""治俄""治英"的内容，为日后马克思主义史学家所常用，旨在说明洋务运动的反动性。作者在书中毫不客气地指出，"满清和军阀们所谓的'自强'，实际是分裂割据。满清与军阀，军阀与军阀，在利害冲突时暴露出狞恶的真面貌。他们讲'自强'，并不是欢迎资本主义，而是害怕资本主义"，结果"顽固派的愚蠢，洋务派的'自强'，把中国推进半殖民地的深渊里"③。

---

① 范文澜：《中国近代史》(上册)，北京：人民出版社 1955 年版，第 191 页。
② 范文澜：《中国近代史》(上册)，北京：人民出版社 1955 年版，第 195 页。
③ 范文澜：《中国近代史》(上册)，北京：人民出版社 1955 年版，第 198~199 页。

洋务派所开办的一批军事与民用工业，各企业分官办、官督商办、官商合办、商办四种，官办占绝大多数。作者分类说明道，官办企业有亏无盈，是一种消耗机关；官督商办，官掌大权，商认亏损；纯粹商办的企业，政治上没有依靠，难得存立。他继而分析道，商办企业受压制，"自然产生微弱的资产阶级民权思想"，"这种思想的发生，反映商办工业对官办工业的不满，同时要对政治不满，以上海知识界为中心，在思想上开始准备着变法运动"①。

洋务派推行的洋务运动，经过甲午战争后宣告破产。此后列强掀起瓜分中国的狂潮，刺激一部分统治阶级及抱有资本主义思想的士人，他们要求联合起来抵御外侮，在政治上产生维新变法运动。作者指出，当时改良运动的倡导者，如光绪帝、翁同龢、张謇、康有为、梁启超、谭嗣同等人，虽然思想上各有不同，"一般说，都是半封建半资本主义的人物"②，他们希望中国也走一次日本明治维新的道路。他分析当时政局，指出维新派中派系诸多，导致内部的不团结：

> 维新派与顽固派人数比较，相去悬殊。顽固派反对变法，决心"宁可亡国"。这一派以西太后为首领，构成强大的反动势力。维新派人数既少，共同拥戴的光绪帝，又并无实权。顽固派有沙俄势力支持，维新派只有英、美、日限于"友谊"的同情。维新运动是资产阶级要求民权的运动，而当时领导运动的资产阶级还不会成为一个有力的阶级。参加运动的各派系……力量脆弱，显然不能战胜顽固派。③

作者对维新派内部派系的分析，仍运用分类法，他将维新派分类为左中右三派，其中翁同龢系、假维新系、严复系、康有为门下的麦孟华系属右派；康梁系等属中派；谭嗣同系属左派。维新派内部右派势力最大，中、左两派较小。作者一针见血地指出，"右派各系，都不是民权主义者，变法的目的在变无权的光绪

---

① 范文澜：《中国近代史》（上册），北京：人民出版社1955年版，第218~219页。
② 范文澜：《中国近代史》（上册），北京：人民出版社1955年版，第294页。
③ 范文澜：《中国近代史》（上册），北京：人民出版社1955年版，第305页。

帝为有权的光绪帝"①。例如翁同龢系之所以为右派，作者认为，翁系的变法主张是在皇帝独断下改革某些弊政，引进康有为，目的在于加强帝党，反抗后党，对民权平等之说，不得不采取暂时容忍的态度。

戊戌变法失败后，康、梁逃亡日本，"堕落"为死心保皇的"反动集团"。作者援引毛泽东在《新民主主义论》中所提到的资产阶级两面性，"一方面——参加革命的可能性，又一方面——对革命敌人的妥协性"②，指明戊戌维新运动失败的根本原因，乃"改良主义的康梁维新派，当然也受这个原则的支配，不过比当时的革命派——兴中会，参加革命的可能性更少些，对革命敌人的妥协性更多些"③。

小　　结

中华人民共和国成立后，范文澜的《中国近代史》(上册)成为中国近代史领域的权威著作，受到广泛关注。普通读者通过阅读此书，不仅能够较为清晰地了解中国近代史的基本脉络，而且能够深切体会马克思主义的历史研究方法论。范文澜在《中国近代史》(上册)中充分运用阶级分析法，对谁是革命运动的支持者、谁是反对者，读者阅后心中洞然。他明确提到革命势力与反革命势力"此消彼长"的关系，这种辩证的话语结构清晰地呈现在读者眼前。在说明近代中国社会的性质时，作者运用的一些话语，如"半封建半资本主义""半殖民地的深渊"等，很容易为读者所接受，并在学习生活中使用。范文澜站在人民立场上评判近代以来的中外战争、农民运动、清廷改良运动等，乃其信奉的马克思主义史观使然。他通过"革命"话语构建出中国近代史宏阔的历史潮流，但也不失对具体人物言行、事件来龙去脉绵密的考证。他有着强烈的以史为鉴意识，将现实与历史结合起来，提出"解答近代中国的社会性质、革命道路，以及所取得的主要经验和教训等问题，是同认识中国应向何处去，当前应执行什么路线，采取什么斗争策略

---

① 范文澜：《中国近代史》(上册)，北京：人民出版社 1955 年版，第 309 页。
② 范文澜：《中国近代史》(上册)，北京：人民出版社 1955 年版，第 322 页。
③ 范文澜：《中国近代史》(上册)，北京：人民出版社 1955 年版，第 322 页。

直接相联系的"①。

中华人民共和国成立后，范文澜对于续写、重写《中国近代史》一直未曾忘怀，② 然而随着他的去世，《中国近代史》(下册)终成范老未竟的志业。

---

① 陈其泰：《范文澜〈中国近代史〉的开拓意义——纪念范文澜诞生 100 周年》，《中国社会科学院研究生院学报》1993 年第 6 期，第 72 页。

② 赵庆云：《范文澜续写、重写〈中国近代史〉的构想及实践》，《史学理论研究》2016 年第 2 期，第 59 页。

第三章

胡绳《从鸦片战争到五四运动》与
第二种"革命"话语体系

历史是最好的教科书。近代中国的历史就是中国人民不屈不挠，不断奋起抗争，终于掌握自己命运，开始建设自己国家，为实现民族复兴而奋斗的历史。中国近代史记载了中华民族不断沉沦以至"谷底"，继而不断"上升"的历史进程，对于这段历史，习近平总书记深情地概述道："近代以后，中华民族遭受的苦难之重、付出的牺牲之大，在世界历史上都是罕见的。但是，中国人民从不屈服，不断奋起抗争，终于掌握了自己的命运，开始了建设自己国家的伟大进程，充分展示了以爱国主义为核心的伟大民族精神。"①正如前文所述，20 世纪 30 年代中国近代史通史性著作迭出，大体上形成"近代化"与"革命"两种叙事话语，所谓"革命"话语，一般视为西方殖民势力不断入侵中国，把中国变为殖民地及中国人民反抗外来侵略的过程，体现于马克思主义史学家如李鼎声等人的著作之中。② 范文澜等将"革命"话语进一步完善化、体系化，形成中国史学界最早的近代史"革命"话语体系。新中国成立后，胡绳立足于写好党史之前史，将"革命"话语体系进一步与改革开放初期的国内外形势结合起来，撰写完成《从鸦片战争到五四运动》，形成了另一种"革命"话语体系。胡著体现出中国近代史"革命"话语体系的与时俱进，其与"近代化"话语体系的纠葛与融合，值得我们深入探讨。

---

① 《习近平谈治国理政》，北京：外文出版社 2014 年版，第 35 页。
② 欧阳军喜：《20 世纪 30 年代两种中国近代史话语之比较》，《近代史研究》2002 年第 2 期。

第一节 胡绳生平与其著旨趣

胡绳(1918—2000)原名项志逖, 江苏苏州人。胡绳一生的经历与中国共产党的文化工作紧密关联。1931 年胡绳升入高中时, 九一八事变发生, 他开始接触马列著作与宣传马克思主义的各种读物。1935 年胡绳在上海参加革命, 积极投身共产党领导的文化活动和抗日救亡运动。抗战全面爆发之后, 胡绳奔赴武汉, 于 1938 年 1 月加入中国共产党。此后, 他在武汉等地参与党的文化领导机构和统一战线工作, 曾任《鄂北日报》主编、中共中央南方局文委委员、《读书月报》主编等。1940 年, 胡绳撰写完成第一篇关于中国近代史的文章《论鸦片战争》。1941 年皖南事变发生后, 他奔赴香港, 任《大众生活》编委。太平洋战争爆发后, 胡绳返回重庆, 不久任《新华日报》编委。

解放战争时期, 胡绳战斗在反对国民党的文化工作一线, 历任中共上海工委候补委员、文委委员, 上海、香港生活书店总编辑, 中共中央宣传部教材编写组组长, 华北人民军政府教科书编审委员会副主任等职。1947 年完成《帝国主义与中国政治》。新中国成立前夕, 胡绳作为社会科学界代表团成员出席中国人民政治协商会议第一届全体会议, 参与新中国成立筹备工作。

新中国成立后, 胡绳先后担任政务院出版总署党组书记、人民出版社社长、中共中央宣传部秘书长、《学习》杂志主编、中共中央政治研究室副主任、《红旗》杂志副总编辑、中央马列主义研究院副院长等职务。20 世纪 50 年代至 60 年代中期, 他参加《毛泽东选集》编辑工作, 为党的理论研究和宣传做出重要贡献。1953 年胡绳在中共中央高级党校讲课时, 曾撰写四万余字的《中国近代史提纲》, 形成他对中国近代史分期的基本看法, 不久在《历史研究》1954 年第 1 期发表《中国近代历史的分期问题》, 引起历史学界的广泛关注与讨论。

改革开放初期, 胡绳先后任毛泽东著作编辑委员会办公室副主任、中共中央文献研究室副主任、中共中央党史研究室主任。1985 年至 1998 年任中国社会科学院院长。1988 年和 1993 年, 胡绳先后当选为中国人民政治协商会议第七、八届全国委员会副主席。胡绳一生著述丰硕, 在新中国成立之前, 已出版 100 多万字的各类著述。新中国成立之后，他又出版《从鸦片战争到五四运动》《为什么中国不能走资本主义道路》《论中国的改革开放》等诸多经典著作。

2018 年，中共中央政治局委员、中央宣传部长黄坤明同志高度评价胡绳的一生，对其中国近代史研究等方面取得的成就给予极大肯定："学习胡绳同志，就要坚持用马克思主义指导学术研究，自觉把个人的学术追求同国家和民族的发展紧密联系在一起，以我们正在做的事情为中心，从中国特色社会主义的伟大实践中挖掘新材料、发现新问题、提出新观点、创造新理论，推动构建中国特色、中国风格、中国气派的哲学社会科学；就要重视历史经验的总结和力量，旗帜鲜明抵制和反对历史虚无主义，牢固树立正确的历史观、民族观、国家观、文化观。"①

胡绳在 1980 年初写成《从鸦片战争到五四运动》，洋洋洒洒 70 余万字，系统阐述近代中国自鸦片战争至五四运动 80 余年的风云历史，可谓一部中国近代史的"百科全书"。1981 年该著出版问世后，即在党内获得很高的评价。王震将军曾在 1982 年第 2 期《红旗》杂志上撰文，号召干部和青年读胡著，"学习历史，发扬爱国主义精神"。胡著此后出版大字本和简体本，是当时在党的干部和群众中普及中国近代史知识的重要著作。该著再版后，作为我国史学界的代表性评价，被张海鹏誉为"是一部脍炙人口的近代史著作"，"我以为胡绳同志的《从鸦片战争到五四运动》是范文澜以后中国近代史著作，即介绍中国共产党诞生历史背景的著作中最好的本子"②。

关于该著的写作对象、经纬与旨趣，胡绳在该著序言中有详细介绍。他说道："这本书所讲的是中国半殖民地半封建时代中的前一段，即无产阶级领导的新民主主义革命开始以前一段的历史。"胡著的写作从"文革"时期直至改革开放初期才完成，体现作者对其史观与著作中的话语体系存在一个较长时段的思考，"我的这本书是在 1937 年 9 月开始写的，那一年的四个月里写了开头的四章。以

---

① 黄坤明：《在纪念胡绳同志诞辰 100 周年座谈会上的讲话》，《思想政治工作研究》2018 年第 2 期。

② 张海鹏：《中共党史之前史的巨著——读再版的胡绳著〈从鸦片战争到五四运动〉》，《中共党史研究》1998 年第 1 期。

后的几年里不可能用全部时间和精力来写这本书,因而在 1974 年到 1975 年只写了九章……1978 年写了第二十章到第二十五章共五章,1979 年除了整理修改已写成的各章稿子外,写了最后的两章。总之,这本书是六年多的时间内断断续续写成的"①。

胡绳在其著序言中专门说明义和团运动的历史定位,他采取避免"折中主义"立场,"在充分估计义和团运动的反帝斗争意义的时候,必须看到它具有的严重弱点;同时,也不能因为在当时的历史条件下,义和团运动不可能发展为一个健康的反帝斗争,就把它的历史地位抹煞掉。义和团虽然是传统的农民斗争形式的继续,但是把打击的矛头直接指向帝国主义侵略势力,而且义和团运动时期已经有了资产阶级倾向的政治力量。包括戊戌维新和义和团运动在内的第二次革命高潮时期是中国近代历史中的一个重要环节"②。

而对于洋务运动的评价问题,胡绳认为也不应高估。他明确提出:"本书不认为有理由按照'洋务运动——戊戌维新——辛亥革命'的线索来论述这个时期的历史的进步潮流。"③显然,胡绳并未否定洋务运动的时代进步意义,但不认为构成"历史的进步潮流"。

除介绍 1840 年中外形势(绪论第一章"十九世纪四十年代以前的中国"、第二章"十九世纪四十年代以前中国和资本主义各国的关系")之外,胡绳将三次革命高潮时期与其准备时期结合起来,形成中国近代史的四个时期,以此构成全书的基本结构与体系:

第一,从鸦片战争到太平天国失败(1840—1864 年),也即其著第一编,共六章:"鸦片战争"(第三章共六节)、"战争以后"(第四章共四节)、"太平天国的兴起"(第五章共六节)、"第二次鸦片战争"(第六章共七节)、"1856—1861 年的太平天国"(第七章共六节)、"国内外反革命势力的大联合和太平天国的失败"(第八章共六节)。可以看到,这一编直接涉及太平天国运动的内容多达三章,反映作者的写作重心与旨趣所在。

① 胡绳:《从鸦片战争到五四运动》,北京:人民出版社 2010 年版,(序言)第 20 页。
② 胡绳:《从鸦片战争到五四运动》,北京:人民出版社 2010 年版,(序言)第 23 页。
③ 胡绳:《从鸦片战争到五四运动》,北京:人民出版社 2010 年版,(序言)第 23 页。

第二，从太平天国运动失败后到义和团运动（1864—1901 年），也即其著的第二、三编。第二编"半殖民地、半封建统治秩序的形成"，共五章："在农民大革命失败以后"（第九章共四节）、"封建统治者的'办洋务'"（第十章共七节）、"反对外国侵略势力的群众运动的兴起"（第十一章共三节）、"帝国主义对中国边疆的侵略和半殖民地的外交"（第十二章共四节）、"中法战争和中日战争"（第十三章共五节）。不难看出，第二编主要围绕洋务运动的兴衰来展开叙史脉络。第三编"戊戌维新和义和团运动"，由六章构成："中日甲午战争后帝国主义列强对中国的掠夺"（第十四章共五节）、"第二次革命高潮出现前的国内阶级形势"（第十五章共四节）、"资产阶级改良主义的维新运动"（第十六章共五节）、"百日维新及其失败"（第十七章共五节）、"义和团的勃起"（第十八章共五节）、"八国联军和义和团的失败"（第十九章共五节），这一章着重叙述戊戌维新运动的来龙去脉与义和团运动的兴起及其历史意义，反映民族资产阶级改良派、农民阶级在救亡图存道路上的实践与挫折。

第三，从义和团运动失败后到辛亥革命（1901—1912 年），也即其著第四编。该编"资产阶级领导的辛亥革命"由六章构成："第三次革命高潮的酝酿"（第二十章共六节）、"同盟会初期"（第二十一章共七节）、"辛亥革命的前夕"（第二十二章共六节）、"武昌起义和起义后的武昌政权"（第二十三章共四节）、"革命浪潮中的各省风云"（第二十四章共六节）、"以孙中山为首的南京政府"（第二十五章共五节），本章专讲辛亥革命兴败，作者将 1912 年袁世凯取得政权，视为辛亥革命的高潮宣告终结。

第四，从辛亥革命失败后到五四运动（1912—1919 年），也即其著的第五编。第五编"向新民主主义革命的过渡"由两章构成："袁世凯的反动统治和反袁世凯的斗争"（第二十六章共五节）、"五四运动"（第二十七章共四节）。从内容来看，作者对北洋军阀的统治着墨不多，而对五四运动的介绍也有限，在作者看来，"这是从旧民主主义革命向新民主主义革命过渡的时期"①。

通过全著结构，胡著基本以时间线索而展开，以三次革命高潮为主线，贯穿

---

① 胡绳：《从鸦片战争到五四运动》，北京：人民出版社 2010 年版，（序言）第 23～24 页。

中国近代史上重大历史事件的发生与重要政治力量的实践，兼之以作者对两者之评论，全书体例统一，全部章节形成严密的逻辑体系。

1995 年胡绳在该著再版序言中，提到对书中若干处修改的情况，反映出他始终关注学界并将学界最新成果吸纳进其著中。胡绳关于三个核心问题，专门作一定篇幅的说明。其一，关于阶级和阶级斗争的问题。他明确使用的是阶级分析的观点和方法，认为"中国在经过了两千多年基本上停滞的封建社会以后，社会政治发生了前所未有的激烈的动荡和变动。这些动荡和变化从根本上和总体上说来是表现为旧的阶级虽然衰落，但仍然存在，新的阶级虽然已经兴起但尚未取得胜利；旧时期的阶级斗争仍然残存，而新时期的阶级斗争已经开始兴起……帝国主义和中国的矛盾是民族矛盾，同时也是阶级矛盾。因为不同的阶级对于外国侵略者采取不同的态度，其态度也不是一成不变的。不指明这些，就只能停止于描述现象，不能说清任何问题"①。其二，关于对外开放的问题，也即如何看待近代史上中国政府的对外开放问题，对此胡绳认为"帝国主义在中国历来是一面想使中国对外开放，一面又压迫中国，使中国保持落后和贫穷，因而实际上对外开放的程度极低，甚至并不开放。这是依靠帝国主义解决不了的一个矛盾。只有中国人民用自己的努力来争得民族的完全独立，用自己的力量从中国的具体情况出发来发展中国经济的时候，这个矛盾才能解决"②。其三，关于是否可以用现代化为主体来叙述和说明中国近代的历史问题。胡绳认为这是具有积极意义的研究视角，他认为现代化主题与阶级分析的观点和方法并不矛盾，事实上"在中国近代史上讲对外开放，就要区别在殖民地半殖民地身份上的对外开放和独立自主的对外开放。同样，讲现代化，也不能不区别帝国主义所允许范围内的现代化和独立自主的现代化。要说清楚这两种倾向的区别和其他种种有关现代化的问题，在我看来都不可能离开马克思主义的阶级观点和阶级分析"③。

胡绳对中国近代史三个核心问题的答复，体现了他具体问题具体分析的思考路径，也充分体现了一个马克思主义史学家在辩证法运用上的睿智。他所提到的

---

① 胡绳：《从鸦片战争到五四运动》，北京：人民出版社 2010 年版，(再版序言)第 4 页。
② 胡绳：《从鸦片战争到五四运动》，北京：人民出版社 2010 年版，(再版序言)第 7 页。
③ 胡绳：《从鸦片战争到五四运动》，北京：人民出版社 2010 年版，(再版序言)第 9 页。

历史书写不仅限于描述现象，显然还揭示了其著所蕴含的话语体系问题。

《从鸦片战争到五四运动》出版后不久，引起学界的高度关注和热烈反响，不少学者对于胡著在写作方法上的创新给予肯定，认为其摆脱了一般编历史书的俗套，并无史料堆砌，没有空发议论，而是采取对历史事件和人物具体分析的办法，夹叙夹议，使全书融会贯通，浑然一体，文字深入浅出，普通群众也容易读懂，"在历史书的写作方法上，不能不认为是一个新的收获"①。祁平先生的书评，是较早对胡著叙事话语表示肯定的文章，这也从侧面体现该著的出版在民间引起很好的反响。

第二节　胡著关于"三次革命高潮"的叙述

胡绳在其著《序言》中指出，基于对中国近代史分期问题"三次革命高潮"的思考，形成其书的主体线索，所谓"三次革命高潮"的概念，即"第一次革命高潮时期是 1851—1864 年的太平天国时期；第二次革命高潮时期是中日甲午战争后的数年，在这几年中发生了 1898 年的戊戌维新运动和 1900 年的义和团运动；第三次革命高潮时期是由 1905 年同盟会成立到 1911—1912 年的辛亥革命的时期"②。

胡著对于"第一次革命高潮"有明确定义，即"从道光三十年十二月开始的这一场天国农民大革命，截至同治三年天京沦陷，共十四年，它的余波又继续了四年。这场大革命是中国进入半殖民地半封建的近代的第一个革命高潮"③。

在革命前的时代，也即 19 世纪 40 年代以前的中国，胡绳认为，中国封建时代的社会经济以个体小农业和家庭小手工业紧密结合在一起为其基本特征。胡著对此表述道，封建专制皇朝是全国地主阶级的总代表，同时它自己又是全国最大的地主。清朝使全部皇族成为不劳而获的寄生者。伴随土地兼并的加快，农民受

---

① 祁平：《一部具有重要学术价值的历史著作——读胡绳〈从鸦片战争到五四运动〉》，《社会科学研究》1982 年第 2 期。

② 胡绳：《从鸦片战争到五四运动》，北京：人民出版社 2010 年版，（序言）第 22 页。

③ 胡绳：《从鸦片战争到五四运动》，北京：人民出版社 2010 年版，第 240 页。

到的剥削日重,当时的城镇经济中可以看到资本主义的萌芽,"不过那毕竟还是'萌芽',是在封建经济压制下远未成熟的幼苗"①。在胡绳看来,在19世纪40年代以前的三四百年间,中国社会经济处于封建阶段,资本主义因素的萌芽不但在数量上极其稀少,且很不健全。当时社会的主要矛盾还是农民阶级和地主阶级的矛盾。

对于主宰当时中国的清朝统治者,胡著认为他们接受了汉族地主阶级的文化及其政治统治方式,他们和汉族大地主结合在一起,掌握着国家的权力,维护着封建统治的社会秩序,"这个政权赢得了汉族地主阶级的拥戴"②。封建官场充斥着腐败,真正廉洁的官吏极其罕见。清朝厉行文化上的专制主义,用传统的封建宗法观念与"最愚蠢"的宗教迷信,"束缚人民的心智,愚弄广大人民","封建的国家并不做任何有利于社会生产发展的工作,唯一可以算这方面的工作是治河",作者得出结论,"很明显,不打破封建主义的政权这个桎梏,中国社会的进一步发展是不可能的"③。

在中外关系方面,这一时期中国同沙俄发生纠纷。胡著着墨强调沙俄的侵略性,这一笔调贯穿全著,例如作者写沙俄诱骗黑龙江将军奕山签订《瑷珲条约》:不难看出,沙皇俄国的扩张行径是进行了多么凶恶和无耻的威胁和讹诈。作者对沙俄侵略行径的愤恨,可能与他所处中苏对立的时代背景有关。对于18世纪英国商人在广州的活动,作者认为清朝对之加强防范和限制合情合理,并以此批驳西方历史学者的观点(似乎指马士等人——笔者注):

> 十八世纪的这些限制外国商人的规矩,一向成为西方的某些资产阶级历史学家嘲笑和攻击的对象,他们想以此来证明当时中国是个"野蛮"国家,是以"不平等"态度来对待外国人,甚至以此来证明后来西方国家对中国反动侵略战争的合理性。但是任何一个主权国家当然都有权规定在对外贸易上实行什么样的制度,这些规定并没有超出这种权力。固然其中个别次要的规

---

① 胡绳:《从鸦片战争到五四运动》,北京:人民出版社2010年版,第7页。
② 胡绳:《从鸦片战争到五四运动》,北京:人民出版社2010年版,第9页。
③ 胡绳:《从鸦片战争到五四运动》,北京:人民出版社2010年版,第12页。

定反映了中国封建统治者落后的成见，如禁止"夷妇"到广州，但是，当西方殖民者正以冒险家、海盗的身份在世界上一切他们所能到的地区和国家肆无忌惮……的时候，这些规定，就其主要部分来看，实在是当时中国方面所可能采取的必要的自卫措施。

　　……由于这种防范和限制暂时起了自卫的作用，清朝统治者狂妄自大地以为这些外国商人都是来自渺不足道的蛮夷小国，而自命为高于万邦的"天朝"；他们根本不想去认真了解这些究竟是什么样的国家。这种情形当然是封建统治者的落后性的表现。①

　　基于以上内忧外患的描述，胡著的主题徐徐开启：一方面是内部危机日趋严重的封建中国，一方面是已有三百年殖民地统治经验的西方资本主义国家——中国正是在这样的情况下走向近代历史。

　　作者将太平天国运动视为一场农民革命，这场革命给予封建统治秩序沉重打击。"我们所要考察的十九世纪五十年代的太平天国农民大革命，是领导权掌握在贫农和贫苦中农手里的一次大革命，他们是在和游民的破坏性进行了必要的斗争而建立和保持自己的领导权的。参加革命的也有地主阶级分子，但是人数很少，在革命的初期，不足以形成影响运动发展方向的力量。"②至于这场浩大的农民革命为何由洪秀全、杨秀清等人来领导，他解释道："从当时的中国社会阶级斗争形势来看，一场农民大革命的客观条件是成熟了。但是原有的可以供农民革命利用的组织形式和口号旗帜，例如天地会，不能满足一场农民大革命的需要。它要求一种新的组织形式、口号和旗帜……洪秀全的'上帝'并不就是这些传教士的'上帝'。他不是从那几本基督教小册子中拿来了一个'上帝'，使在封建重压下的中国农民革命取得了一个新颖的形式。"③应该说，胡绳关于太平天国革命与基督教关系的表述是很清楚的，具有很强的说服力。

　　在胡绳看来，农民革命的理想体现于太平天国在定都南京后宣布的《天朝田

---

① 胡绳：《从鸦片战争到五四运动》，北京：人民出版社 2010 年版，第 22 页。
② 胡绳：《从鸦片战争到五四运动》，北京：人民出版社 2010 年版，第 90 页。
③ 胡绳：《从鸦片战争到五四运动》，北京：人民出版社 2010 年版，第 96 页。

亩制度》之中。《天朝田亩制度》提出原则上平分土地，剥夺地主的土地所有权，但涉及的并不限于土地制度，还勾画了农民理想社会的图景，胡著对其历史意义及局限性点评道："这是一个贫苦农民的反封建的革命纲领，它宣布在消灭封建剥削制度之后，要建立起不容许任何剥削制度的公有社会，因此它表现了高度的革命彻底性，没有一点同封建的地主土地所有制妥协的余地，一点也不寄希望于地主发'善心'，甚至同农民作为小所有者的私有性表示了某种程度的决裂"，"太平天国的领导者在《天朝田亩制度》中提出的方案，固然被证明是行不通的，他们所作的试验，固然终于是失败的，但是他们的经验使得中国革命中的这些复杂问题所包含的各种矛盾更加鲜明地显示了出来。只是这点说，也是对于解决这些问题的重大贡献"①。

相较于《天朝田亩制度》的理想主义，洪仁玕的《资政新篇》具有浓厚的资本主义色彩。胡绳认为，"尽管在当时的中国，提倡发展资本主义工商业是有进步意义的"，但该书对于农民革命的发展并未起到积极作用，"如果不推翻封建主义的政权，不消灭作为这个政权的基础的封建的土地关系，资本主义工商业的自由发展是不可能的"，"而《资政新篇》的作者洪仁玕所设想的是资本主义工商业得到自由发展的新社会，但是他却又完全撇开了《天朝田亩制度》，至少在他写这本书时没有提到农民革命的现实斗争任务。洪仁玕虽然一贯地忠心于洪秀全的革命事业，但他多年间并没有参加农民斗争的行列。他从西方已经成长起来的资本主义社会学到了一些皮毛，却不真正懂得他所投身进去的这场农民大革命和发展资本主义的关系"②。

对于太平天国运动后期的两位重要将领陈玉成和李秀成，胡绳突出他们贫农家庭出身，陈玉成系"连续几年的战争实践的锻炼，使得这个贫农的孩子成长为太平军中的一个主将"；李秀成乃"出身于广西藤县一个贫苦的农民家庭，因作战机智勇敢，从一名普通的士兵晋升为青年将领"。陈、李的军事行动，引起清朝的恐惧，"曾国藩、胡林翼这些反革命头子把陈玉成和李秀成看做他们在战场

---

① 胡绳：《从鸦片战争到五四运动》，北京：人民出版社 2010 年版，第 113、118 页。

② 胡绳：《从鸦片战争到五四运动》，北京：人民出版社 2010 年版，第 180 页。

上的可怕的对手"①。

关于太平天国走向衰亡的原因，胡著提到，太平天国后期洪秀全虽然保持着最高领导者的地位，但是越来越丧失让革命继续前进的动力。作者也坦言，后期的太平军纪律废弛无庸讳言，"许多官兵把虏获的财物不归公而归私，并因劫掠而滥杀无辜，这些本是太平天国所严禁的。赌博、抽鸦片的恶习也在军中出现了。这些现象使军队的作战力降低，也严重损害了军民关系"②。

作为第一编的结尾，胡著总结了作为"第一次革命高潮"的太平天国运动的历史意义：

> 伟大的太平天国农民革命运动虽然失败了，但是它极大地扰动了封建社会的旧秩序，促进了封建社会的崩溃。它向外国资本主义侵略者显示了中国广大劳动人民群众蕴藏着的不可估计的强大的革命力量，起到了阻止中国殖民地化的作用。在太平天国大革命和两次鸦片战争中充分暴露了中国封建统治阶级的极端腐朽性，也充分暴露了西方资本主义侵略势力的反动性。从西方国家来的资产阶级侵略者，在世界的东方充当了绞杀人民进步事业的主要角色。他们和腐朽的封建统治者开始结成了反革命的同盟。在洒着千千万万农民革命的勇敢战士的鲜血的大地上，国内外反动势力联合起来建立起半殖民地半封建的统治秩序，但是一切反动势力都不能阻止由太平天国大革命所启导出来的反帝反封建的斗争一代代继承下去。③

"第一次革命高潮"结束后，"第二次革命高潮"接踵而至，作者说道："随着外国资本——资本主义势力日益加深对中国的侵略和压迫，而封建主义统治者日益勾结和依附外国侵略势力，外国帝国主义和中国人民、中华民族的矛盾也成了中国社会的一个主要矛盾。这些主要矛盾和其他社会矛盾愈来愈激化，不可能不导致新的革命高潮。在光绪十年(1884)发生了中法战争，在光绪二十年又发生了

---

① 胡绳：《从鸦片战争到五四运动》，北京：人民出版社2010年版，第167页。
② 胡绳：《从鸦片战争到五四运动》，北京：人民出版社2010年版，第228~232页。
③ 胡绳：《从鸦片战争到五四运动》，北京：人民出版社2010年版，第240页。

中日战争。这两次战争，特别是后一次战争，大大地激化了中国外部和内部的各种矛盾。在中日战争后，出现了中国近代史上的第二次革命高潮"①。

对于中日甲午战争之后，清政府所提出的"以夷制夷"策略以及遭遇的空前危机，胡著给予毫不留情的批判：

> 以前有些中国近代史作家，企图在读者中造成一种印象，似乎清朝政府及其大臣们是列强侵华活动中的受害者和受骗者，他们在列强的要挟下也感到为难和表示不满；似乎他们主观上是想保卫中国的权利，只是力不从心。事实并不是这样。当然，他们未尝不梦想恢复封建帝国的昔日的威风，但是他们的没落的、腐朽的统治只能使他们不断地去奉送中国的主权。只有这样，列强才给他们保留一个位置，他们才能继续维持对人民的统治权。他们的卖国经验使他们归结到，在列强互相矛盾、争夺的情况下，与其供奉一个强盗，不如把所有的强盗都招来反而对自己"有利"。到了九十年代末，那些"最识时务"的洋务派官僚们已经甘愿受洋人的"保护"来维持自己的统治地位了。②

作者将"以夷制夷"讽刺为"以华制华"，强调打碎一切枷锁，从帝国主义和卖国的清王朝的双重统治下解放出来，就成了摆在中国人民面前的任务。

在戊戌维新与义和团运动接连失败之后，胡著提到的"第三次革命高潮"紧跟着"第二次革命高潮"又到来了。作者认为，1905 年同盟会的成立，是第三次革命高潮开始的标志。他评价这次革命高潮与其他两次革命高潮的不同特点：

> 在第二次革命高潮中，走上政治舞台的是民族资产阶级的上层，他们在政治上的代表是资产阶级改良主义者。八国联军、辛丑条约及其以后的社会政治形势，迅速地把民族资产阶级的中下层推进到爱国运动和社会政治运动中。他们在政治上的代表是资产阶级革命派。资产阶级革命派，带来了第一

---

① 胡绳：《从鸦片战争到五四运动》，北京：人民出版社 2010 年版，第 244 页。
② 胡绳：《从鸦片战争到五四运动》，北京：人民出版社 2010 年版，第 416 页。

次革命高潮和第二次革命高潮中所没有的资产阶级民主主义的革命纲领、革命理想和革命组织。它成为革命的领导力量。这是第三次革命高潮的根本特点。①

1912 年辛亥革命的失败，喻示着"第三次革命高潮"的终结。经历过北洋时期的袁世凯复辟帝制、军阀割据等局面，"中国仍然是在帝国主义、封建主义统治下的贫穷、落后的半殖民地的国家"，然而"经过五四运动，中国近代历史发生了一个重大变化，中国无产阶级开始作为一个独立的阶级登上了历史舞台。无产阶级代替资产阶级而成为中国民族民主革命的领导者"②，在作者看来，辛亥革命的失败，由三次革命高潮构成的旧民主主义革命宣告结束，一个崭新的革命时代即将来临。

第三节　关于重大事件、重要人物及相关问题的评述

与大多数的近代史学家一样，作者将 1840—1842 年发生的鸦片战争，视为封建中国变为半殖民地半封建中国的转折点。对于鸦片战争的起因与性质，胡著运用较长篇幅予以说明：

> 许多英国资产阶级的历史著作力图证明，英国当时对中国作战虽然因中国方面禁烟而引起，但并不是为了保护鸦片贸易，而是为了要求在"平等"地位上进行正常的贸易。中国有些资产阶级学者也附和这种说法。当时英国官方对作战原因的公开说明，例如上举罗素(指当时英国内务大臣——笔者注)的话，的确都小心避免提到鸦片烟，但是所谓"英国商人们在恐吓和暴力之下所受到的损失"，很明显就是针对林则徐迫使英国商人交出鸦片烟而言，所谓"英国商人的人身和财产获得保证"，就是针对林则徐提出的如果以后再贩烟"货尽没官，人即正法"的要求而说的。既然如此，怎么能说不

---

① 胡绳：《从鸦片战争到五四运动》，北京：人民出版社 2010 年版，第 596 页。
② 胡绳：《从鸦片战争到五四运动》，北京：人民出版社 2010 年版，第 854 页。

是保护鸦片走私呢？

至于说，中国的封建王朝在贸易关系上不以"平等"态度对待外国，所以英国发动战争是为了要求"平等"——这是一种强盗逻辑。强行进入一个独立的主权国家，否认这个国家有权自行规定自己的对外政策和对外贸易制度，企图用武力来取得在这个国家中为所欲为的地位，而称之为要求"平等"，这是十九世纪的作为世界霸主的英国资产阶级的强盗逻辑。……

英国资产阶级在 1840 年发动战争是以保护肮脏的鸦片走私为直接原因，企图用武力迫使中国放弃一切自我保卫的措施，而向外国资本主义的商品自由开放——所以这次的战争，在英国方面，完全是非正义的侵略战争。①

至于清朝战败的原因，胡著以一节内容总结，归纳为"英国侵略军在武器方面显然居于优势地位。但是同样明显的是英国侵略军在另一方面又处于极其不利的地位。……中国方面战争领导权掌握在腐朽的封建统治者手里，他们和本国的广大人民处于尖锐对立的地位……封建统治者不可能在民族自卫战争中动员广大人民的力量，只能靠有限的军力在漫长的海岸线上到处分兵把守，在任何一点被突破时，就惊慌失措，除了节节败退外没有别的办法"②。

作者肯定三元里抗英斗争，认为"是当时中国人民反侵略斗争的一面光辉旗帜……在中国近代历史上终于发展为激流狂涛的人民反帝斗争，可以说，最早就萌芽在三元里"③。但是作者对于其历史地位的评价，也提醒读者要注意避免"过左过右"："三元里的斗争，是中国人民长时期的、大规模的反帝斗争的最初的胚芽，它基本上是农民群众的自发斗争，且地主阶级还在里面起着领导作用。当时，有些反对投降主义的人以为，如果广州的官员不去解围，三元里的斗争就能够取得很大胜利，甚至对整个战争起决定作用。这种看法是不符合实际的。中国人民的反帝斗争要发展成为对历史起决定作用的力量，还必须经历许多曲折漫长的道路。当然，另一种否定三元里斗争的历史意义的看法更是完全错误的。二十

① 胡绳：《从鸦片战争到五四运动》，北京：人民出版社 2010 年版，第 36~37 页。
② 胡绳：《从鸦片战争到五四运动》，北京：人民出版社 2010 年版，第 45~49 页。
③ 胡绳：《从鸦片战争到五四运动》，北京：人民出版社 2010 年版，第 52~53 页。

世纪三十年代的国民党反动派由于他们对外国侵略者实行投降主义而对革命人民实行镇压，就对任何歌颂三元里斗争的历史记载表示极端的仇恨。他们极力诋毁十九世纪四十年代初的三元里斗争，就是为了企图否定二十世纪三十年代的中国人民的反帝斗争的力量。这恰好证明了三元里斗争在历史发展中的地位。"①作者这里指的 20 世纪 30 年代国民党史学家对三元里抗英斗争的"诋毁"，根据胡著的提示，主要指的是罗家伦的观点，胡著对于三元里斗争的评价，显然也有其现实中的针对性。

鸦片战争甫告结束，清政府又必须面对英人广州入城问题。胡著对于英人并未坚持立即进城的"让步"，认为"英国人宁愿在他们认为十分重要的进城问题上继续等待，因为他们相信以耆英为代表的地方官员们是在努力控制仇视外国侵略者的下层人民，所以他们不想强使耆英立即开放广州城，以免削弱他的地位。——在这里，我们在中国近代史上第一次看到了，外国侵略者维护中国封建统治者的地位，以便通过他们去对付人民群众"。他继而总结道："中国的封建统治者既然对外国侵略者实行了可耻的屈服投降的政策，就不可能在内部实行有力的统治。中国近代史上的一条规律，在广州进城问题上已明白地显示出来了。"②

关于清政府在第二次鸦片战争中的作为，作者剖析道："在清朝政府方面，力求同侵略者妥协了事，力求避免决裂，这是整个第二次鸦片战争中的特点。"③而清政府在广州与英法联军的"和平共处"，他对之评价道："广东这一角的情形，已足够使我们看到，封建地主阶级到了这个历史阶段已经彻底堕落；在外国侵略者的压力面前，他只能起约束人民群众的爱国斗争的作用。不管外国侵略者如何欺凌与侮辱他，他也宁愿向他们妥协，甚至想依靠他们来求自己的生存。在第二次鸦片战争中，清朝封建统治者始终没有把外国侵略者当成真正的敌人，因为他们心目中的真正的敌人不是别的，而只是革命的人民——太平天国。"④

---

① 胡绳：《从鸦片战争到五四运动》，北京：人民出版社 2010 年版，第 56 页。
② 胡绳：《从鸦片战争到五四运动》，北京：人民出版社 2010 年版，第 67 页。
③ 胡绳：《从鸦片战争到五四运动》，北京：人民出版社 2010 年版，第 138 页。
④ 胡绳：《从鸦片战争到五四运动》，北京：人民出版社 2010 年版，第 163 页。

　　林则徐是清廷中主张严禁鸦片的主要代表人物，也是鸦片战争时期清朝官员中抵抗派的首领。他在嘉庆十九年（1814）中进士进入官场，先后在浙江、江苏、陕西、湖北、河南等省任地方官，他曾在河南督修过堤工，比较了解当时社会的实况与民生的疾苦。他曾与黄爵滋、龚自珍、魏源等提倡经世致用之学。对于林则徐的销烟活动，胡著给予肯定评价："有些外国商人看到这一场景，他们承认销毁工作确实做得很彻底。在贪污成风的清朝官场中，查禁鸦片一般都成为发财致富的手段。林则徐的销毁鸦片是一个非常突出的行动。"①胡著对于林则徐的评价充分体现作者对辩证法的运用："林则徐对于下层人民群众的态度，基本上属于封建统治者利用人民力量的观点，并不真是相信人民的力量。林则徐认真地执行禁烟，坚决地抵抗外来的侵略者，符合当时中华民族、中国人民的利益；这是他高出于其他封建官僚的地方。"②

　　林则徐遭罢免后，琦善接任两广总督，他在广州和英国人义律开展谈判。对于琦善，胡著明确给予否定的评价：琦善完全不作任何作战准备，只想以谈判这个中庸延宕的办法来使对方降低他们的要求，"琦善本人以及耆英、伊里布等一心一意宣传敌人的力量强大……这种戴花翎的汉奸，使中国丧失抵抗外来侵略的能力，在战争中实行失败主义、投降主义；他们的危害是那一些为敌人指引路径、刺探消息的小汉奸所无法比拟的"③。

　　对于两广总督叶名琛，胡著同样给予彻底的否定："叶名琛是当时极端守旧的封建官僚的一个代表，他对外国人常常表现得十分倨傲，而在面临人民的造反时，却又把向外国人乞援看成理所当然的事情。他根本不考虑采取任何有效措施来对付外国侵略者，因而在不久后的第二次鸦片战争中他作出了极其可耻而又可笑的表演。"④作者认为，叶名琛实际上代表清朝的另一种投降主义："还有一种颇为流动的讥讽叶名琛的说法，说他实行的是'六不'，即'不战，不和，不守；不死，不降，不走'。叶名琛虽然没有公开地投降敌人，但是他实质上和投降主

---

　　① 胡绳：《从鸦片战争到五四运动》，北京：人民出版社 2010 年版，第 33 页。
　　② 胡绳：《从鸦片战争到五四运动》，北京：人民出版社 2010 年版，第 54 页。
　　③ 胡绳：《从鸦片战争到五四运动》，北京：人民出版社 2010 年版，第 48~49 页。
　　④ 胡绳：《从鸦片战争到五四运动》，北京：人民出版社 2010 年版，第 131 页。

义者没有区别，不过他常常以虚骄的自大来掩饰他的投降主义罢了。当封建统治者的妄自尊大越来越被迫放弃，许多当权者面临外国侵略者就求和乞降，实行逃跑主义的时候，叶名琛就成为一个汉奸的怪物了。"①

蒋廷黻的《中国近代史》对奕䜣、文祥等人在第二次鸦片战争期间的表现给予很高评价，而胡著则与之相反。胡著评价奕䜣及其主持的谈判："在第二次鸦片战争中，皇帝的行宫圆明园被烧掉了，北京城的大门被用武力撞开了，屈辱的条约订立了。令人惊奇的是，在清朝的当权派中却出现了这样一种看法：这些侵略者其实倒是有礼貌的、很守信义的、可以做朋友的人！封建当权派中的这种看法并不是新产生的，这种看法不过是第一次鸦片战争中耆英等人提出的对'外夷'的观点的进一步发展。……代表这种看法的，是同外国侵略者谈判北京条约的恭亲王奕䜣。咸丰皇帝的这个弟弟，由于进行这场谈判而成了办'洋务'的专家，不久后成立'总理各国事务衙门'就以他为首。他在进行谈判过程中向皇帝的报告反映了他对洋人产生的好感……父兄的封建统治者在外国侵略的武力面前实行了投降主义，出卖了中华民族和中国人民的利益，但他们却认为这些外国侵略者'并不利我土地人民'。他们用委曲求全来博得外国侵略者的好感，却说洋人为他们的'诚意'所'驯服'。"②

胡著因曾国藩率领的湘军残酷镇压"革命的"太平天国运动，故而作者称之为"反革命头子"。作者分析道，曾国藩等湘军将领"多数是中小地主和富农及其知识分子。他们出来积极反对农民革命，维护清朝统治的权威，这是挽救了清朝政权的一个重要因素"③。在祺祥政变之后，"曾国藩集团一跃而成为地主阶级当权势力中最大实力派，同时他们也逐渐取得了正在为维护和发展在中国的侵略利益而公然干预中国内政的西方列强的好感和支持"④，而对于曾国藩、李鸿章其人，作者评论道："曾国藩在第二次鸦片战争中没有动用一兵一卒去对付外国侵略者，对于屈辱投降的条约没有说过一句反对的话。在战后的对外政策上，他也

---

① 胡绳：《从鸦片战争到五四运动》，北京：人民出版社2010年版，第140页。
② 胡绳：《从鸦片战争到五四运动》，北京：人民出版社2010年版，第199页。
③ 胡绳：《从鸦片战争到五四运动》，北京：人民出版社2010年版，第213页。
④ 胡绳：《从鸦片战争到五四运动》，北京：人民出版社2010年版，第213页。

完全支持恭亲王奕䜣的路线。但是在同治元年前，曾国藩及其集团还没有直接同外国人打交道的经验。同治元年，曾国藩派李鸿章率领淮军到上海。李鸿章在上海立即成为这一地区的地主阶级和买办资产者的总代表，并和外国资本主义侵略势力进行了直接的勾结。"①曾国藩因在处理天津教案中对外妥协而遭朝野诟病，胡著亦斥之："曾国藩这个农民革命的最凶恶的敌人，这个标榜'自强'的洋务派的头子，的确是外国侵略家认为满意的工具。"②

胡著认为，洋务派是在封建地主阶级日益成为帝国主义统治中国的一个支柱的历史条件下的产物。在洋务派中，李鸿章经办洋务最多，时间也最长，因此他成为办洋务的最重要的代表人物。李鸿章在同治十三年(1874)的一篇奏稿中描述当时时局，多为史家或各类中国近代史教材所引用：

> 臣查各国条约已定，断难更改。江海各口，门户洞开，已为我与敌人公共之地。无事则同居异心，猜嫌既属难免；有警则尔虞我诈，措置更不易周。值此时局，似觉防无可防矣……今则东南海疆万余里，各国通商传教，来往自如，麇集京师及各省腹地，阳托和好之名，阴怀吞噬之计，一国生事，诸国构煽，实为数千年来未有之变局。轮船电报之速，瞬息千里！军器机事之精，工力百倍；炮弹所到，无坚不摧，水陆关隘，不足限制，又为数千年来未有之强敌。③

与其他史家评价不同的是，胡著认为，"在这段话里，他(指李鸿章——笔者注)把面对着外国侵略势力的中国封建统治者的地位说得如此软弱无能，他把外国侵略者的力量吹嘘得如此不可抵御。他的这种害怕外国侵略者的心理可以代表在慈禧太后统治时期的整个官僚集团中的经常起主导作用的思想。所谓'中

---

① 胡绳：《从鸦片战争到五四运动》，北京：人民出版社 2010 年版，第 217 页。
② 胡绳：《从鸦片战争到五四运动》，北京：人民出版社 2010 年版，第 326 页。
③ 吴汝纶编：《李文忠公全书·奏稿》(卷二十四)，光绪乙巳四月金陵付梓戊申五月印行本，第 10~11 页。

心'，所谓'自强'，都不过是自欺欺人之谈"，从批评李鸿章的这段话中，不难看出作者对李鸿章其人及其主张持基本否定的看法。

对于郭嵩焘，胡著认为他是个热心洋务的官僚，在很多问题上同李鸿章一致，但也有与其不同之处，如郭氏认为列强政事也有可学之处，主张先从造船制器学起。他认为必须像西方那样通商，让商人自由经营企业，不太赞成官督商办等。胡著认为，郭嵩焘等虽然提出了与洋务派的主导观点有所不同的主张，但不能自觉与其对立起来，乃因他们的主张代表的并不是真正独立的民族资产阶级，而是地主、官僚。① 此外，胡著对于郭嵩焘、曾纪泽的外交经历亦有所评论，认为"郭嵩焘和曾纪泽是当时官员士大夫中最了解世界局势的人。有所了解当然胜过懵然无知。但是有所了解而只能在既成的事实前匍匐屈从和敢于打破旧局面、开创新局面，这两者间的距离是十分遥远的。帝国主义侵略者所企图培养的就是按照他们的需要而认识世界的'外交家'"②。

对于左宗棠，胡著虽然批评他对陕甘少数民族起义的镇压，"这些灾难是由封建统治者的反动民族政策造成的，左宗棠的军队和其他历年以回、汉人民为敌的官军是直接造成这些灾难的凶手"③。但作者看到他收复新疆不可磨灭的历史功绩，"左宗棠的军队在新疆进行的战争，形式上是它在陕、甘地区的军事行动的延续，其性质则有了改变……在进入新疆后，左宗棠的军队所面临的敌人是对于新疆各族人民实行暴虐的统治和压迫的阿古柏政权。阿古柏本人是从国外来的一个阴谋家，他的政权对内依靠新疆某些民族的上层反动分子，对外又和英国、俄国的殖民主义者、扩张主义者相勾结。左宗棠的西征消灭了反动的阿古柏政权，打乱了英国、俄国侵略中国的西北地区并在这个地区分割中国的领土的阴谋。所以总的来说，这是一次反抗外来侵略的正义战争"④。关于塞防与海防之争，作者持褒左贬李的态度，"从本质上看，他们之间在新疆问题上的分歧，是

① 胡绳：《从鸦片战争到五四运动》，北京：人民出版社 2010 年版，第 306 页。
② 胡绳：《从鸦片战争到五四运动》，北京：人民出版社 2010 年版，第 356 页。
③ 胡绳：《从鸦片战争到五四运动》，北京：人民出版社 2010 年版，第 256 页。
④ 胡绳：《从鸦片战争到五四运动》，北京：人民出版社 2010 年版，第 344 页。

要不要捍卫领土完整的问题，是在帝国主义压迫面前采取什么态度的问题。左宗棠在这个问题上的言行是符合中华民族的长远利益的爱国主义的表现的"①。

胡著对于洋务运动及其效果的评价，反映作者对于中国早期现代化，也即近代化的态度。他认为，封建性的买办性的官办军事工业，经营管理极其腐败，讥其管理机构庞大、讲究排场且不顾实效。而对于"求富"的矿产、民用企业，则给予较高评价，"由只办那种不计盈亏，很大地依赖于外国，不啻沙上建塔的军事工业，转到这种求富的企业，是一个进步的趋势"②；对于洋务派这一时期提出的官督商办的主张，作者给予肯定，"中国自己的技术力量这时固然极为薄弱，但已经有若干懂得些科学知识和技术知识的知识分子，也已经有少数技术工人。可以说，这时对于中国资本主义的发生和发展是一个比较有利的时机"③。作者对于张之洞创办汉阳铁厂的功绩，同样给予肯定，"办这样一个厂是很有魄力的壮举……事实上，这个工厂确是当时东方的一个最大的钢铁厂"④。洋务派兴办的北洋水师，胡著则认为这是洋务派唯武器论的产物："在十九世纪的七八十年代，买办性的封建官僚们就是用唯武器论和单纯的军事观点来空谈'抵御外侮'，并用以掩盖他们的投降主义的……李鸿章的北洋海军，在其极盛时期，虽然好像是个很有力量的庞然大物，但这不过是半殖民地半封建性质的极其脆弱的畸形的怪物！"⑤

关于中外所签订的不平等条约的"合法性"问题，胡著分析道："现代资本帝国主义比历史上一切侵略者更善于使侵略行动具有'合法'的形式。它总是能够按照自己的利益预先制造出某种条约、协定、规章等等，再加以随时按照需要对既定的条约、协定、规章等进行解释和加以引申，这样，它的任何行动就总是'合法'、'合理'的了。"⑥而关于通商口岸的兴起，胡著指出："当时，英国和法

① 胡绳：《从鸦片战争到五四运动》，北京：人民出版社2010年版，第346页。
② 胡绳：《从鸦片战争到五四运动》，北京：人民出版社2010年版，第285页。
③ 胡绳：《从鸦片战争到五四运动》，北京：人民出版社2010年版，第286页。
④ 胡绳：《从鸦片战争到五四运动》，北京：人民出版社2010年版，第291~292页。
⑤ 胡绳：《从鸦片战争到五四运动》，北京：人民出版社2010年版，第297~298页。
⑥ 胡绳：《从鸦片战争到五四运动》，北京：人民出版社2010年版，第206页。

国反对太平天国进攻通商口岸的城市，并且准备在通商口岸用武力对抗太平天国，是以他们同清朝政府订立的条约为根据的。但是，清朝政府被迫订立的条约中并没有明文规定他们有这种权利。他们的逻辑是这样的：既然已经规定开放这些城市为通商口岸，这些城市的'安全'就同他们的利益相关，他们就有权为'保障这些城市的安全'而使用武力，而且既然他们有权保卫这些城市，也就应当有权包围这些城市周围三十英里以内的地区。对于外国人这样荒谬地从条约中引申出它本来没有的含义，清朝官方不但不提异议，而且非常满意。连担心洋人因'助剿'而盘踞内地的人也很满意了：洋人的势力进入通商口岸反正已经是只能承认的事实，洋人把军事行动限制在一定范围内似乎正足以证明他们是'守法'的人！"①

不平等条约带来所谓租界的"繁荣"。毛泽东是如此定义租界的："帝国主义列强根据不平等条约，控制了中国一切重要的通商口岸，并把许多通商口岸划出一部分土地作为他们直接管理的租界。"②胡著为之补充说明："在半殖民地半封建的中国国土上，不少城市里有所谓'租界'，那里的统治权完全属于外国人。他们设立法院、警察、监狱、市政管理机关和税收机关。租界成为资本主义——帝国主义对中国实行武力恫吓，实行政治和经济侵略的基地，起着极其凶恶的作用。大部分租界一直存在到第二次世界大战期间。上海的租界在鸦片战争后首先形成。"③

关于第二次鸦片战争之后中外"合作"局面的出现，胡著辨析其本质："列强支持清朝政府的政策中包含着一个无法解决的矛盾：一方面它们要使清朝政府保持腐败与懦弱的状态，因而只能屈服于外国的压力，遇事妥协让步；一方面又想使它具有足以镇压亿万人民群众的力量，以造成有利于外国侵略者的内部安定秩序。它们不断地对清朝政府施加压力，使它对外作出新的让步，然而，这也就不断地削弱了它对'亿万小民'的统治能力。清朝官员用他们无力压服'穷极思变'

① 胡绳：《从鸦片战争到五四运动》，北京：人民出版社2010年版，第206页。
② 《毛泽东选集》(第2卷)，北京：人民出版社1991年版，第628页。
③ 胡绳：《从鸦片战争到五四运动》，北京：人民出版社2010年版，第77页。

的'亿万小民'为理由来乞怜于外国侵略者……说明了这一点。"①

小 结

胡绳《从鸦片战争到五四运动》在话语体系书写上的一个重要特点，就是其能够娴熟运用毛泽东关于中国近代史问题的论述作为指导思想。如毛泽东论"买办"："帝国主义列强从中国的通商都市直至穷乡僻壤，造成了一个买办的和商业高利贷的剥削网，造成了为帝国主义服务的买办阶级和商业高利贷阶级，以便利其剥削广大的中国农民和其他人民大众。"②胡著则评价这一阶级在中国近代历史上起着极其反动作用，对之亦持彻底否定的立场。

值得注意的是，胡著的话语书写具有"冲击—回应"说的影子。如关于鸦片战争后中国社会的反应，正如胡绳所起的章节标题"积水深潭中的初步激荡"般，"鸦片战争前的中国封建社会好像是在其内部深处正酝酿着巨大变化的一潭积水，鸦片战争则是投入了一块大石，由此不可避免地引起强烈的连锁反应，而终将使整潭积水激荡起来"③。他看到了林则徐、徐继畲等人对西方历史、地理的关注与魏源"师夷长技以制夷"口号的提出，以及经过鸦片战争国内阶级矛盾变得更为尖锐，一针见血地指出"伟大的太平天国农民革命就在这样的革命形势中酝酿起来了"④。

胡著对无产阶级、农民阶级的高度认同，在话语表述中得到充分体现。如在太平天国兴起的部分，作者就提到无产阶级对革命的领导作用："到了二十世纪初年，新产生的代表资产阶级的政治力量，才开始注意到农民的力量，但他们没有能力在革命中实行对农民的领导。无产阶级，作为一个独立的政治力量来把农民发动和领导起来，是更晚的事情。历史实践证明，在中国历史上，只有无产阶

---

① 胡绳：《从鸦片战争到五四运动》，北京：人民出版社2010年版，第274页。
② 《毛泽东选集》（第2卷），北京：人民出版社1991年版，第629页。
③ 胡绳：《从鸦片战争到五四运动》，北京：人民出版社2010年版，第80页。
④ 胡绳：《从鸦片战争到五四运动》，北京：人民出版社2010年版，第81页。

级能够把农民的革命积极性发挥到最大程度，也只有在无产阶级的领导下，革命才取得了真正的胜利……受到严重的封建剥削的农民，是封建社会中的巨大的革命力量。他们中革命性最强的是生活最贫苦的贫农阶层。"①

胡著对一些事物的看法，体现"文革"以后改革开放初期史学家的认知。其中的一些表述，不可避免带有作者所处那个时代的烙印。如作者称呼商品经济为"魔鬼"，"事实证明，太平天国的英雄们消灭不了，也控制不住商品经济这个'魔鬼'，虽然在《天朝田亩制度》中不承认这个'魔鬼'，但他们终究无法在实际生活中否定它的存在"②。

---

① 胡绳：《从鸦片战争到五四运动》，北京：人民出版社 2010 年版，第 86 页。
② 胡绳：《从鸦片战争到五四运动》，北京：人民出版社 2010 年版，第 115 页。

第四章

张海鹏、翟金懿《简明中国近代史读本》与
第三种"革命"话语体系

　　张海鹏先生是当代著名中国近代史学者，常年耕耘于中国近代史研究领域，曾担任高等学校《中国近代史》教材首席专家，主编过十卷本《中国近代通史》，在海内外学界享有崇高声誉。他与弟子翟金懿所著《简明中国近代史读本》，是一本为公众撰写的中国近代史简明读本，出版后受到学界的关注。中国社会科学院原院长王伟光教授高度评价该书："这本书坚持以辩证唯物主义和历史唯物主义为指导，以大众化史学为目标，为人民做学问，贴近人民群众，走进人民群众，这个基本方向是值得肯定的。"①有学者认为，《简明中国近代史读本》以政治史为核心研究对象，既注意外部势力对中国发展施加的影响与中国自身力量发展之间的一般联系，又指出二者之间不对称、不同步、不同向的复杂演进特点，突出中国自主发展的曲折历程。② 张海鹏早在 1998 年就提出，近代中国"沉沦"到"深渊"，然后"上升"的过程，体现了中国近代史的发展规律，关键需明确"深渊"的"底"在哪里。③ 他与弟子翟金懿在这本简明读本中完整论述这一发展规律，形成其关于中国近代史独到而又完整的"话语体系"。张、翟两位关于中国近代

---

　　① 张海鹏、翟金懿：《简明中国近代史读本》，北京：中国社会科学出版社 2022 年版，（序言一）第 3 页。

　　② 黄仁国：《"元宝形"轨迹下的近代中外关系嬗变》，《近代史研究》2019 年第 1 期，第 103 页。

　　③ 张海鹏：《关于中国近代史的分期及其"沉沦"与"上升"诸问题》，《近代史研究》1998 年第 2 期，第 8 页。

史道路发展规律的讨论，反映出近年来马克思主义史学家对这一领域话语体系构建的新动向，值得我们借鉴与学习。

第一节　核心话语："沉沦""谷底"与"上升"

不同于其他中国近代史通史类著作，张海鹏在《简明中国近代史读本》(以下简称《读本》)的前言中，提到这本书出版对于大众教育的重要意义，"大众需要了解中国近代史，社会需要了解中国近代史，一代一代成长起来的年轻人需要了解中国近代史。了解一点中国近代史，对正在为中华民族复兴而奋斗的人们，增加一种前进的动力，增加一种正能量，是我们乐于为之的。这是我们撰写这本《简明中国近代史读本》的出发点"[1]。他认为，由于大量档案文献的面世，今天我们的历史认识较之过去更客观、更深刻、更全面，由此提出了该书把握的第一个问题，即中国近代史的时段问题，"20世纪出版的中国近代史，下限都是到1919年，这是30年前对中国近代史的认识。此后，中国近代史学界的眼光发展了，他们认识到，1840—1919年的中国近代史，只是中国近代史的前半部分。如果把1919—1949年的历史加上去，中国近代史就完整了。1840—1949年的中国，是半殖民地半封建社会，1949年10月中华人民共和国成立后，中国的社会性质不同了。我们是从社会性质的角度来定义中国近代史的"[2]。不难发现，张海鹏认同从中国社会性质的角度来界分中国近代史，《读本》即基于此立场而撰写。早在1998年发表于《近代史研究》的一篇论文中他就有所感慨，"除了个别小册子作了一点探索外，还没有一本严肃的学术著作是按照1840—1949年的时限来撰写中国近代史的。这种现象，今天是到了澄清的时候了"[3]。

该书把握的第二个问题，也即中国近代史的发展规律问题，张海鹏在相关论

---

[1]　张海鹏、翟金懿：《简明中国近代史读本》，北京：中国社会科学出版社2022年版，(前言)第1页。

[2]　张海鹏、翟金懿：《简明中国近代史读本》，北京：中国社会科学出版社2022年版，(前言)第2页。

[3]　张海鹏：《关于中国近代史的分期及其"沉沦"与"上升"诸问题》，《近代史研究》1998年第2期，第7页。

述中反复提到的话语,即"沉沦"与"上升"。他对此定义道:

> 以往人们常说,近代中国的历史是屈辱的历史。从鸦片战争清政府失败时候起,中国社会便逐渐陷入半殖民地半封建社会的深渊。这便是近代中国社会的"沉沦"。这是半个世纪前历史学家对中国近代史的一种解说。20 世纪 80 年代,有学者发表论文,提出近代中国不仅有"沉沦",还有"上升"。所谓半殖民地半封建社会,半殖民地是对独立国家而言的,半封建是对半资本主义而言的。半资本主义,对封建社会是一种历史的进步。半资本主义的存在,就是"上升"。所以,半殖民地半封建社会不仅有"沉沦",而且有"上升"。这种"沉沦"和"上升"是同时并存的。①

这里,张海鹏提出相对于"半封建"的"半资本主义"概念,是为了说明近代中国社会存在进步。他进而说明道,"沉沦"并非近代中国社会的唯一标志,所谓"陷入半殖民地半封建社会的深渊",这个"深渊"应该也存在一个"底",由此引申出"谷底"这一重要话语。他认为,这个"深渊"之"底",在 20 世纪头 20 年,在《辛丑条约》签订以后至北洋军阀统治时期。中国近代史坠入"谷底",意味着这是中国社会步入最为困难的境地。然而,中国历史发展到"谷底",也出现向上的转机。伴随人民的觉醒、革命力量的奋斗,"沉沦"的局面得以扭转,中国社会积极向上的一面成为社会发展的主要趋势。对于中国近代史如此的曲折性,他总结道:"近代中国社会的发展轨迹像一个元宝形,开始是下降,降到'谷底',然后上升,升出一片光明。"②在他看来,中国近代史不仅是屈辱的历史,也是中国人民为了民族独立、国家富强而不屈不挠奋斗的历史。所谓"屈辱",主要体现在历史的"沉沦"时期;所谓"奋斗",主要体现在历史的"上升"时期。

---

① 张海鹏、翟金懿:《简明中国近代史读本》,北京:中国社会科学出版社 2022 年版,(前言)第 2 页。
② 张海鹏、翟金懿:《简明中国近代史读本》,北京:中国社会科学出版社 2022 年版,(前言)第 3 页。

中国社会为何会"沉沦"？作者在"序章"中提到，康乾盛世过去后的清朝，封建社会末世的许多弊端明显地暴露出来，最重要的是封建社会一系列制度和思想观念束缚了生产力的发展。1793 年，英国国王派出马戛尔尼组成的庞大使团来华访问，要求"驻使""通商"，划舟山和广州附近一小岛归英商使用，自由往来。两广总督用"华夷秩序"观念把使团信函错译成补祝乾隆皇帝 80 大寿的来函，把使团当作"贡使"来接待。中英双方的此次接触不欢而散，"这次接触反映了两种文明的差异，也反映了社会形态的差异"①。作者归结晚清无法回避"沉沦"的根本原因："上升中的世界资本主义强国，它的霸权冲动，终于把中国卷进了日益频繁的世界冲突的漩涡。中国面临社会'沉沦'……无可回避的了。"②

第二节　对甲午战前重要史事的叙论

与其他近代通史类著作相似，作者基于马克思主义史观，在《简明中国近代史读本》中给予重要人物、事件、活动相应的评价。这些评价使读者对历史人物与事件在近代中国历史脉络中扮演的角色有更为清晰的认识，是本书话语体系的重要组成部分。

19 世纪以来，走私鸦片成为英中贸易的"生命线"，大量鸦片毒品走私入口，造成白银外流、国库空虚，以及严重的社会问题。清朝统治阶级内部形成"弛禁论"与"严禁论"。道光帝采纳黄爵滋、林则徐等人的主张，令湖广总督林则徐为钦差大臣，赶赴广东查禁鸦片。禁烟运动遂在广州推行，林则徐下令将收缴英、美鸦片贩子的烟土在虎门海滩公开销毁。作者在第一章"鸦片战争：中国走向半殖民地半封建社会的开始"中给予"虎门销烟"很高评价，他生动地描写道："虎门销烟是中国政府发起禁烟运动、维护国家主权的一个郑重宣示。这个宣示向世界表明中国人民的道德心和反抗外国侵略的坚强意志。天安门广场上人民英雄纪

---

① 张海鹏、翟金懿：《简明中国近代史读本》，北京：中国社会科学出版社 2022 年版，第 5 页。

② 张海鹏、翟金懿：《简明中国近代史读本》，北京：中国社会科学出版社 2022 年版，第 6 页。

念碑的第一幅浮雕，就是1839年6月3日虎门销烟的庄严场面。"①对于林则徐的历史地位，作者依循范文澜的说法："林则徐是最早了解西方有关万国公法知识的中国官员。著名历史学家范文澜在所著《中国近代史》(上册)中称林则徐是近代中国开眼看世界第一人，这是一个很重要的历史评价。"②

作者在这一章中提到1845年英国驻上海领事与清政府地方官员议定土地章程，在上海开设英租界的史实，他评价道："自19世纪50年代中期起，上海的出口贸易已占全国出口的一半以上，从而取代广州成为对外贸易的中心……这(上海英租界的设立)是外国在中国设立租界的开始。"关于租界的兴起及其弊害，作者提到，"接着，美、法两国也相继在上海强行划定了租界。由此开始，租界制度逐渐推广到其他通商口岸。最初，中国政府对租界内行政、司法等还……有干预权。后来列强逐渐排斥中国的治权，实行独立于中国的行政系统和法律制度，使租界成为所谓'国中之国'，成为它们进行政治和经济侵略的基地"③。

对于鸦片战争失败的影响，除以往学界所提传统观点之外，作者也提出新观点，"鸦片战争的失败，还使得中国国内社会各阶级之间，尤其是官民之间的矛盾斗争激化。大清王朝已经毫无振作的希望。因循守旧的官场习气使得清朝官员中，为官清谨者但拘文法，中下者更堕废苟且，形成了'贪与廉皆不能办事'的可悲局面"④。

在第二章"内忧外患中的清朝政府"中，作者首先详述太平天国运动的来龙去脉，指出这是在鸦片战争以后风起云涌的农民起义形势下兴起的带有浓郁的宗教理想色彩的农民革命，而对于太平天国政权所制定的《天朝田亩制度》，作者认为这是该政权在推行政治社会经济政策方面的"纲领性文件"，将之定义为"是

---

① 张海鹏、翟金懿：《简明中国近代史读本》，北京：中国社会科学出版社2022年版，第11页。

② 张海鹏、翟金懿：《简明中国近代史读本》，北京：中国社会科学出版社2022年版，第13页。

③ 张海鹏、翟金懿：《简明中国近代史读本》，北京：中国社会科学出版社2022年版，第16页。

④ 张海鹏、翟金懿：《简明中国近代史读本》，北京：中国社会科学出版社2022年版，第18页。

太平天国建设新世界的蓝图，是农民向封建统治全面宣战的总纲领，是革命农民对未来理想社会的结晶"。作者称赞这场运动，"两千年来，中国农民举行过无数次起义，提出过不少革命的口号，表达过对未来社会的理想，但还没有提出过像《天朝田亩制度》这样比较系统和完整的社会改革纲领"①。然而，伴随太平天国定都天京，这一政权却急剧封建化，"太平天国领导人之间'寝食必俱，情同骨肉'的结义兄弟关系，也日益为等级森严、名分各异的君臣关系所取代"②。洪仁玕作为太平天国中后期的新的朝纲领袖，提出《资政新篇》。对这部纲领及洪秀全对其之认同，作者评述道："《资政新篇》是近代中国最早提出的一个使中国走向资本主义的近代化蓝图，表明国门打开以后最先向西方学习的趋向。对《资政新篇》这种要求按照资本主义的末世来改造太平天国的大胆陈述，洪秀全表示基本支持和要求推行的态度，它表明，农民革命的领袖面对太平天国立国以来的历史经验，开始国家建设问题上的新探索。这也表明，如果条件允许，太平天国完全可以走上与传统农民战争不同的道路。向西方国家寻找真理，在当时是一种先进思想。洪秀全从一个农民革命领袖的地位来抓住这个问题，加以解答，表现了他的气魄和思想光辉。"③

作者在这一章中详述"外患"即第二次鸦片战争的发生，指出这场战争发生的原因，"是资本主义侵略的利益最大化未能得到满足"，"谋求在华的全面经济与政治利益，这是它们（西方列强）的根本利益所在"，故而战争发生源于英美等国对中国的修约要求。英法联军在侵入北京后焚毁圆明园，"这座经营了150余年，耗银上亿两，聚集了古今艺术珍品和历代图书典籍的壮丽宫殿和园林，如今只剩下些烧不烂、抢不走的石柱，在默默诉说着侵略者的暴虐"。对于第二次鸦片战争和《天津条约》《北京条约》的签订，他概述其后果："西方资本主义列强强加于中国的所谓'条约体系'业已形成。中国丧失了更多的主权，中国社会的半

---

① 张海鹏、翟金懿：《简明中国近代史读本》，北京：中国社会科学出版社2022年版，第31页。

② 张海鹏、翟金懿：《简明中国近代史读本》，北京：中国社会科学出版社2022年版，第32页。

③ 张海鹏、翟金懿：《简明中国近代史读本》，北京：中国社会科学出版社2022年版，第46页。

殖民地化进一步加深了。《北京条约》的签订，标志着近代中国'沉沦'继续加深了。"①

在第三章"失去发展机遇的三十年"中，作者说明中外"合作政策"的形成以及洋务派的兴起。在《北京条约》的签订与祺祥政变发生之后，清廷政局为之剧变，"朝廷形成了以慈禧太后与总理衙门大臣奕䜣为核心，亲近外国势力的统治集团。这是一个非常重要的变化，这个变化与清初形成的统治格局是完全不同的。这个变化，几乎决定了清政府此后半个世纪的政治走向"②。

作者认为清政府推行的洋务自强运动，系"抓而不紧的发展机遇"；作为洋务运动的本质，中国是在西方列强入侵的特殊历史条件下踏上近代化道路的，这是一个没有完全沿着原路线演进的变革过程。洋务运动从 19 世纪 60 年代开始，一直到 90 代中叶为更激进的维新运动所取代，《读本》与其他通史类著述的论述近似，概述洋务运动的主要成就集中于创建近代工业、建立近代海军、举办近代教育事业三方面。对于洋务派重要历史人物，如奕䜣、文祥、曾国藩、李鸿章、左宗棠等人，作者站在历史高度给予客观的评价与理解："虽然这些人的思想和实践没有向政治改革继续前进，但他们确实充当了历史的不自觉的工具，为社会进步的部分质变和量变创造了条件。从这个意义上，说他们是中国近代化的先驱，给他们以历史的评价是应该的。客观地看，他们能够从磐石般沉重、数千年积滞的传统营垒中突破而出，很不容易，每前进一步都遇到令人难以想象的阻力，发生尖锐激烈的斗争。"③由于慈禧太后放任顽固派攻击洋务派，以从中钳制洋务派势力的扩张，洋务运动步履艰难。对于洋务运动的曲折性，作者如此评论："中央政府——朝廷的作为未能发挥出来。洋务新政并不是举国一致的举措。这与明治维新以后的日本统治正好相反。对于洋务派的'整军经武'活动，日本政治家伊藤博文也看出'皆是空言'，'此事直不可虑'。一次发展自己的机会就

① 张海鹏、翟金懿：《简明中国近代史读本》，北京：中国社会科学出版社 2022 年版，第 33、34、39 页。
② 张海鹏、翟金懿：《简明中国近代史读本》，北京：中国社会科学出版社 2022 年版，第 56 页。
③ 张海鹏、翟金懿：《简明中国近代史读本》，北京：中国社会科学出版社 2022 年版，第 63 页。

这样没能抓住，失去了。甲午一战，北洋海军全军覆灭，洋务新政主持者们求富求强的梦破灭了。"①史家历来关心清廷洋务运动与日本明治维新的对比，作者对这一问题有精辟的阐述：

> 我们看到，中国的洋务新政，大体上可以与日本幕府末期的改革相比较，改革主体、改革内容大体相近；改革效果，中国尚不及日本幕府。尽管两国都具有早期现代化的特征，但与真正的现代化进程相比较，还有距离。洋务新政与明治维新，实际上是不同历史发展阶段的产物。明治维新以后，明治政府逐渐采取一系列政策措施，对日本社会进行了资本主义改造，这些改造刺激了日本社会自由民权运动的发生，推动了日本社会向资产阶级宪政国家的转变。自由民权运动的目的虽然没有达到，却促进了日本产业政策向自由资本主义方向转换，大量国有企业廉价处理给民营企业是一个标志。这个转换，标志着日本资本主义社会的形成。中国在19世纪内完全不具备这样的条件，所以只能在半殖民地半封建社会的泥淖中越陷越深，在现代化的道路上很难有大的步伐。②

面对第二次鸦片战争后的时局，一些洋务知识分子思考中国的出路，成为早期的改良主义者，如王韬、郑观应、马建忠、陈炽、何启等人，他们提出自强、致富、兴商、废科举、办学校的一系列主张，作者归纳其思想主要集中于三点：其一，主张维护国家统一和主权；其二，要求为中国资本主义发展开辟道路；其三，主张改变封建的君主专制政体，仿照西方资本主义国家，实行君主立宪。作者总结道："这些思想，在当时是具有进步性的。"③

近代以来，教案频仍。对于教案的本质，作者认为，一些传教士起到了殖民

---

① 张海鹏、翟金懿：《简明中国近代史读本》，北京：中国社会科学出版社2022年版，第64~65页。

② 张海鹏、翟金懿：《简明中国近代史读本》，北京：中国社会科学出版社2022年版，第81页。

③ 张海鹏、翟金懿：《简明中国近代史读本》，北京：中国社会科学出版社2022年版，第69页。

主义者进行侵略扩张的先锋队的作用,"近代来华传教士作为'基督教征服世界'的使者,直接参与了列强对中国的侵略活动。外国在华传教事业已经不是一种单纯的宗教事业,而是列强对华侵略的一个组成部分。'教案'既是帝国主义与中华民族矛盾的产物,也是中国传统礼俗政教与基督教文化冲突的结果"①。

甲午战败对中国造成的影响和灾难是空前的。《马关条约》是中国自鸦片战争以来所遭受的最为惨重的宰割和耻辱,在国内引起巨大震动。作者对此评述:"继琉球、越南之后,朝鲜与中国之间的藩属关系也被割断,中国的东亚大国地位为日本所取代……中国的惨败,使所有帝国主义者更加看出中国软弱可欺。日本侵华的得逞,直接……列强争夺中国的野心。国际资产阶级舆论抑制不住他们对中华民族的敌视、轻蔑和侮辱。他们开始把中国称为'远东病夫'……甲午战败,也是近代中国向下'沉沦'的基本标志。我们从历史上看,这时候的中国,除了'沉沦',看不到任何'上升'的因素。"②

第三节 对甲午战后重要史事的评价

甲午战争之后,列强对中国掀起瓜分狂潮,大量外资涌入中国。这里所谓的"外资",书中一针见血指明其本质:"当年进入中国的外资,与我们今天的情况有着本质的区别。那时中国被迫与外国订有不平等条约,仅凭'协定关税'和'治外法权'这两条,就使清政府既不能对外资自主征税,又不能按中国的法律对其加以约束。列强用资本输出作为手段,也不仅想在经济上获利,更要用它来扩充政治势力,图谋占有和控制中国。"③作者还提到,为了偿还《马关条约》规定的赔款,中国的近代化窒碍难行,从此外债骤增,每年交付本息2000万两以上,相当于当时一年的全部关税收入。清朝甲午惨败,证明洋务运动的失败,"洋务派

① 张海鹏、翟金懿:《简明中国近代史读本》,北京:中国社会科学出版社2022年版,第75页。

② 张海鹏、翟金懿:《简明中国近代史读本》,北京:中国社会科学出版社2022年版,第97页。

③ 张海鹏、翟金懿:《简明中国近代史读本》,北京:中国社会科学出版社2022年版,第102页。

以'求强求富'为目的发动的洋务自强运动，经过 30 多年的时间，被甲午战争的失败证明它是不成功的，历史发展已判定它的破产。这就迫使中国朝野，不得不进一步思考中国的出路"①。

在第四章"甲午战后中国形势与社会各阶级对国家命运的回答"中，作者详述甲午战后民族资本主义的初步发展，尤其提到商会兴起的时代背景。1903 年，清政府颁布《商会简明章程》，推动了商会的组织发展。上海率先组成上海商务总会，天津、苏州相继成立商会。作者强调，"商会是资产阶级的阶级组织，它的产生和普及，大大推进了资产阶级的组织形态，推动了资本主义的社会整合。商会的成立，表达了资产阶级的政治参与意识有所加强，是资产阶级的阶级意识生成的标志"，作者进一步论述其历史意义：

> 资产阶级的出现和资产阶级的阶级意识形成，是近代中国社会的"上升"因素。由于资产阶级构成中小资产阶级居于绝大多数，表现出资产阶级的阶级力量弱小，又表现出这个弱小的阶级力量在政治上的软弱。这个阶级力量弱小和政治上软弱，在这个阶级的政治代理人身上都有明显的表现……这个时期的"上升"因素力度不是很大。②

中国资产阶级与民族危机共生。在孙中山等少数志士从事革命活动之初，国内资产阶级救国运动的主流还是选择政治改良道路。维新派的领袖人物是康有为和梁启超。从 1898 年 6 月 11 日新政开始，至 9 月 21 日，"百日维新"宣告失败。维新期间一系列措施除京师大学堂得以保留外，均被废止。慈禧太后重新执政，光绪帝遭软禁，史称"戊戌政变"。作者认为，1898 年的戊戌维新运动，提供了一次改变中国历史面貌和行程的大好机遇。但是清朝的最高统治者不仅没有把握住这次机遇，而且用血腥的手段拒绝了这一次机遇。这些统治者居于权力的高

---

① 张海鹏、翟金懿：《简明中国近代史读本》，北京：中国社会科学出版社 2022 年版，第 106 页。

② 张海鹏、翟金懿：《简明中国近代史读本》，北京：中国社会科学出版社 2022 年版，第 110 页。

峰,看不到中国社会内部,正在酝酿着来自下层、中层甚至上层要求变革的呼求,特别是中下层社会求变心理的躁动正在演变为求变的行为。①

1900年爆发的以农民为主的义和团运动,作者将之定义为"反帝爱国运动",认为义和团运动和维新运动一样是帝国主义侵略加深、民族灾难空前严重的产物,"是甲午中日战争以后中国人民反侵略、反瓜分斗争的继续,也是长期以来此起彼伏、遍及全国的群众反教会斗争的一个总会合。它又一次显示出中国人民反对帝国主义的顽强斗争精神和巨大力量"②。然而,作者也并不回避义和团的弊端及其时代局限性,"文化不高的农民们不可能具备很高的反帝觉悟性,他们正义的反抗、爱国的行为与盲目排外和皇权主义划不清界限。实际上,在当时的历史条件下,他们的笼统排外,是近代中国人民反对帝国主义斗争尚处在感性认识阶段的反映,是反帝斗争的原始形式,是那个时代里爱国主义的具体表现"③。

与主流马克思主义近代史学家的观点相同,作者也认为1901年《辛丑条约》的签订,标志着中国半殖民地半封建社会形态的正式确立。作者进一步解释道,在国家政治地位上,辛丑以前,中国虽已有列强享受种种特权的租界,《辛丑条约》则将这种制度发展到形成一个中国人不得进入的武装使馆区,这是真正意义上的"国中之国";在国家经济地位上,《辛丑条约》规定的赔款多达白银10亿两,要还清这笔巨额赔款,只有层层加派,最终分摊于民众;从精神层面来看,以慈禧为代表的中国统治阶级,由传统意识维系的心理防线终于被彻底摧垮,一股崇洋、媚洋的殖民地意识就这样在中国逐渐蔓延开来。作者特别提到文中最重要的话语之一"深渊"之"谷底",并做出说明:

自鸦片战争中国逐渐陷入半殖民地半封建社会以来,中国社会处境一直

---

① 张海鹏、翟金懿:《简明中国近代史读本》,北京:中国社会科学出版社2022年版,第156页。

② 张海鹏、翟金懿:《简明中国近代史读本》,北京:中国社会科学出版社2022年版,第137页。

③ 张海鹏、翟金懿:《简明中国近代史读本》,北京:中国社会科学出版社2022年版,第142页。

是下降的，以往的历史学家评论说，这种下降就是"沉沦"，甚至"沉沦"到了"深渊"。但是这个"深渊"在哪里？这个"深渊"有底吗？我的研究认为，这个"沉沦"的"深渊"有个"谷底"。"谷底"就是《辛丑条约》的签订。自此往后 20 年间，中国社会就在这个"谷底"里挣扎，有时候看上去有了光明的前景，有时候这个光明的前景又被黑暗取代。①

在第五章"社会大变革的酝酿时期"中，作者指出，20 世纪初中国社会秩序出现一系列新变化，主要体现在民族资产阶级的初步成长、新型知识分子群体的出现等方面。所谓"新型知识分子"，是指脱离了传统的科举体制教育体系，接受了欧美、日本资产阶级教育体系的教育而成长起来的有别于传统知识分子的那群人。这群人，一种是有国外留学背景的人，另一种是国内新学制出身的人。②作者还提到留日学生与立宪运动的关联，"留日学生还是立宪派中最活跃的一个群体。他们是立宪宣传的主力军、立宪运动的主要组织者和领导者，在整个立宪运动中扮演了主要角色。20 世纪初形成的新型知识分子群体，是当时中国社会变革最根本的革新力量，无论是革命派、立宪派人士，还是清政府内部的趋新势力，基本上都源于此"③。

中国同盟会是近代中国第一个全国性资产阶级革命政党，书中提到，中国同盟会成立，既是中国革命的必然产物，也是国际资产阶级民主革命在东方、在中国的必然反映。1905 年同盟会成立后，组织上迅速发展，在各地发动反清武装起义。清廷则采取渐进求稳的政治改革方案，推行"预备立宪"。清廷的方案，在资产阶级立宪派看来，不过是欺骗人民的缓兵之计，是以空头支票的方式给人民以虚幻的希望。皇族内阁名单一经宣布，举国哗然，清廷处于"内外皆轻"的权力格局，中央无法控制地方，地方也并不效忠中央，武昌起义即在此格局下爆

---

① 张海鹏、翟金懿：《简明中国近代史读本》，北京：中国社会科学出版社 2022 年版，第 155 页。

② 张海鹏、翟金懿：《简明中国近代史读本》，北京：中国社会科学出版社 2022 年版，第 166 页。

③ 张海鹏、翟金懿：《简明中国近代史读本》，北京：中国社会科学出版社 2022 年版，第 170 页。

发。然而起义之后的形势，却并不为革命派所掌控。作者感叹道："20世纪初的历史本来给中国革命派提供了一个使用大手笔的机遇，到这里，却转了一个弯，步入了布满荆棘的路。"①在第六章"辛亥革命的成功和失败"的末尾，作者从话语体系的角度分析辛亥革命的历史意义：

> 在辛亥革命所造成的那样大的革命声势下，革命派为什么不能执掌国家政权？我们现在可以回答，辛亥革命所处的那个时期，正是近代中国历史发展"沉沦"到谷底的时期，是"沉沦"到"上升"的转折期，也是专制和共和的转折期。因为资产阶级的经济力量、物质基础还不够强大……资产阶级的政治力量也就相对软弱，这是"谷底"时期的表现。总之，这个时期出现民国历史的第一个转折期。②

第七章"北洋军阀统治——中国社会'沉沦'到谷底的时期"是作者观点十分鲜明的一章。他在该章中详细阐述袁世凯独裁走向失败的历程。袁世凯推翻共和、复辟帝制的倒行逆施，激起全国反抗，终在全国的讨伐声中抑郁而亡，护国战争取得胜利。作者特别提到，护国战争胜利的政治和社会意义在于共和制成为国人普遍的共识。护国战争提出的政治目标与口号——"护国"与"护法"，实际与革命派当年发动的辛亥革命与二次革命的政治诉求一脉相承，说明孙中山领导的革命派与梁启超领导的改良派，在一定的历史背景下，政治上仍有其共通性，他们都以各自的方式贡献于近代中国政治的转型与建设。③ 伴随护国战争的胜利，辛亥革命以来的历史发展暂告一段落。作者"回头"再看这场革命的意义，意味深长地写道：

---

① 张海鹏、翟金懿：《简明中国近代史读本》，北京：中国社会科学出版社2022年版，第221页。

② 张海鹏、翟金懿：《简明中国近代史读本》，北京：中国社会科学出版社2022年版，第228页。

③ 张海鹏、翟金懿：《简明中国近代史读本》，北京：中国社会科学出版社2022年版，第243页。

孙中山领导的辛亥革命，是近代中国一场伟大的民主主义革命。它包括民主主义思想的大规模传播和民主主义革命行动的急风暴雨式的推行。民主主义思想的大规模传播，在中国历史上，在中国近代历史上，都是空前规模、空前深刻的，它为民主主义革命的推行起到了极其重要的舆论动员作用，更为重要的是民主主义革命的实现，它使全国的老百姓受到了一次极其难得的民主主义的实际教育和洗礼，懂得以往认为天经地义的皇帝专制统治，是要不得的，是可以推翻的，是可以用民主的方式来代替的。这种民主的方式，主要是一种资产阶级参与统治的方式，是较之以往的封建专制更能推动社会发展的统治方式，对于近代中国所经历的那种深刻的社会危机和国家存在的危机来说，它又是一种救国的方式，是一种可能推动中国走向现代化的方式。推翻封建专制，推翻皇帝统治，这种大规模的社会革命，对普通人的教育，比读多少书都更重要。这就是为什么袁世凯背叛共和、复辟帝制失败得那么惨的历史根据……历史学家常说，袁世凯篡夺了辛亥革命的成果、背叛共和后，辛亥革命就失败了。这是从历史事实中抽出来的结论，当然是不错的。但是，如果从民主发展的进程来说，袁世凯反对民主、背叛共和失败得那么惨那么快，又是辛亥革命的结果，是辛亥革命用实际行动向全国人民普及了民主知识的结果。从这个角度来说，辛亥革命又没有失败。①

作者富有感情地说明"辛亥革命没有失败"的原因，在于民主思想深入人心，反映了历史前进的方向。民国成立后，政坛风云不断，袁世凯下台后，伴随控制北京政权的军阀势力的增强或消减，表面上掌握政府的内阁走马换灯，频繁更换。作者指出，北洋军阀统治时期，是近代中国历史"沉沦"到谷底的时期。②

政治的黑暗并未阻碍经济的发展。清末以来中央政府奖励实业，中国民族工商业得到较快发展，尤其在第一次世界大战期间，欧美列强无暇东顾，中国民族

① 张海鹏、翟金懿：《简明中国近代史读本》，北京：中国社会科学出版社2022年版，第253~254页。
② 张海鹏、翟金懿：《简明中国近代史读本》，北京：中国社会科学出版社2022年版，第254页。

工商业得到前所未有的发展机会,"中国近代资本主义工业企业的产生,同时产生了中国的资产阶级和工人阶级。这是资本主义新生产力发展带来的自然结果。这个新的生产方式和新的阶级力量,是在半殖民地半封建社会里产生的,与传统中国的小农经济是不同的。它将在中国未来的政治、经济和社会生活中发出与传统中国不同的声音,它的存在与发展,将预示着中国新的未来。新的生产方式和新的阶级力量,是决定近代中国'上升'因素的物质基础"①。

新文化运动在反对袁世凯复古尊孔的倒退逆流中诞生,《新青年》杂志于1917年初迁至北京,从此掀起一场被称为新文化运动的思想解放运动。北京大学和《新青年》杂志是发动新文化运动的主要阵地。关于新文化运动的构造,作者对此也有非常精当的概述:"新文化运动的基本内容有三个,一是提倡民主与科学,二是反对封建礼教,三是倡导文学革命。新文化运动的基本活动,实际上都有着鲜明的政治目的。他们明确认为,中国政治之腐败与黑暗,根本上就在于国民没有觉悟,因此没有参与政治的愿望和能力。要有真共和,就必须彻底解放思想,打破一切束缚思想的条条框框,就要以民主和科学为准绳,进而将党派政治变为国民政治。新文化运动的发动者们把斗争的锋芒集中指向封建主义的正统思想……动摇了封建统治思想的正统地位,在中国社会上掀起了一股思想解放的浪潮,在近代中国历史上起到了非常进步的作用。"②作者鲜明指出,正是在新文化风暴的冲击下,引来了近代中国历史上具有转折意义的五四运动。

巴黎和会于1919年1月在巴黎举行,山东权益问题成为国人关心的焦点。然而,讨论中国山东问题竟不让中国代表参加,巴黎和会最后裁决,将德国在山东的一切权益让给日本,和会成为大国分赃的交易场。巴黎和会上山东问题的交涉失败,在国内引起轩然大波。北京学生的爱国运动,得到各地青年的热烈响应,部分工厂、商店罢工及罢市,声援北京学生,斗争的中心逐渐从北京转移至上海,斗争的主力逐渐由学生转至工人,五四运动成为知识分子、工人阶级、小

---

① 张海鹏、翟金懿:《简明中国近代史读本》,北京:中国社会科学出版社2022年版,第256~257页。

② 张海鹏、翟金懿:《简明中国近代史读本》,北京:中国社会科学出版社2022年版,第259页。

资产阶级和资产阶级参加的全国规模的革命运动。中国代表最终决定不在对德和约上签字。作者给予这一行动很高的评价："中国外交代表在国际会议上面对险恶的国际环境说'不',这在鸦片战争以来的中国近代外交史上是一个重要的里程碑,开创了一个敢于与帝国主义国家的现有秩序抗争的先例,对以后的中国外交产生了积极的影响。"①对于五四运动的重大历史意义,作者完全认同既往马克思主义史家的观点,提到五四运动是中国近代史上具有划时代意义的事件,是一次民族觉醒的运动。五四运动标志着近代中国的革命运动,将从旧民主主义时期转入新民主主义时期。

第四节　体系脉络与启示

作者在第七章的结尾详细阐释该书内含的话语体系,强调"沉沦""谷底""上升"之间的联系,特别提到他的思考路径:

> 本书根据近代中国"沉沦""上升"历史规律的理论体系,把1901年《辛丑条约》签订到1920年中国共产党早期组织成立这段时间,看成是"沉沦""上升"中间的过渡阶段:"谷底"。
>
> 思考近代中国历史发展规律的时候,人们很容易看到,由于帝国主义的侵略,封建统治的腐败,使独立的中国社会变为半殖民地,独立主权、领土完整受到严重损伤,这就是近代中国的"沉沦",甚至"沉沦"到"深渊"。但是,近代中国历史发展,这个"沉沦""深渊",就这么无限下去吗?于是提出了"谷底"理论来回答这个疑问。深渊的"底"在哪里?就在20世纪20年,就在《辛丑条约》签订以后至北洋军阀统治时期,无论从国际关系的角度说,还是从国内历史进程的角度说,中国国势的沉沦都到了"谷底"。因为是"谷底",所以是中国近代社会最困难的时候:《辛丑条约》给中国带来了最大的打击,帝国主义侵略中国更加重了,西有英国对西藏的大规模武装侵略,东

---

① 张海鹏、翟金懿:《简明中国近代史读本》,北京:中国社会科学出版社2022年版,第264页。

有日俄在东北为瓜分中国势力范围进行的武装厮杀,北有俄国支持下外蒙古的独立运动,南有日本、英国、法国在台湾、九龙租借地和广州湾租界地的统治;到1915年以后,又有袁世凯接受日本提出的企图灭亡中国的二十一条、袁世凯称帝、张勋复辟、日本出兵青岛和山东以及军阀混战,民不聊生至于极点。看起来中国社会变得极为黑暗、极为混乱,毫无秩序、毫无前途。这正是"沉沦"到谷底的一些表征。但是,正像黑暗过了是光明一样,中国历史发展在"谷底"时期出现了向上的转机。中国资产阶级革命派力量在此期间壮大起来,并导演了辛亥革命推翻帝制的悲喜剧。这个革命失败,中国人重新考虑出路。于是,新文化运动发生了,五四爱国运动发生了,马克思主义大规模传入并被人们接受也在这时期发生了。孙中山领导的中国国民党从这时改弦更张,重新奋斗。中国共产党在这时候成立并提出反帝反封建的明确主张。

我们可以看出,从这时候起,中国社会内部发展明显呈现上升趋势,中国人民民族觉醒和阶级觉醒的步伐明显加快了。在这以前,中国社会也有不自觉的反帝反封建斗争,也有改革派的主张和呐喊,但相对于社会的主要发展趋势而言,不占优势;在这以后,帝国主义的侵略还有加重的趋势(如日本侵华),但人民的觉醒,革命力量的奋斗,已经可以扭转"沉沦",中国社会的积极向上一面已经成为社会发展的主要趋势了。这就是为什么不把辛亥革命,不把新文化运动和五四运动看作"上升"起点,而把中国共产党的成立看作"上升"起点的基本原因。[1]

1921年中国共产党宣布成立,1924年中国国民党召开第一次全国代表大会,两党都提出反帝反封建的时代使命,"这就直击了时代的、历史的主题"[2],自此以后,半殖民地半封建社会中国渐渐走出"谷底",经过1931—1945年十四年的

---

[1] 张海鹏、翟金懿:《简明中国近代史读本》,北京:中国社会科学出版社2022年版,第269~270页。

[2] 张海鹏、翟金懿:《简明中国近代史读本》,北京:中国社会科学出版社2022年版,第477页。

对日抗战，中国人民赢得近代中国历史上反击外敌入侵的第一次胜利，1945—1949年国共两党为决定中国发展方向而进行决战。国民党政权在大陆统治的崩溃，中华人民共和国的成立，反映出近代中国"上升"的引导力量在于中国共产党。在中国共产党的领导下，中国人民争取到了民族的独立、国家的尊严，也为中国的现代化争取到了起步条件，中国的历史掀开了新的篇章。作者最后再次为读者重绘近代中国社会的发展轨迹："像一个元宝形，开始是下降，降到'谷底'，然后'上升'，升出一片光明。"①

为了延展《读本》的理论体系，作者在"尾语"中特别提到这一理论体系对于理解中国近代史发展规律的四点启示：

第一点，历史选择了马克思主义。马克思主义在中国的发展具有必然性，这个历史的必然性不是凭空建立的，而是建立在中国半殖民地半封建社会的国情上的，是建立在由于帝国主义侵略造成中国民族资本主义力量弱小，资产阶级政党力量弱小，而无产阶级政党——中国共产党是用马克思主义武装起来的基础上的，这个政党的理论武装终于掌握了人民大众，掌握了历史发展的大方向。②

第二点，历史选择了社会主义道路。作者指出，中国近代史学界认识到，在近代中国历史中，有两个历史发展主题，一个是民族独立问题，另一个是社会经济的现代化问题。解决民族独立问题，就是要进行反帝反封建的民主主义革命；解决社会经济的现代化问题，就是要进行工业化，因为工业化是现代化的核心。在近代中国，只有首先解决国家、民族的独立，才能实现工业化和现代化。③ 作者还特别提到革命与现代化的关系，认为当旧的社会制度严重阻碍社会生产力的发展，就有可能发生革命，以扫除生产力发展受到的阻碍，推动社会的前进。从中国近代史的发展脉络上可见，中国是在取得反帝反封建的新民主主义胜利，获得国家独立之后，才开始现代化的进程。

---

① 张海鹏、翟金懿：《简明中国近代史读本》，北京：中国社会科学出版社2022年版，（前言）第3页。

② 张海鹏、翟金懿：《简明中国近代史读本》，北京：中国社会科学出版社2022年版，第482页。

③ 张海鹏、翟金懿：《简明中国近代史读本》，北京：中国社会科学出版社2022年版，第486页。

第三点，历史选择了中国共产党。作者强调，1921 年中国共产党成立后，逐渐主导了中国革命和中国社会前进的方向。中国共产党对新民主主义革命的胜利起到了决定性的作用，中国共产党依靠广大人民，特别是赢得了工农的支持和信赖。党领导的革命取得胜利，中华人民共和国的成立，论证了中国共产党真正成为推动中国社会前进的主导力量。[①]

第四点，实现中华民族伟大复兴，是近代以来中国人民最伟大的梦想。作者表明，鸦片战争以后，历代仁人志士怀抱着振兴中华的梦想，前仆后继，为了反对帝国主义侵略，为了反对封建主义统治，进行了不懈的奋斗。中国共产党成立后，在反帝反封建的主张下，在毛泽东提出的新民主主义理论的指导下，不怕流血牺牲，英勇奋斗，取得了新民主主义革命的成功，建立了中华人民共和国，为中华民族的振兴打下了国家独立、人民当家做主的最为基础性的条件。[②]

不难看出，作者在《读本》中通过考察近代中国走过的曲折道路，旨在揭示历史选择马克思主义、中国共产党以及社会主义的必然性，为新时代中国人民完成民族复兴伟业的使命提供了丰实的历史依据。

小　结

中国近代史话语体系由各种核心概念构成，研究者的叙事取向大致可分为"近代化"和"革命"两种。一些学者总结两者的特点，认为"革命"叙事的特点在于：突出反帝反封建的意义，强调以暴力形式推翻"反动"的社会统治秩序；突出民众的热情和创造精神；强调西方对中国政治、军事、文化等方面的敌意和剥削。相关代表性学者有李鼎声、范文澜、胡绳、张海鹏等。与之相对，认为"近代化"叙事的特点在于：强调自上而下、渐进式的改革，以及对"传统"制度的更新；强调知识分子、精英的思考和实践；强调西方对中国的影响存在激发和启迪

---

①　张海鹏、翟金懿：《简明中国近代史读本》，北京：中国社会科学出版社 2022 年版，第 488 页。

②　张海鹏、翟金懿：《简明中国近代史读本》，北京：中国社会科学出版社 2022 年版，第 488 页。

中国前进的积极效果。相关代表性学者有蒋廷黻、郭廷以、费正清等。不难发现，"革命"叙事与"近代化"叙事在核心概念的使用上存在较大差别，例如，是否认同并使用"半殖民地半封建"这样或近似的概念；两者在对重要历史事件和人物的评价上同样存在较大差别，例如，关于"洋务运动"的评价，"革命叙事"持整体肯定、局部否定的立场；"近代化"叙事则与之相反。

对马克思主义史学家而言，中国近代历史的主调是革命，是所有以"革命"为话语体系的中国近代史通史著作的主线索，并以此形成核心概念与基本观点。范文澜所著《中国近代史》（上册），是较为完整体现中华人民共和国成立之前"革命"话语体系的经典著作，构建了中国近代史学界的第一种"革命"叙事。范文澜以"反帝反封建"为核心概念，意图揭示近代中国历史的主线是人民大众英勇进行反帝反封建的斗争史。范著"革命"叙事与"近代化"叙事之间的紧张对立，反映新中国成立前中国近代史研究领域意识形态的激烈竞争。

第二种"革命"叙事以胡绳《从鸦片战争到五四运动》为代表。胡绳在该著序言中明确指出，他是基于对中国近代史"三次革命高潮"的思考，形成其著的主体线索。胡绳的这本著作于1973—1979年断断续续写成，可以看作中华人民共和国成立30年前后，跨越"文革"至改革开放初期，中国近代史学界形成的第二种"革命"叙事。《毛泽东选集》关于中国近代史的论述，是胡著对相关问题论述的重要指引；另外，胡著中"革命"话语与"近代化"话语之间的竞争关系，较范著有所缓和。

近年来，张海鹏先生提出中国近代史"元宝形""沉沦"与"上升"理论，形成第三种"革命叙事"。张海鹏在与弟子翟金懿合著的《简明中国近代史读本》中将近代中国社会的发展轨迹描绘成一个"元宝形"，开始是下降，降至谷底，然后是上升，升出一片光明，由此对应中国近代史的"七次革命"。张海鹏的"七次革命"说，分别指的是"太平天国革命运动""戊戌维新和义和团运动""辛亥革命""新文化运动和五四运动""1927年大革命""抗日战争""解放战争的胜利和中华人民共和国的成立"。从以张海鹏为代表的第三种"革命"叙事中我们发现，民族独立问题和社会经济近代化问题，并非对立关系，而是孰先孰后的关系。第三种"革命"叙事强调，解决民族独立问题，需要反帝反封建的民主主义革命，而解决社会经济的近代化问题，就是要进行工业化，近代中国只有首先解决国家、民族的独立，才可能实现工业化和近代化。

这三种"革命"叙事，大致反映我国马克思主义史学家对近代中国社会发展轨迹的认识阶段。范文澜是中国共产党第一代中国近代史研究领域的领军人物。然而，他的《中国近代史》（上册）因诸种原因，考察时段仅至义和团运动，严格意义上说并未形成关于旧民主主义革命的完整叙事。在该著出版之前，尽管毛泽东已发表《新民主主义论》等涉及中国近代史基本问题的论作，然而中国共产党关于近代史核心概念的定义和表述并不是很清晰，中共领导人关于旧民主主义革命的论述对该著的影响较为有限。胡绳是继范文澜之后的领军人物，他的《从鸦片战争到五四运动》基本涵括整个旧民主主义革命时期。在他撰写该著时，《毛泽东选集》业已出版并广为传播，其中一些注释关于中国近代史核心概念的定义和表述可谓十分清晰，胡绳对近代中国社会阶层与主要矛盾的分析，受《毛选》的影响很大。张海鹏关于中国近代史研究的"革命叙事"相较前两者更完整、更成体系，一定程度上吸收了改革开放以来中外史学界"近代化"叙事的一些概念、理论，可以理解为当代中国近代史学界将"革命"叙事与"近代化"叙事合流所作的探索与尝试。

第二部分　历史教育与话语体系建构

第五章

19 世纪末至 20 世纪初历史教育界对
民族国家历史话语体系的构建

19 世纪末至 20 世纪初，历史学在中国逐渐由传统学术研究科目转变为现代学术研究科目，与此同时具有近代指向性的历史教育开始逐渐形成。事实上，中国近代的历史学和历史教育在某种程度上是以同期化的方式产生的，而在现实的社会层面，历史教育所发挥的作用往往大于历史学，特别在国民意识形成中具有特殊的重要性，以及随着社会发展的需要，在每个时期的历史教育中都会出现多种历史认识问题。因此，在考察中国的历史学话语体系建构经验时，无法否定历史教育具有同样的重要性和必要性，如此，才能反映出中国的历史学话语体系建设过程中，中国历史的复杂性与多样性，并达到以史为鉴、总结历史经验的目的。

从历史研究来看，现阶段对中国历史教育的史迹研究不足。现代的历史教育研究虽然有所发展，但并没有多少研究能够正确追踪发展过程中的知识脉络。仅仅通过观察在中国这个广大地区实施的历史教育经验和性质，很难理解历史教育内在的结构性和逻辑性。就教育学意义而言，通过对中国的历史教育研究，可以更准确地掌握教育的普遍本质，从而阐明历史发展的客观规律性以及跨学科的借鉴性，为中国的历史学话语体系建设提供启示。

第一节　近代以来中国历史教育的变革与开展

清末民初是中国从传统封建国家转变为现代国民国家（Citizen-State）的关键

时期。国民国家是指具有高动员力、强大统合能力的现代性国家形态。欲使国民成员具备一定程度的国民意识，必须推行普及性的国民教育。

具有现代意义的"历史教育"产生于晚清洋务运动时期，1862 年成立的京师同文馆，为满足传授西学课程之需要，中外教习和粤编译了外国历史书籍作为教科书，供同文馆学生学习之用。这些历史教学内容仅仅服务于特定教育对象，未曾在全国范围内普及推广。不过，针对外国历史书籍的翻译业务在当时已经颇具规模，如传教士金楷理(Carl T. Kreyer)等翻译《西国近事汇编》，传兰雅(John Fryer)翻译《俄国新志》《法国新志》，林乐知(Young John Allen)翻译《四裔编年表》等，其中最负盛名的，莫过于李提摩太(Timothy Richard)翻译的《泰西新史揽要》。《泰西新史揽要》译自英国学者罗伯特·麦肯齐(Robert Mackenzie)的《十九世纪史》，其书内容以国为经，以事为纬，记载了 19 世纪英国、法国、德国、奥匈、意大利、俄国、土耳其、美国等诸国的政治、军事、外交、财经、工商、交通、教育、经济、社会、民族、殖民地等问题，其中以英国史最为详尽，而法国史次之，末叙罗马天主教廷事，附记论会党、欧洲新政及学校。李提摩太认为历史教育是振兴中国的重要途径之一，"若欲博考西学、振兴中土，得此入门之秘钥，于以知西学之所以兴，与夫利弊之所在，以华事相印证，若者宜法，若者宜戒，则于治国之道，思过半矣"①。此书一经出版便成为最风行的读物，并有学堂用做教科书，在当时的中国知识分子群体间有相当程度的影响力。

甲午战争以后，废八股、改书院、兴学堂的风潮兴起，教育救国成为许多改革派的共识，并鼓吹翻译西书以学习西方长处。加上新式教育日渐发展，学堂日益增多，教科书极度匮乏，虽然此时已有自编教科书出现，作为新式学堂教学之用，但学界仍感教材种类之缺乏。因此，许多知识分子及官员提倡大规模翻译外国的历史教科书来救急，带动了一股翻译的风潮，此时翻译的书籍以日本教科书为大宗。这股翻译日本书籍的风气，一因日本维新的成功，激起中国仿效之决心，使其成为中国取法的目标，二因日本在近代化的过程中，已翻译、出版许多

---

① 《第一次中国教育年鉴》(戊编)，台北：宗青图书出版公司 1981 年版，第 116 页。

西书，直接从日译本着手，可节省择选书目的时间。此外，转译内容还有文字相近之便，故被视为最为简便有效之途径。如康有为在《广译日本书设立京师译书所折》中提出："译日本之书，为我文字十之九，其成事至少，其费日无多也……能译日本书者，皆大之，若童生日本书一种，五万字以上者，若试其学论通者，给附生，附生增生日本书三万字以上试论通者，给举人。举人给进士，进士给翰林。庶官皆晋一秩。"

当时，对中国影响较大的日本历史教科书是那珂通世的《支那通史》和桑原骘藏的《东洋史要》。罗振玉曾在1899年《支那通史》之序中称赞："取精于诸史，而复横上下于千年之书，以究吾国政治、风俗、学术之流迁。简而赅，而雅，而后吾族之盛衰与其强弱、智愚、贫富之所由然，可知也。此非所谓良史者欤？所谓持今日之识以读古书者欤？"而《东洋史要》则是一部以中国史为主的亚洲史，该书由樊炳清译成中文，颇受学界欢迎。此书深得梁启超的好评，认为："此书为最晚出之书，颇能包罗诸家之所长，专为中学校教科用，条理颇整。凡分全史为四期，第一上古期，汉族膨胀时代；第二中古期，汉族优势时代；第三近古期，蒙古族最盛时代；第四近世期，欧人东渐时代。繁简得宜，论断有识。"这两本教科书在清末长期成为学堂用书，并在近代学者的介绍和传播下，流传于中国各地，对日后国人自编历史教科书时，不论内容或体例，影响都相当深远。就体例而言，《支那通史》与《东洋史要》引入的章节体，成为近代国人书写历史教科书的典范。这种划分章、节以便利教学，内容齐全几乎无所不包的教科书写法，成为国人书写历史教科书的典范。除了对体例的模仿外，部分中国自编的历史教科书，甚至就直接根据日人原著改编而成。如柳诒徵的《历代史略》是据那珂通世的《支那通史》改编，陈庆年的《中国历史教科书》是依桑原骘藏的《东洋史要》为底本改写。

1902年清政府颁布"壬寅学制"，新式教育进入社会大众的视野，展现出清政府将以现代教育课程和教育内容为中心进行国家改革的决心。[①] 不过，由于壬寅学制未能真正彻底实行，1904年，张之洞主导的"癸卯学制"改革，成为中国

---

① 《中国近代教育史资料汇编·学制演变》，上海：上海教育出版社1984年版，第263~287页。

历史教育近代化的起点。① 1904 年颁布的《钦定中学堂章程》规定，教师首先讲授中国历史，专门列举历代帝王大事，特别是陈述本朝君主的善政德策和中国百年以内大事，接下来要详细说明古今忠良、贤人事迹、学术技艺、军力强衰、政治沿革、农工商业、风俗变化等。针对西方各国的历史事实也被要求详细说明。学习时间没有具体规定，大致在中学 1～2 年级讲中国史，3～4 年级讲世界史。教科书内容以编年体形式叙述。值得注意的是，清末历史教育内容是以二十四史等传统王朝史为中心构成的。但在新的学制中，历史教育的对象从"臣民"转变为"国民"，大众虽对国家的定义尚不十分明白，但其中模糊的国民意识，即作为"国家主人翁"的意识开始逐渐展露。

"国民"概念最早由梁启超导入史学，梁启超认为"二十四史非史也，二十四姓之家谱而已"，旧史只是"帝王家谱"，"皆为朝廷上之君臣而作，曾无有一书为国民而作"②。据梁启超介绍，"新史学"应当以"人民"为基本关注点。因此，"新史学"的精神可以高度概括为"作新民"③。官方对于教育精神的定义，则出现于 1906 年，清政府学部在《学部奏请宣示教育宗旨折》中指出当前的教育应具备"忠君、尊孔"的传统意识以及"尚公、尚武、尚实"的现代意识。其中，针对国民与国家的关系，教育宗旨明确指出"君臣休戚"关系着国家荣辱，而"国家荣辱"决定着国民祸福，因而，教育必须遵循"君臣一体"原则。④

可以看出，清政府学部提出的教育宗旨深受德国教育思想的影响，即教育内容侧重于维持帝国统一，教育目的在于保存皇室延续的传统性和君主统治的正当性。同时，清政府也在某些程度上回避了当时的民族国家建构的基本民族属性，转而强调教育对于振兴国务的实际意义，即"君臣一体"便是"爱国保家"，而"宣扬正学"成为国家兴盛的基础。⑤ 由此可见，清政府的"国家观"强调的是国家和

---

① 《中国近代教育史资料汇编·学制演变》，上海：上海教育出版社 1984 年版，第 317～328 页。

② 梁启超：《支那开化四千年史》，上海：上海广智书局 1904 年版，（序言）第 1 页。

③ 梁启超：《新史学》，《新民丛报》第十二期（1902 年），第 6～14 页。

④ 舒新城：《学部奏请宣示教育宗旨折》，《中国近代教育史资料》，北京：人民教育出版社 1981 年版，第 217～219 页。

⑤ 《学部奏请宣示教育宗旨折》，北京：人民教育出版社 1981 年版，第 223 页。

朝廷统一体，实际上回避了现代国民国家的核心单位——"国民"。清政府提出的"国民"与西方的"国民"在概念上存在一定差异，即"国民"的三个构成：第一是清朝所具有的传统"道统"，即忠君和爱国的一致性；第二是社会内部共同文化心理，即通过教育与学习以提高国民对国家的认同感；第三是以官方撰述为中心，建立起国民社会的统一道德标准。综合来看，清政府是将现代国家理想和传统道德相互融合，进而构建国民概念的意识基础。①

中华民国成立后，蔡元培担任民国首任教育总长，同年4月，他发表了《对于教育方针之意见》，排除了"忠君"和"尊孔"，继承了"尚公、尚武、尚实"的教育理念，并在此基础上提出德育主义、军国民主义、实利主义的教育思想。具体而言，"德育主义"是将法兰西革命所倡导的自由、平等、博爱，与中国儒家的"义""恕""仁"三种道德相比附，把资产阶级的道德观与封建主义的仁义道德相杂糅；"军民国主义"是应对"强邻交逼，亟图自卫，而历年丧失之国权，非凭借武力，势难恢复"；"实利主义"是发展国家经济的重要手段，"我国地宝不发，实业界之组织尚幼稚，人民失业者至多，而国甚贫。实利主义之教育，固亦当务之急者也"。蔡元培在教育宗旨中增加世界观和美育，因为"军国民主义、实利主义、德育主义三者，为隶属于政治之教育"，而"世界观、美育主义二者，为超越政治之教育"，前者呼应了现实国家建构的需要，而后者在现象与实体之间搭建起精神的桥梁，引导人们对"现象世界"的事物，既不厌恶，也不迷恋，态度超然，淡泊处之，而对"实体世界"始终保存渴慕心理。②

从晚清到民国的转换时期，历史学的发展出现新趋势，即不再从朝代变迁的角度看待中国历史，而是按照进化史，把中国历史看做一个循序渐进、不断演进的过程，在古今观念的框架下揭示其发展阶段。中国历史所关注的焦点不再是具有抽象性的儒家理念，而是具有现实意义的生存竞争、地理环境、学术文化，以及社会经济因素。历史描写的主体不是君主，也不是少数杰出人物，而是人民。同时，知识分子开始提倡多学科地研究历史，地理、民族、语言、军事、政治、宗教、法律都与历史产生直接关系，而各种主义与思想则始终与历史保持着间接

---

① 《学部奏请宣示教育宗旨折》，北京：人民教育出版社1981年版，第225页。
② 《中华民国史档案资料汇编·教育》，南京：凤凰出版社2013年版，第16~27页。

关系，新思想让历史研究者将可以利用的学术公理作为理论资源，历史学成为明确社会演化的基本学科。以上种种都发生在晚清学制改革到蔡元培大力施行其教育方针期间，并应用于历史教育的实践当中，可以视为对现代性历史教育的尝试，具有近代指向性的民族史、社会史、世界史、革命史等得以在教育中展现其独特魅力。

第二节　民族主义与国家观的融合与演变

民族主义（nationalism）通常是指认同本民族文化、传统、利益的一种意识形态，旨在追求民族的生存、发展、兴盛。民族主义中的"民族"既可能是基于语言、族裔、部落或种族的团体，也可能是一国、一地之公民集体，还可能是某一宗教的信徒。民族国家理论是从社会的统一性出发的，在宗教和信仰的影响下，经过工业化，社会大众具有共同特征和共同心理，形成了社会向心力，其主要特征是集体共同性主张，即具有精神和物质一致的"灵肉一体论"的民族观倾向。但是民族集团成员在地位、身份、财富等横向层存在阶级、出生地、肤色等不可逆差异，因此下一阶段为了解决这些差异，"民族"被附着于文化造型物之上。以此为基础，"民族"的概念范畴被扩大化，最终延伸出"民族国家"意识。

1903 年刘师培在《黄帝纪年论》中主张，应以民族、政体、文化三个内容为中心构成中国历史，编撰以庚子之乱、列强侵华、军权衰退和民权增长等基本内容为基础，讲述中国民族兴亡盛衰的历史书。[1] 为了实践其主张，刘师培在《中国历史教科书》中把历史内容从政体变迁、民族形成、制度改革、社会进化、学术发展五方面加以把握，规定历史教科书的叙述体制。刘师培将民族主义史观灌输其中，刘师培认为："中国者，汉族之中国也"，在他看来，"满、汉二民族，当满族宅夏以前，不独非同种之人，亦且非同国之人"。刘师培着重说明了汉民族形成和发展的历史，并提倡"宜仿西国纪年之例，以黄帝降生为纪年"的"黄帝纪年"，撰写《黄帝纪年说》一文，试图从民族、政体、文化三方面，说明自黄帝

---

[1]　刘师培：《中国历史教科书》，上海：商务印书馆 1937 年版，第 5 页。（后文引用较多，均来自本书，为节约篇幅，未一一标注。后同。）

以后中国历史的发展历程。同时，刘师培援引西洋史料加以对比，"于征引中国典籍外，复参考西籍兼及宗教社会之书，庶人群进化之理可以稍明"，以确认"社会进化论"在中国历史当中的存在形态。

曾鲲化早年留学日本，并加入同盟会。辛亥革命后，先任孙中山秘书，后任交通总长。《中国历史》是他于1903年留学日本时期化名为"横阳翼天氏"，参考东西洋及中国史籍所编成的历史教科书。他将本书内容概述为："首编四章，总论历史之要旨、地势说、人种和历代兴亡盛衰。甲编太古记七章，乙编上古记十章，叙三皇五帝至春秋战国时期政治沿革、文化、经济及社会诸情况。"①曾鲲化反复强调民族国魂之精神，"今欲振发国民精神，则必先破坏有史以来之万种腐败范围，别树光华雄美之新历史旗帜，以为我国民族主义之先锋"；"各振其国民精神，脱外族奴隶之羁轭，恢复我汉种固有之国之权力，发挥我汉种固有之优等文化力，抹煞外族一切界限而吞吐之，然后雄飞于二十世纪之世界，以与白皙人种竞争"；"如沉疴如痼疾，力弱极骨脆极，沉沉二千载，黯黯廿四朝，气息奄然，横卧长睡于亚细亚大陆，遂成不能运动之动物，而落于永静之苦海"。其编写教科书的目的只在于"唤醒国民"，所谓"以国民精神为经，以社会状态为纬，以关系最紧切之事实为系统，内容广涉各时代教育艺术、政治、外交、武备、地理、宗教、风俗、实业、财政、交通、美术等人类社会生活的各方面，目的在：调查历代国家全部运动进化之大势，撮录其原因结果之密切关系，以实国民发达史价值，而激发现代社会之国魂"。

1903年，正值革命风潮蓄势待发之时，以刘师培、曾鲲化为代表的革命者，在历史叙述中对于革命、暴动、破坏、造反等一切推翻旧秩序的行为皆予以积极宣扬。在刘师培的笔下，其激烈反清、独彰汉族的意识甚为浓厚。曾鲲化则指出："古之所谓圣贤者无他，能破坏旧社会，而改造新社会之谓也"，中国是"惯于革命之国"，"欲造成一完全优美之社会，必破坏一切旧社会而后能奏效，欲破坏一切旧社会，则非涌出震骇人间世之大反动力无所凭借。故大反动力者，组织完全优美之社会之原因也，而完全优美之社会，则为反动力之结果"。这体现

---

① 横阳翼天氏：《中国历史》，上海：上海古籍出版社2020年版，第10页。

了革命在近代知识分子的历史意识中具有暴力美学的特征。当然，在某种程度上社会进化论的导入，为"革命"的正当性提供了学理基础。商汤推翻夏桀被视为"臣下革命之始祖"，周武王灭商同样视为革命，他们特地举伯夷、叔齐的故事，说明儒家君臣关系不足训。尊商鞅为"政治界革命之始祖"，他的改革"扫灭旧社会而改造新社会"，令社会"日日进步"。在他们看来，当时的中国需要一场革命，进而建立起属于自己的"民族主义"和民族国家。

在晚清最后十年，许多历史教科书受"民族主义"思潮影响，采用新的叙述体制，"民族"也随之成为时髦词语。但是，有必要注意这一时期"民族"的词义变化。"民族"起源于拉丁语"gnasci（起初）"的过去分词"natus（出生）"，后其意思转换为"nation（诞生）"。在近代以前，"民族"通常包含由血缘、地区、政治三个概念汇集而成的统一含义，直到近代，"nation"逐渐指向"民族"。19世纪末，日本学者根据本国的社会特点，创造了"民族"和"民族国家"的汉字词，"民族"和"国民"以及民族国家和国民国家同义。民国初的知识分子将构建中国大一统的民族国家作为第一要务，不提国民国家，"民族国家"和"国民国家"出现认知差距，即在特定语境下，"民族国家"强调的是"自己"与"他人"的差别意识，而"国民国家"则指的是内向性的社会特征。

考虑到近代中国民族主义兴起的时代背景，上述事实的逻辑非常明确。从19世纪末开始，中国作为统一国家的正当性受到外部的严重冲击，对于外界的危机意识高涨。在这种情况下，历史教育表现出非常鲜明的御侮意识。1904年梁启超参考日本教科书《支那通史》的体例，编撰了中学历史教科书《支那开化四千年史》。他挑选文明、进步的历史内容，以国家和社会为中心重组国民史，试图铲除以王朝为中心的叙事体系。因此，梁启超在排斥传统历史叙述主轴的王朝交替或帝王事迹的同时，详细叙述了与国民社会生活相关的制度、学术、宗教、技艺、产业、经济的变迁史。另外，他还根据地理位置将中国领土分为中国本部及满洲、蒙古、伊犁、西藏等4个区域，并对这4个区域与本部的历史联系作了介绍。① 他认为在中国广袤的领土上，各民族长期混居的局面深刻影响了世界历

---

① 梁启超：《支那开化四千年史》，上海：上海广智书局1904年版，（序言）第1页。

史的进程，其中，最主要的5个民族是汉人、苗人、蒙古人、满人、回族人，而汉人是主体民族。另外，梁启超还利用西方地理学明确提出了中国领土的位置和面积，这是近代历史教科书中第一次明确记录中国领土的历史依据，并将社会发展视为中国历史演变的主轴。作为最早将"民族主义"介绍到中国的代表人物——梁启超在晚清时期，似乎没有意识到，或者是有意回避了日本单一民族特点和中国多民族现实存在的明显差异。随着国体更替完成，梁启超也变得非常重视中国各民族的统一性，特别指出中华民族应统称为"汉族"，而汉族最初并不是单一民族，而是由多个民族混合而成的。他还强调"小民族主义"是汉族与国内其他民族的相对关系，而"大民族主义"是中国与外国诸民族的相对关系，在提及中国民族时，应由大民族主义代替小民族主义，构建广义的"中国民族观"①。

除了建构近代的"民族"历史叙述之外，历史教育者们还需要考虑的是民族未来的出路在何方。在此过程中，无论是为了说明历史上的民族演化，还是为了解决当下的民族危机，"进化史观"都是最具理性精神的阐释方法。因此，利用"进化史观"阐述中国历史成为历史叙述的核心议题之一。早在19世纪后半叶，严复便将"进化思想"有系统地输入中国，不过这种输入起初并非直接通过史学本身，而是在吸取近代西方哲学、社会学等学科的理论，为资产阶级政治服务的过程中带入的，其中的一些理论和方法，对传统史学产生过很大的冲击，在《论世变之亟》一文中，严复用"进化史观"批判中国封建社会"一治一乱、一盛一衰"的"循环历史观"，奠定了理论上的基础。

严复在《泰晤士〈万国通史〉序》中写道："左氏固相斫之书，柱下乃家人之语。至若究文明之进步，求世变之远因，察公例之流行，知社会之情状，欲学者毋忘前事，资为后师，用以迎蜕进之机，收竞存之利，则求诸人著作，或理有不逮，或力所未皇。此十八世纪以降之史家所谓远轶前修，而其学蔚成专科，最切于人事而不可废也……言人群者，知世变之来，不独自其相承之纵者言之，必后先因果，倚伏召从，无一事之为我也，乃自并著之横者观之，亦远近对待，感应

---

① 梁启超：《历史上中国民族之观察》，《新民丛报》第65、66期(1905年)。

汇成，缺一焉则其局不见。故欲言一民之质文强弱，一国之萌长盛衰，独就其民其国而言，虽详乃不可见，必繁俗殊化，合叙并观，夫而后真形以出。"严复的这一见解是对传统史学以中国史为中心的叙事体系的严厉批判，因为，在他看来长期缺乏与外界的比较和交流，导致中国近代的贫弱交困，已经到了不得不全面变革的地步。严复认为："物穷则变，变则通，通则久。穷变久通，使民不倦。外国穷而知变，故能与世推移，而有以长存。中国倦不思通，故必新朝改物，而为之损益。"

　　国家振兴的道理摆在那里，是否能够成功则取决于"事在人为"，严复在《天演论》中写道："物不假人力而自生，便为基地最宜之种，此说固也。然不知分别观之则误人，是不可以不论也。赫胥黎氏于此所指为最宜者，仅就本土所前有诸种中，标其最宜耳。如是而言，其说自不可易，何则？非最宜不能独存独盛故也。然使是种与未经前有之新种角，则其胜负之数，其尚能为最宜与否，举不可知矣。大抵四达之地，接壤绵遥，则新种易通，其为物竞，历时较久，聚种亦多。至如岛国孤悬，或其国在内地，而有雪岭流沙之限，则其中见种，物竞较狭，暂为最宜。外种闯入，新竞更起，往往年月以后，旧种渐湮，新种迭盛。此自舟车大通之后，所特见屡见不一见者也。"

　　同时，严复认为，在"物竞"的基础上，"人择"才显得更为关键："达尔文《物种由来》云：人择一术，其功用于树艺牧畜，至为奇妙。用此术者，不仅能取其群而进退之，乃能悉变原种，至于不可复识。其事如按图而索，年月可期。往尝见撒孙尼人羊，每月三次置羊于几，体段毛角，详悉校品，无异考金石者之玩古器也。其术要在识别微异，择所祈向，积累成著而已。顾行术最难，非独具手眼，觉察毫厘，不能得所欲也。具此能者，千牧之中，殆难得一。苟其能之，更益巧习，数稔之间，必致巨富。欧洲羊马二事，尤彰彰也。间亦用结构之法，故真佳种，索价不赀，然少得效，效者须牝牡种近，生乃真佳，无反种之弊。牧畜如此，树艺亦然，特其事差易，以进种略骤，易于抉择耳。"

　　如何激发国家的进步动力，严复认为应当从改造民族的文化特性入手："今夫以公义断私恩者，古今之通法也；民赋其力以供国者，帝王制治之同符也。犯一国之常典者，国之人得以共诛之，此又有众者之公约也。乃今之以天演言治者，一一疑之。以谓天行无过，任物竞天择之事，则世将自致于太平。其道在听人人自由，而无强以损己为群之公职，立为应有权利之说，以饰其自营为己之深私。以为民上之所宜为，在设刑宪以持天下之平，过斯以往，皆当听民自为，而无劳为大匠斫也。"

最后，严复给予中国未来发展的无限期待，期待中国能迅速接受外来文化，实施自我革新之举，以符合事物发展的基本规律。显而易见，严复在介绍"进化论"的时候，其核心主旨是将人的主观能动性置于推动事物发展的基本前提之中，这是对抗所谓的"一乱一治"万世常然的传统中国史学认知的重要理论工具。而这一认知很大程度上也影响了同一时期的其他知识分子，如梁启超在此基础上衍生出"进化史观"的历史研究方法："生理上的受动，如饥则食，渴则饮，疲倦则休息，乃至血管运行、渣液排泄等等；心理上的受动，如五官接物则有感觉，有感觉则有印象有记忆等等。这都是不得不然的理法，与天体运行物质流转性质相同，全属自然界现象，其与文化系无关，自不待言。再进一步，则心理作用中之无意识的模仿，如衣服的款式常常变迁，如两个人相处日子久了，彼此的言语动作有一部分互相传染，这都是'自然而然如此'，也与文化系无关。就全社会活动而论，也有属于这类的。例如社会在某种状态之下，人口当然会增殖；在某种状态之下，当然会斗争或战争；乃至在某种状态之下，当然发生某种特殊阶级；这都是拿因果法则推算得出来的。换一句话说，这是生物进化的通则，并非人类所独有，所以不能归入文化范围内……假如人类没有了这种创造的意志和力量，那么，一部历史，将如河岸上沙痕，一层一层的堆积上去，经几千几万年都是一样；我们也可以算定他明年如何后年如何乃至百千万年后如何。然而人类决不如此，他的自由意志怎样的发动和发动方向如何，不惟旁人猜不着，乃至连他自己今天也猜不着明天怎么样，这一秒钟也猜不着后一秒钟怎么样。他是绝对不受任何因果律之束缚限制，时时刻刻可以为不断地发动，便时时刻刻可以为不断地创造。人类能对于自然界宣告独立开拓出所谓文化领域者，全靠这一点。"[①]

梁启超将民族精神自觉视为历史演进的主要动力，换言之，只有不断向前进

---

①　梁启超：《饮冰室合集》第 14 册，中华书局 1989 年版，第 271 页。

取的民族才能实现推陈更新、与时俱进，而不能发挥主观能动性的民族则会在历史长河中遭淘汰。而这一观点，以其著作《中国历史研究法》中的论述尤为突出："我对于这个问题，本来毫无疑义，一直都认为是进化的。现在也并不曾肯抛弃这种主张，但觉得要把内容重新规定一回。我们平心一看，几千年中国历史，是不是一治一乱的在那里循环？何止中国，全世界只怕也是如此？埃及呢，能说现在比'三十王朝'的时候进化吗？印度呢，能说现在比……释迦牟尼出世的时候进化吗？说孟子、荀卿一定比孔子进化，董仲舒、郑康成一定比孟、荀进化，朱熹、陆九渊一定比董、郑进化，顾炎武、戴震一定比朱、陆进化，无论如何，恐说不去。……所以从这方面找进化的论据，我敢说一定全然失败完结。"①

但是，梁启超也没有将"物质"视为进步的绝对标准，相反在他看来"文化"才是保持民族长期兴盛的核心支撑："从物质文明方面说吗？从渔猎到游牧，从游牧到耕稼，从耕稼到工商，乃至如现代所有之几十层高的洋楼，几万里长的铁道，还有什么无线电、飞行机、潜水艇……都是前人所未曾梦见。许多人得意极了，说是我们人类大大进化！虽然，细按下去，对吗？第一，要问这些物质文明，于我们有什么好处？依我看，现在点电灯坐火船的人类，所过的日子，比起从前点油灯坐帆船的人类，实在看不出有什么特别舒服处来。第二，要问这些物质文明，是否得着了过后再不会失掉。中国'千门万户'的未央宫，三个月烧不尽的咸阳城，推想起来，虽然不必像现代的纽约、巴黎，恐怕也有他的特别体面处，如今哪里去了呢？罗马帝国的繁华，虽然我们不能看见，看发掘出来的建筑遗址，只有令现代人吓死羞死，如今又都往哪里去了呢？远的且不必说，维也纳、圣彼得堡战前的势派，不过隔五六年，如今又都往哪里去了呢？可见物质文明这样东西，根底脆薄得很，霎时间电光石火一般发达，在历史上原值不了几文钱。所以拿这些作进化的证据，我用佛典上一句话批评他，'说为可怜愍者'。"

因此，解释历史文化现象也可以分为"自然的"和"文化的"两种视角："我以为历史现象可以确认为进化者有二：一、人类平等及人类一体的观念，的确一天比一天认得真切，而且事实上确也看着向上进行；二、世界各部分人类心能所开

---

① 梁启超：《中国历史研究法》，上海：上海古籍出版社 2019 年版，第 51~52 页。

拓出来的'文化共业'，永远不会失掉，所以我们积储的遗产，的确一天比一天扩大。只有从这两点观察，我们说历史是进化，其余只好编在'一治一乱'的循环圈内了。但只需这两点站得住，那么，历史进化说也尽够成立哩。以上三件事，本来同条共贯，可以通用一把钥匙来解决他。总结一句，历史为人类活动所造成，而人类活动有两种，一种是属于自然系者，一种是属于文化系者。"

夏曾佑在其编著的《最新中学教科书·中国历史》中也利用"进化史观"，对中国历史发展规律做出总结，他以中国主体性和历史特殊性为中心，指出中国历史不同于以希腊为代表的西方历史，具有自己的个性。夏曾佑认为"华族"是中国人民的统称，但其主体是汉族，随着其发展形成为国家，各民族统一为一个国族，民族融合必然长期且继续存在。夏曾佑利用较为科学的眼光重新审视了中国古史与神话之间的关系，指出伏羲、女娲、神农等在面貌、事迹、寿命等方面表现出半人半神的属性，因此应当将其看做神话，不是真实的历史，中国的历史应从炎黄时期开始计算。此外，他将炎黄时期视为中国文化起源，因为黄帝创造了天文学、井田制、祭祀、文字、服饰、月历、律吕、壬禽、神仙、医经等文化。夏曾佑将中国文化和印度文化相互比较，主张文化是服务镇压和统治征服地区人民的政治手段，而黄帝创文事业发生在部落时代，这正是社会内部和民族之间的阶层产生的时代。他认为根据优胜劣败的原则，服从强权统治是人类世界的普遍规律，因此将弱肉强食视为公义，而中国文化是历经多元化竞争的结果，从中国起源时代开始各民族和文化相互融合，因此，中国文化具有强大生命力是毋庸置疑的。夏曾佑肯定了中国既存的民族融合现状，以及还有历史上的汉族和汉文化作为中国主体的重要性。他指出，中国从上古开始膨胀，将文化和风俗传播到非汉族地区，随着风俗、社会、文化等交流频繁，民族融合变得更为紧密，这一过程可以看成是汉族和异族的杂糅形式。[①] 夏曾佑超越了单一民族论和传统华夷观，明确了中国历史发展与汉族主体的关联性，但是，受近代殖民扩张思潮影响，他把中国扩张领土历史的行为与近代的殖民扩张相提并论，并将"民族""种族""人种"等概念混用，而且，在以汉族为中心叙述历史的过程中，仅仅利用正

---

① 夏曾佑：《中国古代史》（复刊本），石家庄：河北教育出版社2000年版，第61页。

史记录未能正确考证其他民族史，明显残留着传统史学的影响。

　　1912年，中华民国成立后，历史教育中的民族、国家观发生了巨大变化。为了充分说明这种变化，首先有必要明确民族国家（nationstate）的概念。以今天的眼光来看，民族国家不是政治实体的唯一形态，而是政治、文化共同体相互结构化后出现的各种状态之一。从理论上讲，将作为文化集团的"民族"和作为政治集团的"国家"两种要素相互组合，可以归纳出"单一民族国家（nationstate）""多民族国家（multi-nationalstate）""同民族在不同的单一民族国家（onenation，manystates）""同民族在不同的多民族国家（samenations，multi-nationalmanystates）"四种形态。20世纪初，民族国家通常被认为是"单一民族国家（nationstate）"状态。因此，"单一民族说"常被引用为国家认同（entity）的基本学说。中国为了克服殖民和侵略等现实危机，试图通过民族国家的理论构建正当性，但遇到了根本性的局限。因为，由于中华民族成员的多样性，很难组成与西方国家相同的单一民族国家。于是，"五族共和"作为一种广泛可接受的概念，在历史教育演变进程中逐渐得到推广。

　　1912年，潘武编写的《中华中学历史教科书：本国之部》，首开教科书使用"中华民族"一词的先河，并且，在第二章"中华历史之概略"中分别介绍了汉族、苗族、回族、蒙古族等在中国历史上的演变脉络，最后，潘武认为："中外大通，列强之侵侮日亟，民国崛起，满清宣布退位，以五族共和为主，此两期中为种族竞争时代。久之而各族同化，实为缔造共和之基。……自共和民国成立，当融合满、蒙、回、藏、苗诸族，以抵御列国之侵略，此读史者所当知也"，"五族共和"思想由此可见一斑。1913年，傅运森编撰的《共和国教科书：新历史》将"中华民国之兴"加入教学内容，讲述了孙中山创立革命团体，发动武装起义，最后推翻清王朝，建立民国，实行"五族共和"的历史进程。其中，傅运森一再强调，建立民国并非某一民族独享的功劳，而是汉、满、蒙、回、藏五大民族共同努力的结果，而"五族团结"有其必然的历史意义。叙事的结论部分更是鲜明地指出此点："我国数千年文化，非一民族之功。即今日改专制为共和，亦我五大民族共同之力。故将来发达文化，巩固国家，必赖五族之相亲相保矣。试观……海外者，数百万人，前代不加保护，遂至受人欺虐。又如，缅甸多藏族，中亚西亚北非多回族，西伯利亚多满、蒙二族，以不能相保，外人多夺其地而奴视其人。故我国民虽有五千年文化，虽有广土众民，虽中华民国已成立，五族已为一家，尚宜实体共和之旨，互相爱护，永固民国万年之基。"

1914年，锺毓龙编写的《新制本国史教本》，充分肯定了"五族共和"的历史意义，其绪论部分写道："中国今日之时势，弱甚矣，贫甚矣，其至于此，非一朝一夕之故，而数千年历史之迁变之所造成者也。造成中国今日之历史其最大者，厥为二端：以制度言，则君主之专制是也；以习俗言，则人心之尚文是也……民国肇兴，共和制之首定，专制旧弊，豁然已除……重武备，崇实业，将有以救乎尚文之俗，虽积重未能遽返，然且由是而日进于善无疑问也。"锺毓龙把中国积弱积贫归因于君主专制制度，既然民国已然建立，为了摆脱中国积弱积贫的不利处境，尤其是面对外国列强的侵略，五族人民应该在共和制度下团结起来，"五族共和"势在必行。锺毓龙引用《诗经》称："兄弟阋墙外御其侮，勿操同室之戈，而予渔人之利，固尤吾中华国民之所共宜兢兢焉。"这一逻辑表现最为鲜明的是1913年赵宇森编辑的《共和国教科书：本国史》，开篇便强调："中国人种自有始以来，即以种种之关系，及种种之组织，联合而为一伟大国民之团体。""伟大国民之团体"分为汉种、蒙古种、东胡种(满洲种)、突厥种、唐古特种(西藏种)和苗种六大种族，"计六种人口之全数，不下四百有余万兆，汉种占十分之九而有奇"。尽管历史上各种族之间发生过冲突和矛盾。但是，民国建立、五族共和之后，"所有域内人民，一切平等，无种族阶级宗教之区别，继今以往，畛域胥融，同尽国民之能力，以巩固其伟大之团体，则我同胞公共之天职矣"。赵宇森进而指出"五族共和"的未来进路："此次之联合，非复形式上之联合，直精神上之联合。继今以往，吾知五大族之名称必归淘汰而合完全之中国为一大民族矣……同心前进，迅赴时机，务使五色国旗，永播声威于大地也。"

1922年，北京政府公布《学校系统改革令》。根据改革令，1923年，北京政府制定了《新学制课程标准纲要》。其中，《初级中学历史课程纲要》要求："为了使学生明了世界人类生活共同演进状况，打破关于朝代国界的狭隘观念起见"，对初中历史教材的编制采取"混合主义"，即"以全世界为纲，而于中国部分，特加详述"，以便"使学生对于本国历史，得因比较而益审其在世界史中之地位"。

《新学制课程标准纲要》将历史分为"上古史""中古史""近古史""近世史"四个时段，其中"上古史"要求讲授的主要内容，是"中华民族神话时代之传说，及虞夏商周之文化"。

"中华民族"成为官方公认之历史概念，具有十分重要的历史意义。不过，在20世纪20年代风云诡谲的时空环境之中，"民族"对于积贫积弱之中国，并非能够成为完全独立掌控的议题。以"大陆政策"为国家战略的日本，时常包藏祸心利用"民族"问题对"中国"概念进行肢解。例如，1923年日本历史学家矢野真一提出了"中国无国境""满汉别物"的论调。据矢野介绍，近代国家是"民族国家"，通常象征国家的是国境，即国境是两国领土逐渐膨胀，最终在某一点上相互接触而定址。但是，中国的国境是"皇帝的德治"所涵盖的范围，不能看做近代意义上的国境。因此，矢野断定中国不存在国境，也不是真正的国家。另外，由于上述原因，他认为满洲是中国领土的主张也是没有根据的。矢野还补充说，满洲是满洲人的领土，并不隶属于汉民族国家，现居于满洲的汉人是19世纪以后的移民，因此也不能断定满洲是汉人的固有领土。最后，他主张，中国要想维持统一，必须维持清朝的统治。①

为了回应矢野的"中国无国境"和"满汉别物"等充满威胁性的论调，解释中国作为民族国家的正当性，部分历史教科书编纂者加大宣传五族共和、脱离汉民族中心、平等地叙述各民族历史的论述力度。其中最具代表性的著作是顾颉刚的《现代初中教科书：本国史》，全书内容以社会史为中心展开。顾颉刚在本书中先后八次使用"中国民族"，如"思想方面，印度的宗教和思想，杂着精华、糟粕一起侵入，中国民族几乎应接不暇，但几百年后，中国人居然能从糟粕中提出精华来，造成中国的宗派——天台宗，禅宗——成为后来近古期本国哲学的基础。中国民族的文化，到了汉、魏，已有暮气了；中间吸收了这许多民族上和精神上的新血，渐渐返老还童，演成唐朝的灿烂时期。所以这'中古期'又可认作'中国民族的蜕变时代'"②。由于顾颉刚主张国史是国别史的一种，国史的学习内容即一切发生在本国领土内的社会活动，主要包括中华民族的构成、中国文化受到的

---

① 冢瀬进：《满洲的社会变迁与地区秩序》，东京：中央大学校2014年版，第10~20页。

② 顾颉刚：《现代初中教科书：本国史》，上海：商务印书馆1924年版，第51~52页。

外部影响、中国对外影响、中国疆域的改变等四种内容。

在利用史料时，顾颉刚从民族、社会、政治、学术四方面展开，摆脱汉族中心编纂体制，将中国历史的主体视为华、苗、东胡、蒙古、突厥、藏、韩历史。华是汉族，苗是壮族和苗族，东胡是满族，蒙古是蒙古族，突厥是回族和维吾尔族，藏是藏族，韩即朝鲜族。顾颉刚将原本不属于传统五族说以内的苗族、朝鲜族追加为中国民族，这是历史教科书中首次出现的内容。由此可见，顾颉刚以现代视角重新整合国家和民族的意图非常明确。特别是，顾颉刚主张随着国家的发展和变化，现在中国国内的各民族不能看成是异类，汉族也不是固定的身份，而是某个时期构建的社会集团。古代传说的"圣王"只是文化史的重要变迁象征，伏羲代表游牧时代，神农代表农耕时代，黄帝代表政治组织时代，有巢代表房屋的发明，遂人为象征着火的使用，每个时代都持续千年，以上人物或许并不存在于历史中，只是当时社会背景中的一个精神代表而已。但在人类聚居的时代，本族的领域逐渐扩大，国家观念也随之产生。接着，顾颉刚对中国从古代形成的华夷思想持批判态度。原来的"夷狄"等不是固定的名称，只是中原民族轻视文化水平低的民族而已。

如春秋时代的秦民族来自西北，吴族和越族来自东南。这显然都是新兴的民族，他们在愚昧的事态中创造了文化，但中原的国家并没有平等地对待他们。但是，随着日子的流逝，相互接触越来越频繁，同化也越来越严重，新民族逐渐找到了与中原古代帝王的关联性。渐渐地，中原的民族相信了楚的始祖是周文王的老师，吴的始祖是泰伯的事情。因此，丽戎与周王同姓，姜戎成为四岳的后代。顾颉刚指出，汉族本位主义背离了近代中国的社会发展，为了克服这一现象，应从中国国家起源开始，将汉族的单一民族国家论修改为多民族国家论。他认为近代各民族的差异不在于别处，而在于文化上的差异。因此，各民族可以根据文化相互转换规律，从广阔的人类发展历程中把握历史的规律，应彻底消除种族主义，不区分民族差别，构建对外统一的中华民族。① 从上述主张来看，近代民族国家观之所以发生变化，是因为已做好了对抗外部冲击的准备。如果考察1920

---

① 顾颉刚：《中华民族是一个》，《益世报》1939年9期。

年代其他教科书的民族国家观，可以发现，当时已经形成了对多民族国家的明确认识。

1923 年，由卢秉征编写出版的《实验历史教科书》详尽介绍了"中华民族的起源"。卢秉征认为，"现在言中华民族的，都说是汉、满、蒙、回、藏五族，从前在五族以外，还有一部分苗族，共为六族"，他对各民族之间混合同化的历史规律同样持肯定态度："六族的种族界限在古代是很清楚的，所以此族与彼族常起竞争，后来因知识日进，竞争渐少，此族与彼族更因种种关系，渐渐混合或同化，现在各种族间，在名义上虽然尚有分别，实际上已无多少分别了……一民族有一民族的文化，各民族经一番混化后，其所有的文化，必经一番混合，而成一种新文化——譬如汉族来自西方，凡西方天算之学，车战之制，莫不挟以俱来，既然入中国，则又学苗民之农业，用苗族之肉刑，此即汉苗文化混合之例也。又如北周为鲜卑族(即满族)，元为蒙古族，其所制的'政制''刑法''兵制'等，历代用之，多收善良效果。……一民族有一民族的本能，各民族结合后，各出其本能，以安内攘外，则国力充实，而外患不生，我中国自五族共和，外患渐少，国际地位也渐渐增高，就是这个缘故。"

承认民族之间的"混合同化"，可以说是 20 世纪 20 年代以后历史教育者的普遍共识之一。如孟世杰的《新标准高级中学本国史》指出："中华民族主要是由苗族(又称交趾支那族)、汉族、东胡族(又称通古斯族，即满族)、蒙古族、突厥族(即回族)、藏族(又称土伯特族)所构成。其中，汉族是中华民族中的主体民族，而汉族中实早有其他民族的血统，况且鲜卑、沙陀、契丹、女真、蒙古等民族均曾建国中原，汉族与其他各族同受统治，种族上的界限早已经泯灭，因为构成民族的血统、生活、言语、宗教、风俗习惯等要素已经日趋于同……所以能构成今日硕大的中华民族。"梁园东的《新生活初中教科书本国史》指出："中国在最初的时候就已经不止一种民族，也不止一种文化，后来经过数次兼并、融合和同化，才并为一国，变为一族。……现在虽然已经同化为中华民族的文化，不可分别了，但当我们做历史研究的时候，首先既须分别清楚民族和文化的混合性，然后才可知道中国历史，是许多民族互相影响传播创造出来的。"

余逊的《余氏高中本国史》则描述道："归纳起来说，中华民族最初定居于黄河流域，进而拓展到长江流域，次及粤江流域，次及东北西北诸省及边地，而成现在中国的版图，以汉族文化为主体经过若干次民族间的争斗，从而以文化的力量，陶熔他族，使民族逐渐扩大，而成现在汉、满、蒙、回、藏、苗六族共和的局面。"此说克服传统民族史观，也成为历史教育的新动向。

　　值得注意的是，首次将国家史设定为民族史的基础，明确叙述民族和国家一体性的论述是吕思勉的《白话本国史》。① 吕思勉指出，目前世界上没有真正的单一民族国家，中华民族也不是单一民族。吕思勉在篇首便开宗明义："研究一个国家的历史，总得知道他最初的民族。现在世界上，固然没有真正单纯的'民族国家'。""一个国家，要想自立于世界之上，究竟民族宜乎单纯，还宜乎复杂？假如说复杂，可以复杂到怎样程度？自然也还是一个问题。然而一个国家建立之初总是以一个民族为主体，然后渐次吸收其余诸民族，这是一定不移的道理。然则要晓得一个国家最古的历史，必须要晓得他最初的民族，也是毫无疑义的了。建立中国国家最早的民族，就是'汉族'，这个也是讲历史的人，没有异议的。近来有人说：汉字是一个朝代的名称，不是种族的本名，主张改称'华族'或'中华民族'。殊不知汉字做了种族的名称，已经二千多年。譬如唐朝用兵，兼用本国兵和外国兵，就称'汉蕃步骑'，这就是以汉字为种族之名的一证。而且现在还是一句活语言——譬如现在称汉满蒙回藏，岂能改作华满蒙回藏？况且'种''族'二字，用起来总得分别。汉族不能改作'华种'，若称'华族'，这两个字，有时候当他贵族用的，不免相混。若称'中华民族'，四个字的名词，用起来怕不大方便。"

　　以考证"西戎（獯粥）"的历史为例，吕思勉否定各民族的一元性，将中国领土内的非汉族历史作为中国史的一部分。这意味着，中国民族国家的形成过程中，政治统一性非常重要。吕思勉认为，历史上汉族是构成中国历史最悠久的民族，随着历史的发展，汉族继续与其他民族融合是事实。但是在传统的华夷观中，非汉族被称为"戎狄"，但事实上这是指"防卫"的意思，并非民族的名称。因此，国史不仅要叙述汉族，还要叙述历史上存在于中国的各民族。吕思勉忠实

---

① 　吕思勉：《白话本国史》，上海：商务印书馆 1924 年版，第 13 页。

地记录了有关各民族的内容。从秦汉时代开始，汉族以外的历史上有獯鬻、东胡、貉、氐羌、粤、濮等民族。到五胡十六国时期，中国的民族发生了巨大变化。吕思勉揭示了其中四个民族的融合情况。据他介绍，胡羯因非常凶残而消失，匈奴、羌通过与中原王朝的频繁交流，吸收了很多文化的影响，但并没有被同化，而是谨慎接受汉文化，被同化成汉族。此外，接纳一定汉文化并维持自己文化的民族有高车、柔然、回纥、突厥、藏族等。他还指出，清王朝的统治危机不是民族之间的矛盾，而是历史上普遍的王朝兴亡，此外边疆地区发生的列强干涉和国家分裂等产生了更为严重的后果。因此，吕思勉认为随着时代的发展，国内应进一步完善各民族的历史，适当限制种族主义，以应对国家的近代危机，而且要在无形中削弱民族特殊性，强调国家整体性。

综合 20 世纪 20 年代以后的历史论述来看，"中华民族"作为"民族和国家一体性"的历史概念已经深入了中国的政治界、知识界、文化界等社会整体心理层面。1924 年，李大钊在《人种问题》中指出："民族的区别由其历史与文化之殊异，故不问政治、法律之统一与否，而只在相同的历史和文化之下生存的人民或国民，都可归之为一民族。例如台湾的人民虽现隶属于日本政府，然其历史文化却与我国相同，故不失为中华民族。"1939 年 12 月，毛泽东发表《中国革命和中国共产党》一文，其第一小节"中华民族"便是从历史文化和革命传统来定义"中华民族"："从很早的古代起，我们中华民族的祖先就劳动、生息、繁殖在这块广大的土地之上……在中华民族的开化史上，有素称发达的农业和手工业，有许多伟大的思想家、科学家、发明家、政治家、军事家、文学家和艺术家，有丰富的文化典籍……中华民族不但以刻苦耐劳著称于世，同时又是酷爱自由、富于革命传统的民族。"①

九一八事变发生后，根据局势的变化和教学的需要，国民政府先后四次修订中学历史课程标准，民族国家观念被进一步强化。如 1940 年《修正初级中学历史课程标准》指出："叙述中华民族之演进，特别注意支族间之融合与其相互依存之关系，以阐发全民族团结之历史的根据，而于历史上之光荣，以及近代所受列

---

① 《毛泽东选集》(第二卷). 北京：人民出版社 1991 年版，第 621~623 页。

强之侵略及其原因，以激化学生复兴民族之意志与决心。"同年，《修正高级中学历史课程标准》指出："叙述中华民族之起源、形成及其疆土开拓之经过，而各支族在血统上与文化上之混合情形及其相互依存之关系，尤意加以申述，使学生对于中华民族有整个之认识与爱护。"此外，在"教材大纲"中，还指明应增加中国人民英勇抗日的内容表述要求。因此，此后的历史教科书由多种民族史资料构成，与以前相比，有关民族国家的叙述更加成熟。

杨人楩在《初中本国史》中指出："本书目标，在于研究中华民族逐渐形成的经历，特别说明其历史上的光荣，及近代所受列强侵略的经过，以激发学生民族复兴的思想，且培养其发扬光大的精神，叙述我国文化演进的概况，特别说明其对于世界文化的贡献，使学生明了我先民伟大的事迹，以养成高尚的志趣，与自强不息的精神。"再如，罗元鲲在《高中本国史》中指出，种族和民族不同。种族是以人种为对象，伴随对肤色、骨骼及其他生理特征研究的自然科学，而民族则是人类集团，研究血统、生活、风俗及心理意识，具有历史性，国民是在统一体制下接受国家统治的集团，因此没有必要拘泥于同一民族或种族，同一民族可以分化成多个国家的人民，一国可以包括多个民族。[①]

罗元鲲认为，从历史上看，中国以血统、生活、语言、宗教、风俗等5种特征建立了民族国家，现在的中华民族是由追求解放的民族和同样的民族意识组成的团体。这实际上意味着完全排斥"种族论"，以彰显中华民族的认同感，在近代民族、国家危机中具有"民族解放"的现实性。在构建统一民族观的同时，他也赋予了民族解放的目的性，因为"民族自豪感"是"民族解放"的意识前提。如金兆梓在《高级中学用：新中华本国史》中写道："我中华民族是东亚大陆文明的开发者，是对世界文明有过重大的贡献者……自远古的石器时代开始，中华民族的先人就生活在这一大片土地上，至今已有三四千年的历史，其间虽有盛衰，但未尝一度间断，和中华民族并时或先后的文明古国，如埃及、巴比伦、印度以至希腊，至今都是山河犹昔，景象已非，而我中华民族则仍然屹立在世界的东方，中国成为世界上唯一一个历史没有中断的文明古国。"陈登原在《陈氏高中本国

---

① 罗元鲲：《高中本国史》，上海：开明书局1946年版，第3~4页。

史》中写道："在近代，中华民族虽然落伍了，不曾对于世界有所贡献，但在过去，中华民族确曾建立过不少丰功伟业，即以'四大发明'而论，中华民族就帮了全人类的大忙……纸与印刷，固为近代文明所必须的物件，即军事上用的火药，航海用的罗针，何尝效力稀小？然而这四者都是中国史上发现得最早呢！"

同时，面对 20 世纪 20 年代甚嚣尘上的"中华民族外来说"，特别是"西来说"问题，历史教育界大部分学者持质疑和否定的态度。"西来说"并非起源于近代，最早提出"西来说"的，是西学东渐时期的天主教传教士，比如南怀仁在《道学家传》小序中称伏羲是亚当的"第十三代子孙"。李祖白因受汤若望的影响，在《天学传概》中，也提出"中国之初人实如德亚之苗裔"。这种说法立即遭到了中国学界的反感，杨光先更是以此作为反对西方历法的借口，称李祖白"实欲挟大清之人尽叛大清而从邪教，是率天下无君无父也"，掀起了"康熙历狱"。此后历狱虽然得以平反，但是中国文化西来之说，不复有人提起。由康熙帝亲自支持的"西学中源"论，成为学界的共识。清朝末年，法国学者拉克伯里（Terrien de Lacouperie）根据自身的研究，再度提出中国文化西来论，1894 年发表论文《古代中国文化西源考》，在文中，拉克伯里通过比较古代中国文明和古巴比伦文明的近百种相似之处，提出假说，称黄帝是约前 2282 年率领部众迁至中国的一位巴克族（古闪米特人一支）首领，巴比伦典籍中称其为奈亨台（Nakunte）。拉克伯里的研究成果获得日本学者白河次郎等人，以及中国学者章太炎、刘师培与若干著名革命党人陶成章、宋教仁等人赞同。

但是随着中国本土考古学的起步，许多古人类化石在中国相继被发现，成为柳诒徵、梁启超等人反驳拉克伯里"中国人来自西方"的有力论据，缪凤林在《中国民族西来辩》中根据爪哇人等化石证据明确指出："东亚之有人，为期实先于西亚。"其后，在学者们的努力下，"西来说"所依据的不少上古典籍被考证为后世伪作，朱逖先指出："晚近言汉族西来者，大都取证于汉魏以来之纬书神话。"五四运动之后，拉克伯里的假说逐渐失去支持，被中国学界否定。1921 年，瑞典考古学家安特生发现了仰韶文化遗址，并在当地发掘出许多彩陶。在比较了当地彩陶和中亚阿什哈巴德附近发现的安诺文化彩陶、乌克兰的特里波列文化彩陶，以及甘肃一带发现的彩陶之后，安特生在《中华远古之文化》一文中提出，从中亚开始，彩陶的成品年代逐渐接近当代，说明中国陶器的制作技术是从中亚传入的，因此中国文化亦有可能是从中亚传入的。

1931年，中国学者梁思永发现了河南安阳的后岗三叠层，证明了仰韶文化、龙山文化和商朝文化一脉相承，未受外界根本性的影响，安特生也承认了这一点。1945年，夏鼐通过在甘肃一带的考古发现，指出安特生对于当地齐家文化的分期有误，齐家文化实际上并不早于仰韶文化，因此安特生的假说失去了实证支持。此后安特生本人也不再坚持中国文化西来说。不过，在20世纪20年代，"西来说"尚缺乏足够肯定的考古实证进行驳斥，而其假说的可能性又似乎存在，因此围绕该问题，历史教育者必须给予充分的重视和说明，以引导社会公众和教育系统的认知取向。

在针对"西来说"的诸多批判中，最具影响力的人物便是柳诒徵，以考据见长的柳诒徵曾编写过历史教材《历代史略》，该书完成于1903年，打破纲鉴的编年形式，从唐虞三代至明末，系统叙述历代史事沿革，是最早的一部近代新式中国历史教科书。针对"西来说"的批判则主要体现在他的另一部著作《中国文化史》中，他通过缜密梳理中国历史传统记述的源流，从史实和理论两个层面有力地否决了"西来说"的合理性。

综上所述，近代历史教育形成的民族、国家理论中的三个特点，共同组成近代历史教育的话语体系基础。第一是形成了以汉民族为主体的多民族国家观；第二是中华民族作为文化、政治共同体，具有强大的对外性质；第三是从传统民族观发展为国家民族主义的近代民族观指向性明确。同时，随着20世纪初期新史学运动的兴起，知识分子将国民(民族)视为历史的叙述主体，批判了传统的以王朝为中心的叙述体制。

第三节　历史学话语体系的近代指向

在讨论近代历史教育中的历史学话语体系与建构国民意识的关系之前，应考虑当时的时代背景，即近代中国的国民意识以现代性(Modernity)为中心构成，现代性是历史发展的主轴，这一点已经通过无数的近代思想史研究得到了证明。所谓的现代性是启蒙时代以来构成新世界的核心精神，是具有根本性、合理性和不可逆性的时间概念。现代性在推进民族国家实践的同时，也推进了国民国家的政治观和法治意识。这一过程中，自由平等的国民意识成为普遍价值观。以现代性为标准考察国家起源，最初的论述出现在托马斯·霍布斯（Thomas Hobbes）的《利维坦》书中："整个人类世界具有一种倾向性，即对权力有着无限的渴望，这只能以死亡来终止……因此人类社会一直存在'人人皆为战争'现象，这是人类社会的自然状态。人与人为了解决各种冲突，必须按照自然法则签订合同，即个人放弃自由并将其转让给权威组织，这是主权和人民的关系建构的基础条件，国民有服从国家主权的义务和责任。"以此为基础，约翰·洛克在《政府论》中修改了托马斯·霍布斯的部分思想。据洛克介绍，首先自然状态不是冲突性的，而是和平性的，因为存在缺陷，所以为了弥补这一缺陷，社会成员协商签订了契约，解决社会冲突的机构是政府，为了避免人类自身弱点对政府的侵蚀，就需要政府分权，其中的立法权是最高权力，与强调"主权在君"的王朝国家不同，现代国家理论中强调"主权在民"，由此现代国民的概念有三个条件：第一，国民在自己的国家里包括哪些地区和哪些人，第二，国民应该服从政治权威，第三，国民大体上站在平等的立场上参与他们的公共事项。

从清末开始中国知识界便对国家改革充满关心，中国知识分子对西方民主政治的理解从一开始就具有相当的时代特色。鸦片战争后首先系统介绍西方的是魏源，魏氏在鸦片战争前编辑《皇朝经世文编》，战后又将关心的重点转移至西方，编成《海国图志》，书中介绍欧美各国状况，其中已充分反映出其对共和制度的向往。

徐继畬在《瀛宝志略》中认为美国制度"创篇推举之法，几于天下为公，骏骏乎三代之遗意也"。由此可见，在接触西方民主政治制度之始，中国知识界就高度赞赏西方的制度，而这一认知萌始于近代中国屡屡遭受侵略和无力对抗的现实根源。他们表达的方法是将西方制度比拟"三代"时期"天下为公"的精神。其中，冯桂芬的见解最具有代表性。他在中国古代的历史中找到许多例子，认为这些想法与西方民主的理想相通，如官吏任免取决公议、古代乡亭之制即地方自治，他并主张以恢复旧制的方法来保障言论自由，使言者无罪而闻者足戒，以革除上下之情不通的弊病。他直率地指出西方政治的长处在"人无弃才""地无遗利""君民不隔""民实必符"等。他同样将泰西比作"三代",而且认为民主制度的重要功能是可以"通上下之情",使君民之间达到完善的沟通状态。

虽然,关于"共和制度"的思索和探讨早早展开,但是受制于清朝封建体制的钳制,这些内容在面向普通学子和民众的历史教育中无法显现。直至1912年辛亥革命之后,"共和制度"成为中国现行制度,讨论不再设有禁区,使得中国近代教育者的历史叙述可以围绕体现国家制度认同感的核心要点进行。特别是,1912年的历史教育的内容转变,则是摒弃君主专制思想,确立民主共和精神。这一点从民国元年南京临时政府教育部颁布的《普通教育暂行办法》中的规定可看出:凡各种教科书,合乎共和民国宗旨,清部颁行之教科书一律禁用。凡民间通行之教科书,其中如有尊崇清朝廷,应由各该书局自行修改,呈送样本于本部及本省民政司、教育总会存查。如学校教员遇有教科书中不合共和宗旨者,可随时删改,亦可指出呈请民政司或教育会,通知该书局改正。此外,南京临时政府教育部又电告各省都督,在高等以上学校规程尚未颁布前,愿照旧章办理,但是,"《大清会典》《大清律例》《皇朝掌故》《国朝事实》及其他有碍民国精神的科目需一律禁止"①。

受此影响,陆光宇在1924年出版的《白话本国史》中,对中华民国的民主制度大加叙述:最初,南京国民政府孙中山已经提出临时政府组织方案,并制定《临时政府组织大纲》和《临时约法》,规定中华民国是由中国人民组成的;中华民国的主权属于全体国民;中华民国的领土包括22个行省和内外蒙古、青海、西藏;中华民国由参议院、临时总统及法院行使统治权,这里的统治权可以分为立法、行政、司法三部分,参议院掌握立法,临时总统掌握行政权,法院掌握司法权,这就是三权鼎立的形制。陆光宇简单介绍中华民国的民主体制,并特别提出三权分立,这是教科书中首次提及的内容。② 现代国家精神的代表产物是宪法,为了强调宪政精神,吕思勉在《白话本国史》中着重引用了中华民国宪法,指出临时总统是由各省的都督代表选出,如果获得三分之二以上的票数,就可以

---

① 《教育部禁用前清各书通告各省电文》,《临时政府公报》第32号(1912年3月8日)。

② 陆光宇:《白话本国史》,上海:商务印书馆1924年版,第114~115页。

当选，各省代表限定为一张投票权，各省都督都派遣了 3 名参议员，派遣的方法由都督府决定，在国民大会成立之前，都督代表行使国民大会的职权，在实施《临时约法》后的 10 个月内，临时总统必须组织国会，国会选举由参议院决定，《临时约法》由国会制定。① 在历史叙述中大量描述当代国家体制，这体现出吕思勉史学思想中"历史与现实互为观照"的基本性格，也反映出近代史学思想的经世特点。

赵玉森认为中华民国是亚洲唯一的共和国，在他看来，亚洲有四个独立国家，一个是中华民国，其余三个是日本、暹罗、波斯，日本和波斯是君主立宪制，暹罗是君主专制国家，因此可以说亚洲的民主共和国只有中华民国。赵玉森认为共和国体是反君主制，因为中华民国取消了君主制，所以在亚洲各国中是最民主化的国家。赵玉森对中国的具体民主制度作了如下说明：中央官制是大总统作为行政元首，依靠国务院行使行政权；国务总理作为国务院的首领，维持行政的统一；政府由外交、内务、财政、陆军、海军、司法、教育、农林、工商及交通十部组成；参谋部计划所有军事，直属总统；地方都督治军，省长治民。不过，赵玉森也指出制度沿革存在历史连续性，海陆军兵制大致继承了清朝的制度，租税制度与清代印花税相似。针对民国初年内阁 9 年内更换 20 次，赵玉森认为选举制赋予国民中具有公民资格的人法定选举权，但民国很难实行这个制度，因此引发了南北的战端，这是没有贯彻宪法的缘故，消除这些风险只能寄托于未来。

虽然，目前中华民国的民主制度存在问题，但赵玉森主张解决这些问题以"全体国民的未来福祉"为目标，对民主制度持乐观态度。赵玉森认为，支持民主制和反对君主制的意识是现代国民必要素质。不过，从世界历史发展过程来看，君主制和民主制本来不是相互排斥的。赵玉森炫耀性地叙述共和制，是为了向读者传达共和制优越感，并将"民主"理念化。为此，赵玉森指出中国的民权和共和国体不是近代出现的，而是具有历史传统。中国的历史分为共和制和君主制两个发展方向。民权和共和制赋予了历史进步的意义，但君主专制和君主政体

---

① 吕思勉：《白话本国史》，上海：商务印书馆 1924 年版，第 855~860 页。

具有反动意义。赵玉森为了以进步价值观解释"共和制"，试图以君权遏制民权、扬弃人民自由平等为中心进行叙述。他指出了秦始皇的四大弊端：第一，愚民政策，用皇权发动焚书坑儒，剥夺了人民的讲学思维和言论自由；第二是弱民政策，人民丧失了治安保障和居住自由；第三是殚竭民力，对民间人力资源过度榨取；第四是草菅人命，无视法治精神，随意处置人民生命。他认为，秦始皇的暴政最终导致了平民革命。陈胜、吴广起义与传统政治事件不同，这是第一场平民革命，超越了王朝交替，赋予了民权和君权相互对决的意义。① 赵玉森认为，共和民国的成立是民权成长的结果，也是历史发展的必然结果，"共和国是由 4 亿人民组成的"，因此，在中国历史变迁过程中，中国的传统性得以维持。特别是，中国几千年以来一直以礼教立国。在君主时代，君臣、父子、夫妻、长幼、朋友分别遵从礼教。虽然现在已经实现了民主化，君臣关系已经消失，但国家对全体国民的威严与君主的威严相比更加隆重，从元首到平民，在国旗下，没有不鞠躬之人，因为国旗是全体国民的代表。赵玉森认为，礼教大纲从以前到现在都没有改变，只是认识方式随着时代变化而产生变化，即这种叙述方式将军权专制和民权民主设定为双线历史，民权、民主政治、共和国体等现代概念都合理地编入"传统"，当代历史与过去历史联系在一起，并反复提出二者的相关性，从而强化中国作为共和国的正当性。另外，他不认为国体交替是历史的中断，中国是几千年的专制帝国，现在变成共和的民国，实际上是先民和同胞依靠合作完成的结果。②

对于近代国体交替中遇到的国民意识再构问题，吕思勉持有相似的视角，他指出中国人反对清朝时有两种思想，首先是种族主义思想，其次是民本思想。这在中国历史上一直保持了很长时间，本来中国人把皇帝看成公仆，皇上做得好的话，可以得到承认，做得不好可以赶走皇帝。但事实上，由于没有考虑限制君主权威的方法，其只能是一种梦想。如果与西方人接触，沿用他们的政治组织，结合固有的思想，这可能会让梦想变为现实。所以，在庚子之乱之后，革命和立宪两种思想有了很大的发展。吕思勉认为国民意识的核心要素是"传统"，由此提

①　赵玉森：《新著本国史》，上海：商务印书馆 1922 年版，第 169~171 页。
②　赵玉森：《新著本国史》，上海：商务印书馆 1922 年版，第 253~254 页。

出了民本思想。值得注意的是，民本思想的核心"以民为本"不同于近代的"民权思想"，前者指的是统治者责任，而后者强调的是人民的权利。吕思勉通过民本思想叙述中国人原来就拥有民权，这是平民革命的重要体现，相似内容在其他教科书中也以大同小异的方式出现。

毫无疑问，近代中国教育界蔓延着革命和复兴的乐观精神，教育者对于共和制度充满信心，他们连篇累牍地讲述：共和实现，中国可以日臻富强。这种乐观精神又汇聚为关于历史大潮的认知，即共和是一种世界历史的潮流，不是人力所能转移，只要顺着这个潮流去做，便自然实现共和。所以，当中华民国成立之后，他们对象征共同体的国家制度抱有高度的认同感。另外是对民族国家和民主制度的统一性的认识。法国大革命时期，西耶斯就国民意识表示："可以说所有公共权力都起源于公意，起源于人民，或起源于民族。"①如果说民族国家的主旨是主权赋予公民的组织形态，那么民族国家和国民国家则是同时出现的。例如，19—20世纪接连出现的意大利革命、波兰革命、德国革命、希腊革命及亚洲地区的土耳其革命、中国的辛亥革命等近代市民革命具有民主主义和民族主义无法分割的性质。英国哲学家约翰·斯图尔特·米尔（John Stuart Mill）表示，在民族感情强大的地区，有必要将同一民族的人置于一个政府的统治下，他们将政府视为自己的政府。因此，在某种情况下，民族身份和公民身份可能看起来是一样的。②

对此，当代学者沟口雄三曾进行了说明：首先，原有的国家概念是指王朝或朝廷，但是，从清朝末期的某个时期开始，出现了国家的灭亡和民族的灭亡等亡国、亡种、亡民的危机意识，以这种危机意识为媒介，国家的概念包括民和族，围绕中国是清人的朝廷，还是汉民族的国家，国家的主权是君主还是人民，时人对此开始了讨论，因此，在君主的中国和中国人的中国、朝廷的私国和国民的公国等君国和民国的对立结构中出现了民权意识。在民族国家和公民社会统一的目

---

①　John Stuart Mill. Consideration on Representative Government [M]. Adamant Media Corporation，1982：35.

②　Charles Taylor. The Malaiseof Modernity [M]. House of Anansi Press，2001：49-59.

标的集团意志改造过程中，国民意识不能分割，反而有机地结合在一起。① 沟口雄三所指的"转变"，可以理解为近代中国国民意识的形成具有结构性和统一性。

在近代中国，改造君主制被认为是民主和民族思潮的统一目标。但在这里需要注意的是，在国民意识的构成上，国家面对民族具备了更加现实的能力。如果说民族是在范围广的世界里定义"中国"，那么国家就是从社会内部构成的角度来定义的。从后者的国家和个人之间的相互关系来看，"国家"是具体的集体意志，可以根据全体国民意志以某种方式具体化表达。因此，近现代中国通过民族和民主历史叙述，将具有内向性和外向性的国民意志统一为对国家的认同感。对于包含国家、社会、个人和民族等要素，构成现代国民意识时存在的关联性的讨论，不仅要关注制度的认同感，还要关注本质问题，即对"国民"的定义会以何种方式具体化。

考虑到时代背景，现代国家是随着民族主义兴起而出现的政治现象，与古代城市国家或中世纪、近代帝国等政治集团不同。探索并归纳其结构、本质、意义的近代中国知识分子，在用各种因素引导出与国家正当性相关的国家的目的性、引入国民意识时，不得不重视国家的向心力。作为将民族、国家及现代化的愿望潜藏在国家主义框架内的浪漫主义国家理想，其意图是有效地唤起国民对国家的认同感，这是构成近代民主制度特征的最重要的因素。实际上民主主义是制约国家主义、追求国家合理性的正途。但是，中国近代知识分子在叙述国家和社会相关性时，不得不考虑民族国家的主体性，因此赋予共和制度传统的道德性，从共和国体的政治立场出发，以接受国民意识并引入国民意识为目的，最终国民意识变成了附属于国家主义的意识。作为现代社会所需的民主制度实际上隐藏在国家的认同感之下，这种结构性在国民意识中清晰地体现了出来。由此可以看出，近代中国转型期国家和社会异步发展的历史面貌反映在思想层面，而知识分子所努力追求的正是通过再释与再构，最大可能保持社会与国家的发展同步，而具有现代指向性的历史话语体系便在此过程中逐渐形成和完善。

---

① 沟口雄三：《中国的公与私》，北京：三联书局2011年版，第171~172页。

小　结

国民意识是近代历史教育传达的重要内容，从对国家与民族的认同感出发，强调在近代中华民族、国家危机中，个人要对国家、社会承担起责任。而近代的历史教育过程则不断强化了国民意识中的国家主义倾向。现代教育是现代化的重要手段，在传播过程中对中国发挥过巨大影响力。但是，由于近代中国历史教育所处的特殊内外环境，想要传达给国民的教育思想与西方的现代教育思想相比，出现了本土化的转变。特别是近代中国的知识分子在认识到近代危机的同时，也站在了相似的立场上，即以国家视角，不断强调民族、国家的认同感，认为本国是帝国主义的受害国，产生了救国意识，这给我们提供了一种从现象论视角审视历史学话语体系的途径。

在历史教育中，近代知识分子以西方文明、进步为代表的普遍价值观和世界观及自律道德观作为"救国的工具"，而国家本身也被抽象化为"救国的组织"。从现代中国的历史教育层面来看，处于国民意识中心的近代危机主要意味着对国家的认同感危机，在费正清提出的"冲击-反应"理论中，中国的近代危机意识是由外部冲击引起的，在近代危机下发生的国家民族主义诱发了对国家的认同感，通过复线的历史叙述形成了统一的集体意志，最终对国家的认同感发展成为国家的向心力。但是，在近代中国国民意识构成中，产生更大影响的并不只有外部受到的危机意识，还包含着传统封建国家转变为现代民族国家的过程中出现的内部危机意识，而且社会内部认同感危机还是非常明显的。也就是说，所谓叙述指向的不同是近代中国内部制度、思想和意识形态等分裂因素，削弱了对国家的认同感，也削弱了历史学话语体系建设的导向性。直至新中国成立之后，这一局面才得以完全改变，历史学话语体系建设紧密围绕着党和人民的伟大事业展开，使得社会和国家融合为统一的叙事整体。

第六章

20世纪20年代历史教育界对公众
历史学话语体系的探索

1920年代，世界史教育的出现，为当时社会大众带来了新的世界观和价值观体验，也为国际主义和社会主义思潮兴起提供了生长土壤。而1928年以后的历史教育中革命史观的强化，其本身便为社会主义和马克思唯物主义史学融入中国的现代历史教育提供了逻辑通道。综上所述，通过对近代历史教育的考察，在很大程度上将有助于我们理解历史学话语体系建设的来龙去脉以及其所具备的时代意义与理想价值。

第一节　历史学话语体系对"革命"的纳入

"革命"是表达意识形态指向的重要内容，意识形态是以"大众"为基础构成的共同的"价值指向"。人类社会最初可能被视为没有社会组织、风俗、习惯、规则和道德、身份、政治机构的"无意识集团"，而当拥有"我者"意识的集团产生并不断扩大，意识形态才变得重要且具有影响力。因此，意识形态和国家、民族有很多交点，但民族主义不能完全包含意识形态。随着1928年国民党革命化教育的开展，国家主导型历史教育中出现的所有意识形态最终都倾向于国家主义、民族主义的价值标准，最终影响到当时历史教育的叙事结构和话语体系。

早在晚清，中国知识分子便对国家制度建设进行了大量思考，而这些关于政治制度的思考与主张反映在晚清时期的历史教科书中，最突出的价值取向便是

"忠君爱国"，而"革命"被贬斥为"叛乱"。同时，1904年初清政府颁行《奏定学堂章程》要求："其要义在略举古来圣主贤君重大美善之事，俾知中国文化所由来及本朝列圣德政，以养国民忠爱之本源……其要义在陈述黄帝尧舜以来历朝治乱兴衰大略，俾知古今世界之变迁……尤宜多讲本朝仁政，俾知列圣德泽之深厚，以养成国民自强之志气，忠爱之性情……先讲中国史，当专举历代帝王之大事，陈述本朝列圣之善政德泽，暨中国百年以内之大事；次则讲古今忠良贤哲之事迹，以及学术技艺之隆替、武备之弛张、政治之沿革、农工商业之进境、风俗之变迁等事……凡教历史者，注意在发明实事之关系，辨文化之由来，使得省悟强弱兴亡之故，以振发国民之志气。"

根据这一要求，1904年，姚祖义编写的《最新中国历史教科书》将清王朝发生的一切农民起义现象皆指斥为"匪""贼""盗"，用以表达"忠君"观念，例如"白莲教之乱"和"天理教之乱"两节对农民起义大加批判，斥之为乱臣贼子。1909年，汪荣宝编写的《中国历史教科书》则贯彻"忠君"观念，该书以开创时期、全盛时期、忧患时期介绍清朝历史，对清朝历代君主开拓疆土、平定内乱和发奋图强事迹大加赞誉，如准噶尔之膺惩、西藏之平定、康熙之政要、青海及准部之叛乱、雍正之内治及外交、准部之荡平、回部之征定、苗族之剿治及西南诸国之服属、乾隆之政治，强调学生应时刻铭记忠君之意识。清朝学部对此书颇为肯定，称赞其"钩元提要，本末悉贯，大有裨于掌故之学"。书中涉及农民起义的事件则完全以王朝立场极力批判，例如白莲教事件："乾隆六十年，发难于湖南贵州间之苗民，越明年嘉庆改元，而湖北四川白莲教匪纷然继作。九年之间蔓延五省之地。同时东南沿海有海贼之乱，戡定未几，而河南山东直隶间有天理教匪之乱，二十年中群盗如毛。"此外，"尊孔"为代表的文化保守性在这一时期的教育内容中多有表露。

1904年《奏定学务纲要》规定："中国之经书，即是中国之宗教。若学堂不读经书，则是尧舜禹汤文武周公孔子之道，所谓三纲五常者尽行废绝，中国必不能立国矣……无论学生将来所执何业，在学堂时，经书必宜诵读讲解。"1906年，《奏陈教育宗旨折》强调："各国教育，必于本国言语、文字、历史、风俗、宗教而尊重之保全之，故其学堂皆有礼敬国教之实。"受此影响，夏曾佑在《最新中学教科书中国历史》中写道："孔子一身，直为中国政教之原，中国之历史，即孔子一人之历史而已。"而其他历史教育者对于孔子之推崇也是无以复加的，如李岳瑞称"孔子，吾中国政治教育哲学家之第一人"；陈庆年称"孔子之道永为中国政教根本"；赵钲铎称"其学说以孝悌为立身之本，以忠恕为处世之方，而任事则重仁，德言治则主尊君。实为二千年来政治教育之根源"。当然，"尊孔"并非完全出于对文化精神的考察，还隐藏着清政府笼络民心、安稳局势的政治意图。正如赵钲铎所言："尊君为儒家要义之一，故'忠君'与'尊孔'并为现今教育之宗旨。"

不过，随着中华民国的成立，清朝所强调的"忠君""尊孔"在很大程度上已经剥离其原生的政治话语土壤，新的教育主旨和教育内容应运而生，"革命"成为新政府的思想来源，深入教育内容和教育体系之中。特别是南京国民政府成立后，首先围绕教育改革开展工作。接着，现代教育系统之义务教育、特殊教育、专业教育等相继组成。1928 年《教育主旨》颁布后，政府对教育的主导力持续加强，以国家统一和确立当局体制为契机，国家主义成为教育的核心思想。其中"革命"在民族主义和其他意识形态之间起到了媒介作用。因此，革命化教育的起点可以看做 1928 年的教育主题，即通过教育发扬民族精神，提高民权思想，推进民生幸福，实现世界大同。革命化教育也是制度革命化、教育方法革命化的教育，确立革命人生观，培养革命人才。①

1927 年，国民政府教育行政委员会命令全国各地书店限期采用新学制国语、公民、社会、常识、历史、地理各种教科书，教育目标进一步明确为"符合三民主义教育宗旨"。这是国民政府教科书审核的开始。同年，大学院代替教育行政委员会成为最高教育行政机关，并于其下设书报编审组，专门审核教科书。大学院公布《教科图书审查条例》：中小学教科用图书，非中华民国大学院审定者，不得发行或采用教科书，以不违背党的主义及精神，符合教育目的、学科程度及教科体裁者，为合格。《条例》明确地列出"不违背党义、党纲和精神"作为教科书审核的首要条件。1928 年，大学院改为教育部，其下设编审处，职掌教科书

---

① 《中华民国史档案资料汇编第五辑·教育》，南京：凤凰出版社 2014 年版，第 1~3 页。

的编审，之后接连公布《教科图书审查规程》及《审查教科图书共同标准》，作为审定教科书的规范文件。《教科图书审查规程》首先明定，学校所用之教科图书未经国民政府行政院教育部审定，不得发行，并在《审查教科图书共同标准》中，具体规定教科书的内容，如关于教材之精神者，必须适合义、适合情、适合时代性，关于教材内容的要求："内容充实、事理正，切合实用。"对于教材编写要求："全书分量适宜，程度深有序，各部重适度，条理分明，标题醒目……能顾及程度之衔接，能顾及各科之联络。"国民政府对教科书的名称也予以规定，例如命令出版机构删除教科书封面的"共和国""新主义"类字样，另行标明"书名""某学校用"及"教育部审定期"等项目。除了格式外，国民政府对于教科书的内容，也随时以命令指示添加或删减。1929 年，指示教科书中须加入拒绝毒品的教材；1930 年，指示各书局编撰小学教科书时，须补入"中东路惨案"以昭警惕；1931年又指示编辑教科书时须编入"总理格言"等。

总体而言，南京国民政府的教育主旨比前一时间段更为注重现实，三民主义和革命化教育等国民党的党章内容被引入教育。在南京国民政府主导下，现代教育体系得以完善，随着教科书的审查制转变为国政制，政府牢牢掌握了教育事业。因此，社会主导型历史教育在 1928 年以后变成了国家主导型历史教育。在此过程中，政府意志影响了国民意识，其中最具代表性的是革命化教育。特别是近代革命化教育主要以国民党的党化教育政策为中心展开，国民党对意识形态的认同成为政府对人民的要求。1928 年《教育主旨》修订后，南京国民政府以"革命化教育"为理念，明确表明了将党的教育正当化的意图，因此历史教育的性质发生了巨大变化。

舒新城对"革命教育"做出解释，指出中国经历过多次革命失败，思考革命失败的原因，是因为民众实际上并不重视革命，政府实施扶助工农的政策，并在教育方面予以倾斜，这是国民党与教育建立关系的起点，与从民生主义出发，从蔡元培的世界观出发的理想主义教育不同，党化教育比较现实，但是政治教育并不是把统治者的意识形态全部灌输给社会成员，而是要结合社会现实，推进实际的社会活动。在社会内部，革命化的教育具有打破不平等的社会组织、实现政治革命和社会革命的功能。党化教育的积极意义是教育的革命化、人格化、民众化、社会化、科学化。民族主义教育目标是培养民族精神，拥有民族力量，恢复民族地位。民权主义的教育目标是培养国民的民权意识，培养民权利用的智能。民生主义教育目标是理解事业进化原理和提高实际生活水平。①

一般认为，"革命"的概念从根本上是让现实固有的社会政治秩序发生隔绝。卡尔·马克思认为，随着社会生产力达到一定阶段，一直存在的生产关系或财产关系出现了矛盾，后者限制了前者，所以才会发生革命。但是，关于近代中国是否具备类似社会革命条件的疑问，至今仍是学界争论焦点非常尖锐的论题。对此，杰克·戈德斯通（Jack A. Goldstone）通过比较近代各国的革命，指出"革命"是"复合危机（Multiplecrises）"中出现的现象。即虽然可以从政治、经济、社会制度、人口问题等多种角度分析中国的革命，但本质上可以说，外部（国际）危机中发生的近代民族主义和反帝国主义是近代市民革命的核心。② 因此，为了实现革命的正当性，反帝国主义为核心所构成的历史教育内容，成为近代历史教育所具有的特征。

应功九在近代中国殖民地化的过程中，阐述了革命发生的必然性，即鸦片战争之后，中国的外患日益严重，清朝屈从于列强的威胁，没有抵抗，因此，国内志士被革命先觉者孙中山先生引导，投身救国运动，在政治方面主张共和政体，经过多次尝试，清朝在武昌终于垮台了，持续了几千年的专制政体被消灭了，中国开始成为民主国家。按照应功九的看法，辛亥革命以前的历史脉络清晰可见：列强的侵略、政府的无能、革命的爆发构成历史的因果关系，革命的正当性也由此成立。与之前的教科书相比，应功九没有强调"民权的发展"，而是以"革命史"作为历史主轴，以"反帝国主义革命"为主线构成近代史内容。他指出，中国本来就是天朝上国，从周秦时期便形成高度文明，在与落后的民族或国家接触时，养成了自大的性格，直到近代雄视东亚的中国在门户开放政策下艰难地苟延残喘，国际地位下降，成为次殖民地，反观俄罗斯改革、日本维新、法国大革命、德国和意大利的统一、英国的工业革命等都取得了巨大成功，在他国日益提

---

① 舒新城：《近代中国教育思想史》，上海：上海中华书局1928年版，第379~383页。

② Jack A. Goldstone. Revolution and Rebellion in the Early Modern World [M]. University of California Press, 1993：15.

高的时候，中国却没有前进，与列强相比，中国已经落后许多。因此，他倡导中国人应立即就弥补失误做出思考和判断。

应功九由此提出"革命"对于中国的必要性，以及革命目的的正当性，并且将表述的中心内容围绕"革命先觉者"孙中山展开。

之所以强调孙中山的革命历程，是因为在革命化教育内容中，辛亥革命被视为革命的第一阶段。从1919年孙中山将中华革命党改造为国民党，主张"实行国民革命的三民主义是中国唯一的出路"开始，中国革命进入了第二阶段。应功九认为，虽然国民革命经历了几十年的反复，但相信元首和三民主义，就仍抱有希望。与之前的教科书相比，应功九没有强调民主思想和共和制度，而是强化了三民主义革命思想，以孙中山的事迹为中心，将其形象化为"革命英雄"，而且"革命"正如前面所叙述的那样，意味着社会政治的本质性变革。但是，由于教育内容以政治革命为中心构成，未能将反帝、反封建的革命性质有机融合起来，对社会革命的叙述内容不足，这不言自明地体现了教科书的政治目的性。

通过构建革命史，虽然强化了对国家的认同感，过度要求现实性却造成了历史学识能力下降，这也是不争的事实。1934年，吴晗在《独立评论》杂志发表《中学历史教育》一文，借由清华大学入学考试成绩中，历史成绩的低落，来检讨中学历史教育失败的原因。此文发表后，在学界引起广泛影响，对历史教育的讨论也一时蔚然成风。当时，许多人认为师资、设备、试题及教本不良，都是造成中学生历史知识不足、历史教育成效低落的重要因素。学者们的分析大致可分成以下几个方面：一是部分教科书内容有误；二是编辑不当，陈陈相因，拉杂成书；三是教科书不合时宜，未能符合历史教学目标；四是初中、高中历史教科书内容雷同；五是中外历史混编等。同年，张荫麟针对学术界轻视历史教科书编写的倾向，在《大公报·史地周刊》发表文章《关于"历史学家的当前责任"》，张荫麟认为："学生们国史智识之低，良好的国史课本之缺乏要负很大的责任。拿中学来说，要使全国的中学都得到理想的历史教师，那是绝对不可能的，无论教育进步到什么程度；但创造一部近于理想历史课本，供全国的中学采用却比较的容易。而且有了引人的课本，即使没有很好的教师，大部分学生也容易得益。但没有好的课本，便是很好的中小学教师，也要感觉巧妇在无米作炊时所感觉的困难。"张荫麟在文中还提出编纂史学课本"是不能也，非不为也。因为将系统的历史知识怎样通俗地表现出来，不是一件容易的事情。这种工作不仅需要局部的专精，而且需要全部之广涉而深入"。此外关于历史教学中，地图绘画、模型和历史遗物等的使用；从小学、初中、高中到大学历史课在各个阶段如何统筹规划等，张荫麟在文中都有所涉及，其对历史学的教材建设，无疑是有积极作用的。张荫麟强调编历史教科书的标准有四：（1）新异性的标准，史事上有"内容的特殊性"，可显示出全社会的变化所经诸阶段，在每一阶段之新的面貌和新异的精神者。（2）实效的标准，史事上直接牵涉和间接影响于人群之苦乐者。（3）文化价值的标准，即真与美的标准文化价值愈高者愈重要。（4）现状渊源的标准，追溯史事和现状之"发生学的关系"，而不取过去史家所津津乐道的"训诲功用的标准"。

史学与现实互为观照在十四年抗日战争时期达到高潮，1937年"七七事变"爆发，钱穆仓促地从北平撤离至西南大后方，教学多年来的大量教材悉数失散。值中国面临国家存亡时节，钱穆有感于中国国运缥缈，尽管他本身相信中国会赢得胜利，但也对中国的命运抱持最坏的打算。钱穆在云南乡下的偏僻之处写下《国史大纲》，他是抱着"中国人写中国最后一本史书"的心情而著，盼若中国不幸败战覆亡，至少留给后人一本中国史书，让后人知道中国的历史及文明成就，激励后人复兴中国之心。

钱穆认为，中国文明和西方文明不同，看待中国历史不能全然照搬西方的视角，换言之，中国不应学习西方，而是以自身历史演进为基础，独立发展自身的文化特色，并从中寻找中国理应前往的方向。

在钱穆看来，盲目学习外国，不一定能摄取其原力，反而有可能感染其原病，最终成为国家发展的阻碍。因此，要复兴中华，还是必须重新激发中华固有之"文化"，而中国作为一个文明古国，钱穆对其更生力量充满信心，"虽然，无伤也。病则深矣重矣，抑病之渐起，远者在百年、数百年之间，病之剧发，近者在数年、数十年之内。而我民族国家文化潜力之悠久渊深，则远在四五千年以上。……终必有其发皇畅遂之一日"。

近代历史教育在国民意识中引入国家意志，实际上成为引发新思潮的导火索，这一点无论是清政府或民国政府在教育主旨制定之初都未曾预料到。

第二节　世界史教育与历史学话语体系的完善

世界观，即人类对世界的认识。从广义的概念来看，世界观是因众多意识同质化而合并的系统性自然观、政治观、社会观、经济观、物质观、历史观等多种认识论的集合体，而且，世界观具有实践性。因此，蔡元培在现代国民意识教育中指出了世界观的必要性：虽然人是一个世界分子，绝对不能脱离世界，但是不全面考察客观世界，就无法获得所谓的完整的世界观，所有分子必然具备整体的本性，但是分子会因为时间和地理而出现很多特性，除去所有分子的特性，即可以产生整体的本性。人作为一个世界分子，他的意志所接触的只有世界分子，因此，意志是所有世界分子的共同性，这便是世界的本质。①

1918 年时任北京大学校长的蔡元培在为《中国古代哲学史大纲》作序时写道："我们今日要编中国古代哲学史，有两层难处。第一是材料问题：周、秦的书，真的同伪的混在一处。就是真的，其中错简错字又是很多。……第二是形式问题：中国古代学术从没有编成系统的记载。《庄子》的《天下篇》，《汉书·艺文志》的《六艺略》《诸子略》，均是平行的记述。我们要编成系统，古人的著作没有可依傍的，不能不依傍西洋人的哲学史。所以非研究过西洋哲学史的人，不能构成适当的形式。现在治过'汉学'的人虽还不少，但总是没有治过西洋哲学史的。留学西洋的学生，治哲学的，本没有几人。这几人中，能兼治'汉学'的更少了。"根据蔡元培的主张，可以说世界观具有普遍性、超越性的性格。但在中国传统的世界观中，世界史始终隶属于中国正史。因为中国被认为是世界中心，传统的正史体制根据礼制视角，以各国与中国的关联性决定亲疏，所以在世界史叙述中不能全面客观地做出评价，存在地理概念、外交思想、对外开放、对其他民族和国家的认识不足等问题。

辛亥革命以后，国家、社会发生剧变，以中国为中心的天下观崩溃，确立现代世界观变得尤为重要，由此发生的革新性变化使世界史教育体系得以重新构

---

① 《蔡元培全集》(第二卷)，北京：中华书局 1984 年版，第 288 页。

建。陈衡哲对普遍价值体系对"世界史"教育的意义进行了说明，指出学界研究范围仅限于西方各国，但人类的历史具有"普通"和"特别"两种性质，特性是任何人或国民所专有的，普遍性质是人类共有的。因此，可以通过研究人类的一些历史来理解其他一些人类。[1] 另外，从近代世界观来看，受"进化史观"的影响，与西方文明相比，中国带有落后一级的距离感。因此，蔡元培主张，必须遵循西方的进化法则。[2] 陈衡哲也主张，人类从野蛮进化到现代文明的过程是历史过程，以背景和因果关系为中心展开历史研究，旨在培养学习者对现代社会出现问题的解读能力。[3]

同时，作为近代的民主共和国，关注国体，以西方文化，特别是民主思想的发展为中心进行教学，这是在世界史教育中出现的一个新特征。傅运森在《世界史》中对欧洲民主思想的起源地希腊进行描述，认为希腊的文化与东方古国完全不同，在政治方面，东方诸国几乎都是帝王专制，而希腊建立国家之后，国民始终拥有参与政治的权利，雅典的民权特别发达，人人享有自由平等。在宗教方面，除波斯外，东方国家宗教崇拜的神大多为禽兽或半人半兽，令人恐惧，希腊崇拜多神，阿波罗以美男形象出现，是诗歌音乐之神；雅典娜是战神，以美女的形象出现，聪明伶俐。因此，希腊的神并不让人害怕，而是美丽且可爱。祭祀时，希腊人聚在一起举行大会，组织运动比赛和娱乐，比东方宗教的祭祀活跃多了。[4] 傅运森对欧洲文明持非常积极的态度，将欧洲文明发达的基础视为民主思想，相反，他认为由于东方文化没有民主思想，只能视为野蛮。很明显，这是为了暗示中国文化内部的民主元素不足，而造成了近代落后的局面。当然，以民主思想为标准，判断文化优劣的立场显然具有时空局限性。

为了补充民主思想和普遍价值，与中华民国的革命过程具有相似点的"法国大革命"，在教育内容中被设定为值得肯定的对象。周传儒在他的《世界史》中，高度评价了法国大革命。他认为大革命的主要原因有：君主剥夺民权；宫廷奢侈

---

[1]　陈衡哲：《西洋史》，上海：商务印书馆1927年版，第9页。

[2]　《蔡元培全集》（第二卷），北京：中华书局1984年版，第289页。

[3]　陈衡哲：《西洋史》，上海：商务印书馆1927年版，第7页。

[4]　傅运森：《共和国教科书·世界史》，上海：商务印书馆1920年版，第18~19页。

和战事频繁，财政负担过重；贵族和神职人员享有特权，平民负担沉重；孟德斯鸠、卢梭的自由平等思想深入人心；美国独立战争产生的影响。而近世改革的成功和旧制度的灭亡，在法国早就开始了。德国、俄罗斯、奥地利虽然抛弃旧制度，制定了新法，但效果并不明确。直到 1789 年为止，通过大革命消除了国内所有的旧制度，实现了自由平等，法国才逐渐走向繁荣。① 中国在辛亥革命以后，为了以"国民团结"为目的，确立统一的社会价值观，不得不将民主思想设定为历史主轴。

根据国民政府颁布的 1928 年的《教育主旨》，教育部制定了《初级中学历史暂行课程标准》《高级中学普通科本国史暂行课程标准》和《高级中学普通科外国史暂行课程标准》，使得历史教学的内容发生重大调整，如高中阶段的课程内容涵盖学生对基本历史知识的掌握，以及关于历史意识的培养等，"实证主义"贯穿于课标全部要求。历史教育的主旨变得更为清晰明确："研求中国政治经济变迁的概况，说明近世中国民族受列强侵略之经过，以激发学生的民族精神，并唤醒其在中国民族运动上责任的自觉。研求重要各国政治经济变迁的概况，说明今日国际形势的由来，以培植学生国际的常识，并养成其远大的眼光与适当的国际同情心。但同时仍注重国际现势下的中国地位，使学生不以高远的理想，而忽忘中国民族自振自卫的必要。"

为了适应要求，世界史教科书的编纂工作进入了新的发展阶段。1931 年，杨人楩编写的《高中外国史》在上海北新书局出版，后在此书的基础上曾多次修订、再版，是 20 世纪 30 年代在我国有较大影响的世界史教科书。杨人楩强调，该教科书的内容，以欧洲的历史为主，没有中国历史的内容，但他认为，在讲授时，应当提醒学生的脑子里时刻有中国。他将这个观点写入该书的《序言》中，意在强调这个问题的重要性。② 因为学习的内容尽管是外国的历史，但学习者是中国学生，应当在学习过程中形成"中国立场"和"中国观点"，讲外国史但不脱离中国的历史与现实，讲历史但注重现实的优点和特点。杨人楩认为，欧洲历史发展的主线，一是"人的发现"，二是"国家的发现"。他高度评价欧洲文明对人

---

① 周传儒：《世界史》，上海：商务印书馆 1926 年版，第 38~39 页。
② 杨人楩：《高中外国史》，上海：北新书局 1934 年版，第 1~5 页。

类的贡献，如18世纪法国大革命所倡导的"自由、平等、博爱"，可视为"人类共同的遗产"。他分析了欧洲帝国主义列强产生的原因，认为它是欧洲国家主义极度膨胀的结果。杨人楩坚持历史与现实相互观照的意识。他认为"世界近代史与我们现代生活关系密切"，因此，需要对第一次世界大战后的历史给予更多关注。在"战后之世界"一章中，他写道："大结束已经十五年。虽然是这么短促的一个时期，可是它离我们这样近，一切事变之影响与我们现在生活是这样密切，我们不得不多费一些篇幅来记载。"在20世纪30年代，帝国主义诸列强中对中国威胁最大的是日本，因此该教科书对"一战"后的日本有详细介绍，通过对其政治经济和外交诸方面的深入分析，使学生对日本的历史和现实产生较系统的认识。该教科书认为，"日本近几十年来的外交，以对华最为重要"，书中特别提出与日本侵华有关的"二十一条"、五卅事件、阻挠北伐、九一八事变和与美国争夺太平洋等史实。在分析了20世纪二三十年代日本政治制度的特征时，作者明确指出日本军国主义势力的迅速发展，如1932年犬养毅遭暗杀，为日本法西斯势力抬头之时，作者还指出："法西斯势力在(日本)民间也有所弥漫。"

　　杨人楩在《高中外国史》的《结论》部分，先后叙述了"大西洋时代"和"太平洋时代""地中海时代""印度洋时代"。作者认为，初中的外国史是按照上古、中古、近世和现代四个时期来写的，而本书则是以"史迹"为单元来写的。本书虽然是一部关于外国史的教科书，但作者在《结论》部分，对中国历史给予了高度关注，文字虽然不多，但多是厚积薄发、画龙点睛之笔。一些观点自然有可商榷之处，但仍给人留下了深刻的影响，给人以深刻的历史启迪。例如，在"地中海时代"中，作者写道："拿这个时代的中国文化来对照，也可得到相仿佛的结论。物质享用及社会组织周初时已很完备，到了与罗马同时的汉较之罗马实毫无愧色。先秦时代的学术，亦可比拟于希腊的黄金时代的文化。"关于中西文化的交流交融，作者也有生动的描述："中外文化……到了相当时期便起了沟通的作用。亚力山大(亚历山大)之东征，留下了不少西方文化的足迹；代之通西域散布了很多中国文化的种子。印度佛教的广播，在人类智慧生活中又添了一大因素。中外文化交汇的结果，不仅双方的生活方式发生了相当变化，更在交汇的中心，形成了一种东西混合的文化。"

杨人楩认为，中古时代由地中海时代转而为印度洋时代。当欧洲停滞时，亚洲的回教徒却异常活跃，先后有阿拉伯人和土耳其人，尤其以阿拉伯人最为重要。而"能以阿剌伯(阿拉伯)人比拟的，这时只有中国。经过比较衰乱的魏晋六朝以后，便是唐代的盛业。唐代不仅发展中国固有的文化，而且光大了外来的佛教；不仅在本国称盛一时，而且开导了朝鲜和日本。五代虽称黑暗，但为期甚短；两宋固不及唐代之盛，然在文化史上亦有其相当地位"。在本书中，"大西洋时代"被认为是一个最活跃的时代。因为在作者看来，近世史是现代文化的准备期。只要探究近世史的几个主要运动，如文艺复兴、新航路开辟、工业革命等，便可了然一切。与此同时，还存在着民治主义、民族主义与帝国主义三大潮流。结束旧时代的法国大革命有多方面的意义。作者将中外历史结合起来，在对外国历史的叙述中，表现出强烈的对中国现实的关注，对此应给予充分肯定。"太平洋时代"是世界现当代的历史，从作者写作的时间算起，也不过是几十年的历史，但作者认为："但因其为现代人之活动，与我们日常生活息息相关，故须特别重视。"作者在叙述日本、美国、俄国与太平洋的重要意义时，也谈到了中国。作者强调，中国当然是太平洋上的一个"重要分子"，"中国民族是否能尽其所应尽之责任，全在我们自己之觉悟与努力。就以往的几十年而论，我们应该说声'惭愧'！列强都已没有内战，而我仍几乎整天在内战。对于现代文化之特征——自然科学，我们并没有什么贡献。政治上的纷乱，经济上的落后，社会上的不安定以及学术上的迟缓，使中国做了帝国主义的牺牲者；这只能怪我们没有肩起伟大民族所应有的负担"。

1929 年，何炳松的《外国史》出版，书中叙述了近代社会贫富分化及劳动者不平等的情况，并指出造成这一切的根本原因是资本主义，虽然资本主义内有劳动法或工人运动等改善方法，但完全解决这些问题的方法只有社会主义革命。社会主义者在产业革命之后会反击私人资本的弊端。何氏认为财富除了从资本家手中转移到国家或地方之外，没有其他方法可以改变，社会主义者主张的理想社会是"合作共和国"①。

---

① 何炳松：《外国史》，上海：商务印书馆 1933 年版，第 187 页。

也是在这一时期发生的。

小 结

中国的历史教育接近现代性的时候，中国传统的历史经验极大地改变了西方外来思想。例如，近代知识分子利用民本思想，赋予民主思想新的道德观和价值观。可以说，这是通过混用，有意隐藏民本和民主的明显差异性，反帝的国民革命和新文化运动实际上反映了这种民主主义思潮。新文化运动中，部分知识分子为了宣传民主思想而完全否定中国文化，但他们所主张的抽象性、理想性的民主思想却未能彻底造福中国，证明了在近代民族国家的秩序下，社会跃进式发展缺乏可靠的支撑。历史教育作为培养现代国民意识的重要环节，为了厘清国民和公民双重身份，就要处理历史认识的问题，还要提出包括历史中的理性和感性、合理和不合理、进步性和落后性等在内的所有历史面貌，为客观的、辩证的唯物主义历史观奠定思想萌发的意识基础。

回顾 20 世纪初以来中国历史教育界对历史学话语体系建构的探索与沿革，可以看出，历史话语体系的发展离不开历史经验与其所处时代的现实需要，传统历史话语体系向现代化转型的过程中，所需要面对的往往是结构性的、连续性的问题。因此，在建立中国特色的历史的科学体系、学术体系、话语体系的过程中，首先，有必要考虑认识中国历史的多样性和复杂性，应当在某种程度上继承近代以来的史学思考经验，特别应该认识到中国历史本身所具备的普世意义。认识中国实际上是一个如何认识人类文明的问题，在 20 世纪中国历史学和历史教育的发展过程中，这一问题并未忽视，而今天更值得我们在前人基础上作进一步的丰富与阐释工作。其次，历史学本身就具备极强的现实观照，这一点并非中国的历史学研究所独有，如正文所述，现实观照的态度在历史学近代化转向中以及历史教育的场合中得到充分实践，这对每一个历史学人都是宝贵的借鉴，时刻召唤着历史学人要勇于承担起新时代史学工作的责任担当与使命意识。

第三部分　教科书中的话语体系

第七章

四版高校《中国近代史》教材
所见话语体系之变迁

  《中国近代史》是"文革"之后我国高等学校历史学专业学生通用的文科教材，目前共有 1977 年、1979 年、1983 年、1994 年四个版本，是我们了解中国近代史话语体系变迁的重要对象。1977 年版《中国近代史》由北京师范大学历史系刘文源、李咸中、张守常、陈桂英、龚书铎、山东大学历史系李德征、陆景祺、徐绪典、山东师范学院政史系宋青蓝、胡滨、中央民族学院历史系和研究部朱宁、杨策、莫俊卿、郭毅生等诸位先生编写完成。① 该版《中国近代史》问世后，在国内引起较大反响，"当初，几位在高等院校讲授中国近代史的同志感到缺乏适当的教材，于是共同计议编写了这本书；原来打算只为应急之用，一俟有更好的教材出版，即可被取而代之。意想不到的是出版之后，竟然被许多院校采用，后来还被推荐为高等学校文科教材"②。1983 年版《中国近代史》的修订工作，主要有李德征、胡滨、杨策、龚书铎，以及中华书局李侃、吉林大学历史系李时岳等先生参加。③ 至 1994 年版发行之前，三版《中国近代史》累计印行 100 万册。1994 年版是中华书局《中国近代史》系列教材中的最后一版。中国近代史话语体系中的

---

  ① 《中国近代史》编写组：《中国近代史》，北京：中华书局 1979 年版，（说明）第 1 页。此外，1977 年版《中国近代史》初稿经李德征、徐绪典、李宏生、宋青蓝、朱宁、杨策、刘文源、龚书铎、李侃等先生修改。书中辛亥革命一章初稿由李时岳提供，"辛亥革命的胜利和失败"一节初稿由赵矢元执笔。

  ② 《中国近代史》编写组：《中国近代史》，北京：中华书局 1983 年版，（前言）第 1 页。

  ③ 《中国近代史》编写组：《中国近代史》，北京：中华书局 1983 年版，（前言）第 4 页。

核心概念及其经典诠释(本文特用黑体标出)等，都可从这四版教材中找到运用的语境与具体指向。

第一节　四版教材不同的编撰目的

四版《中国近代史》卷首皆有"说明"或"前言"，帮助读者了解各版教材编撰目的，我们应对之加以详细分析，考察中国近代史话语体系的变化。

(一)关于1977年版《中国近代史》的"说明"。在该版"说明"中，编写组特别强调编写"中国近代史"要"沿着毛主席指引"、遵循毛泽东关于中国近代史的指示，提出要重新梳理中国人民反封建的革命斗争史对于当时中外形势的重要意义。故而此版教材运用辩证法，其编撰目的在于明确中国革命发展道路上的主要矛盾，以及革命力量的"敌人"和"朋友"。如该版编写组在"说明"部分中提出：

> 毛主席一再号召我们要学习历史，特别是中国近百年历史。遵照毛主席的指示，我们学习研究中国近代史，必须以马克思主义、列宁主义、毛泽东思想为指导，对中国近代社会的经济基础和上层建筑，对中国近代社会的主要矛盾(即帝国主义和中华民族的矛盾、封建主义和人民大众的矛盾)，对反映这种矛盾的民族斗争和阶级斗争以及二者的相互关系，进行具体的科学的分析，阐明近代中国社会的性质以及中国旧民主主义革命时期的革命性质、革命对象、革命动力、革命任务和前途，总结中国人民在反帝反封建斗争中的正反两个方面的经验，为无产阶级的政治服务，为工农兵服务，为社会主义服务。①

基于以上指导思想，编写组侧重说明四个问题。而"四个问题"何以成为"问题"，书中是如此说明的：

第一个问题：中国近代史是中国人民反抗帝国主义及其"**走狗**"的革命斗争

---

① 《中国近代史》编写小组：《中国近代史》，北京：中华书局1977年版，(说明)第1页。

史。这里的"走狗"，实指"清朝"。毛泽东曾说："反对英国鸦片侵略的战争，反对英法联军侵略的战争，反对帝国主义走狗清朝的太平天国战争，反对法国侵略的战争，反对日本侵略的战争，反对八国联军侵略的战争，都失败了，于是再有反对帝国主义走狗清朝的辛亥革命，这就是到辛亥为止的近代中国史。"①毛泽东提到的近代史上中国经历的六次重要战争，其中五次是清朝与列强之间的战争，无一不以清朝军事上的失败、谈判桌上的丧权辱国而告终，唯有太平天国战争是清朝对太平天国农民起义军的镇压，以清朝胜利而告终。该版编写组总结道："从鸦片战争到'五四运动'前夜的七十多年中，中国人民的历次反抗斗争都失败了，历次革命运动都被帝国主义绞杀了。历史证明：'小资产阶级和民族资产阶级不可能领导任何真正的革命到胜利'，中国革命，只有在工人阶级及其政党——中国共产党的领导下才能胜利，'只有社会主义能够救中国'。"②

　　第二个问题：帝国主义是中国人民的第一个和最凶恶的敌人。近代以来，列强向中国发动多次战争，强迫清政府签订诸多不平等条约，攫取大量权益。为了说明列强侵略与中国人民反侵略之间的联系，编写组在文中引用毛泽东关于西方资产阶级在东方造成两类人的观点："一类是少数人，这就是为帝国主义服务的洋奴；一类是多数人，这就是反抗帝国主义的工人阶级、农民阶级、城市小资产阶级、民族资产阶级和从这些阶级出身的知识分子，所有这些，都是帝国主义替自己造成的掘墓人，革命就是从这些人发生的。"③编写组还提到，整个中国近代史，是帝国主义在中国的统治由发展走向消灭的历史；是中国人民经过斗争、失败，再斗争、再失败，再斗争、走向胜利的历史。

　　第三个问题：我国是一个统一的多民族的国家。毛泽东在《论十大关系》中指出：各个少数民族对中国的历史都做出过贡献。汉族人口多，也是长时期内许多民族混血形成的。该版编写组认为，一部中国近代史，是我国各民族人民并肩携手共同反对帝国主义、封建主义斗争的历史。

　　第四个问题：中国近代史应该反映出中国近代社会经济形态及其上层建筑发

　　①　《毛泽东选集》(第四卷)，北京：人民出版社1991年版，第1513页。

　　②　《中国近代史》编写小组：《中国近代史》，北京：中华书局1977年版，(说明)第2页。

　　③　《毛泽东选集》(第四卷)，北京：人民出版社1991年版，第1513页。

展变化的过程；反映出新的社会经济形态、新的阶级力量、新的人物和新的思想向着旧的社会经济形态及其上层建筑进行斗争的过程。对此问题，编写组同样引用毛泽东的观点："一定的文化(当作观念形态的文化)是一定社会的政治和经济的反映，又给予伟大影响和作用于一定社会的政治和经济；而经济是基础，政治则是经济的集中的表现。"①

值得注意的是，该版编写组将此版《中国近代史》的撰写工作与当时国内外形势联系起来，体现历史书写与现实关切之间的因应。

对于外部环境，编写组特别提到了当时处于低谷的中苏关系："国内外阶级敌人，处于反革命的政治需要，总是要扭曲和篡改中国近代史。……我们必须深入批判苏修社会帝国主义伪造中国近代史的罪行，彻底揭露沙皇俄国侵略中国的滔天罪行，把被颠倒的历史颠倒过来。"②书中特别强调沙皇俄国不同于其他列强国家之处，在于侵占了我国的大片领土，"在帝国主义侵略我国的罪恶活动中，扮演了极为凶恶、阴险的角色。它不仅侵占了我国一百五十多万平方公里的领土，而且妄图吞并一直到长城脚下的大片领土"③。

对于国内形势，1977 年版编写组则提到"文革"的结束与"四人帮"的倒台。他们提出："在狠揭猛批'四人帮'的伟大斗争中，认真学习马克思主义、列宁主义、毛泽东思想，肃清'四人帮'在中国近代史领域的流毒，使中国近代史的研究，沿着毛主席指引的方向前进。"④

(二)关于 1979 年版的"说明"与 1983 年版的"前言"。相较 1977 年版，1979 年版《中国近代史》的"说明"较为简略，仅提到 1979 年版在 1977 年版基础上吸收当时的一些研究成果，订正一些史实错误。然而，1983 年版《中国近代史》的"前言"篇幅较长，其中明确提到 1977 年版的缺点，"编写者虽曾明确决定不以所谓'儒法斗争'来解释中国近代史，但毕竟不能完全避免当时流行的错误观点的某些影响"⑤。1979 年版虽然作过一些初步修订，纠正了一些明显的观点错误

---

① 《毛泽东选集》(第二卷)，北京：人民出版社 1991 年版，第 663~664 页。
② 《中国近代史》编写小组：《中国近代史》，北京：中华书局 1977 年版，(说明)第 4 页。
③ 《中国近代史》编写小组：《中国近代史》，北京：中华书局 1977 年版，(说明)第 2 页。
④ 《中国近代史》编写小组：《中国近代史》，北京：中华书局 1977 年版，(说明)第 4 页。
⑤ 《中国近代史》编写组：《中国近代史》，北京：中华书局 1983 年版，(前言)第 1 页。

和史实错误，但还是远不能令人满意。1983 年版《中国近代史》诞生于党的十一届三中全会之后，其写法已有很大的变动。

1983 年版在"前言"中明确了三个问题：

第一个问题：中国近代史时段划分问题。1983 年版编写组认为，该版虽定名为《中国近代史》，但实际上其内容只包括从鸦片战争到五四运动，也即旧民主主义革命时期的历史，"严格说来，还不是一部完整的《中国近代史》"，其理由是"中国近代史按理应是从 1840 年的鸦片战争到 1949 年中华人民共和国这一百多年的历史，即中国半殖民地半封建社会从开始到终结，中国民主革命（包括新、旧两个阶段）从发生到胜利的历史"①。事实上，编写组并未拘泥此说，而是考虑到现实情况，"但现在通行的做法是把五四运动到中华人民共和国成立这一时期的历史作为现代史进行讲授，所以本书所包括的历史时期仍以五四运动为下限"②。编写组认为，中国近代史的时段即旧民主主义革命时期。

第二个问题：中国近代史的学科价值问题。1983 年版编写组明确，中国近代史的内容与重大革命理论课题有关。对中国近代史一些基本问题的正确认识，不但有助于理解中国共产党关于中国民主革命的正确理论和策略，而且也有助于认清中国的国情及近代社会发展的规律，进一步提高为社会主义、共产主义而奋斗的信心。他们认为：写好一本关于中国近代史的书，不仅是学科建设上的需要，而且也有政治、理论上的意义。编写组进一步谈到他们对此意义的理解："我们感到，在中国近代史的教学和研究中，历史过程的叙述、历史事件的解说、历史人物的评论等等，都是必要的，但是不能仅限于此，更为重要的是要通过对历史事实的分析和研究来揭示历史发展的客观规律，认识在中国实行社会主义革命和社会主义现代化建设乃是历史的必然，把'只有社会主义能够救中国'这一客观真理，建立在对历史的科学认识的基础上。"③

第三个问题：中国近代史的中心主题问题。中国近代历程既复杂多样，又丰富多彩。1983 年版编写组开宗明义："在如此头绪纷繁错综复杂的历史风云中，

① 《中国近代史》编写组：《中国近代史》，北京：中华书局 1983 年版，（前言）第 1 页。
② 《中国近代史》编写组：《中国近代史》，北京：中华书局 1983 年版，（前言）第 1 页。
③ 《中国近代史》编写组：《中国近代史》，北京：中华书局 1983 年版，（前言）第 2 页。

怎样把握它的基本线索和中心主题，又怎样去分析评判形形色色的历史现象和历史人物？还是毛泽东同志指出的：'帝国主义和中华民族的矛盾，封建主义和人民大众的矛盾，这些就是近代中国社会的主要矛盾。'而帝国主义和中华民族的矛盾，乃是各种矛盾中的最主要的矛盾。这些矛盾的斗争及其尖锐化，就不能不造成日益发展的革命运动。伟大的近代和现代的中国革命，是在这些基本矛盾的基础之上发生和发展起来的。'"①编写组特别强调，1983年版《中国近代史》必须要把毛泽东的科学概括运用于对各种历史问题的具体分析之中。

（三）关于1994年版的"前言"。该版"前言"篇幅也较长。编写组提到对该版的修订，主要是在保持原有框架的基础上，对某些章节进行必要的调整；适当简化对若干事件历史过程的叙述；注意充实一些社会经济生活和思想文化方面的内容；略微增加对清朝统治集团的活动和变化情况的介绍。编写组还要求在写法上"观点力求实事求是，中肯平实；文字力求朴实通畅，简明扼要"②，同时按照高等院校历史学科的设置采用1983年版的做法，即1994版的内容仍为从鸦片战争到"五四运动"的80年历史。值得注意的是，编写组在"前言"中同样明确了四个问题：

第一个问题，中国近代史的性质问题。1994年版编写组指出，中国近代是社会动荡剧烈、国内外矛盾和斗争复杂尖锐的历史时期；在此历史时期内充满了侵略和反侵略、压迫和反压迫、变革和反变革、革命和反革命的斗争；近代的历史既是中华民族各族人民的一部苦难史和屈辱史，又是一部斗争史和光荣史。编写组明确，《中国近代史》作为高等学校教材的基本要求包括："一是要根据历史事实，讲述历史的发展过程；二是以辩证唯物主义和历史唯物主义的立场、观点、方法，科学地分析和说明历史的发展过程，使得学生和读者通过这部教材，对于中国近代的历史有一个比较系统、比较全面的了解，并且为进一步深入研究打下比较坚实的基础。"③

---

① 《中国近代史》编写组：《中国近代史》，北京：中华书局1983年版，（前言）第3页。

② 李侃、李时岳、李德征、杨策、龚书铎：《中国近代史》（第四版），北京：中华书局1994年版，（前言）第1页。

③ 李侃、李时岳、李德征、杨策、龚书铎：《中国近代史》（第四版），北京：中华书局1994年版，（前言）第2页。

第二个问题，为什么要学习和研究中国近代史的问题。编写组并未对此问题"引经据典"，而是平实扼要地说明历史与现实的关联："因为今天的中国是历史中国的发展；不了解中国的昨天和前天，也就很难真正了解中国的今天。我们当代社会主义的新中国，是从近代半殖民地半封建的旧中国脱胎而来的。学习和研究中国近代的历史，就是要加深对近代历史的科学认识，加深对中国国情的了解，从历史中得到启迪和智慧，受到激励和鼓舞，增强爱国主义和建设有中国特色的社会主义的自觉性，更好地创造新的历史。"①编写组阐明了历史学习的重要意义，"历史是民族的记忆，是精神文明的基本要素之一，丢弃优良的历史文化传统，不可能凭空创造新的历史文化。不论时代怎样前进，社会怎样发展，总不能割断历史"②。

第三个问题，什么是中国社会最基本的历史实际问题。编写组首先指出，外国资本主义的侵略与国内封建统治的压迫相结合，把独立封建的中国，逐步变成半殖民地半封建的中国；中华民族为了推翻帝国主义和封建主义的统治，维护国家的独立和取得社会进步，进行了一百多年艰苦卓绝的英勇斗争，"近代中国历次反侵略斗争，历次变革和革命，都是为了完成这一伟大历史任务而进行的"，继而提到，"近代中国社会是半殖民地半封建社会这个科学论断是符合历史实际的，而且为国内绝大多数历史学者所公认"，编写组最后强调，"通常说的从鸦片战争开始，中国一步一步地变成半殖民地半封建社会，这并不是说鸦片战争的炮火一停，《南京条约》的墨迹一干，中国社会立刻就发生了变化，而是说以鸦片战争为开端，中国就开始丧失了独立和领土主权的完整……近代中国既不是完全独立的国家，也不是完全由帝国主义统治的殖民地；既不是完全由封建的生产方式和宗法制度构成的封建社会，也不是主要由近代工业生产方式和资产阶级统治构成的资本主义社会"③。

---

① 李侃、李时岳、李德征、杨策、龚书铎：《中国近代史》（第四版），北京：中华书局1994年版，（前言）第2页。

② 李侃、李时岳、李德征、杨策、龚书铎：《中国近代史》（第四版），北京：中华书局1994年版，（前言）第5页。

③ 以上参见李侃、李时岳、李德征、杨策、龚书铎：《中国近代史》（第四版），北京：中华书局1994年版，（前言）第3页。

第四个问题，关于半殖民地半封建社会的特点问题。编写组从中国近代史整体脉络的角度总结出五点：(1)资本帝国主义的侵略，虽然破坏了封建的自给自足的自然经济基础，但是封建制度的根基，即封建的土地所有制和地主阶级对农民的剥削和压迫，依然保持不变；(2)民族资本主义有了一定程度的发展，并且在政治、经济、文化生活中起了相当重要的作用，但是在帝国主义和封建主义的压迫、控制和阻碍下，它不可能得到正常的发展；(3)中国的封建专制统治虽然日益腐败，然而它却得到帝国主义的支持，即使在封建皇帝被推翻之后，代之而起的北洋军阀，仍然是依附帝国主义的封建势力的代表；(4)帝国主义不但控制了中国的政治、军事统治权力，而且凭借一系列的不平等条约所攫取的各种特权，操纵了中国的经济命脉；(5)由于帝国主义侵略和封建主义的剥削压迫，兼之严重的自然灾害，造成中国的经济贫穷和文化落后，人民生活极度困苦，更无民主、自由可言。编写组最后指出，近代中国半殖民地半封建社会的五个特点决定了帝国主义与中华民族的矛盾，封建主义与人民大众的矛盾，成为近代中国社会的主要矛盾。而帝国主义与中华民族的矛盾，又是各种矛盾中最主要的矛盾。[①]

不同于其他三版，该版编写组特别说明，以往的《中国近代史》教材在强调反帝反封建斗争的同时，对中国近代社会其他方面的情况反映不够，不能很好地反映历史的多样性和社会生活的复杂性，故而1994版《中国近代史》适当增加社会经济生活和思想文化方面的内容。

通过比较四版《中国近代史》中关于重要历史问题的书写与话语运用，我们可以较为清晰地看到"文革"后20年中国近代史话语体系的变迁，尤其是核心概念及其经典诠释从生成到固定的历程。

第二节　关于"鸦片战争"的话语表述

1977年版《中国近代史》编写组为突出"三次革命高潮"，呈现"中国近代社

---

① 李侃、李时岳、李德征、杨策、龚书铎：《中国近代史》(第四版)，北京：中华书局1994年版，(前言)第3~4页。

会半殖民地半封建化过程的阶段性"，将全书分为六个章节。该版章节之间的逻辑关系清晰明快，全书自成体系，奠定此后三版《中国近代史》的基本框架。1977年版《中国近代史》第一章标题为"**鸦片战争——中国近代史的开端**"，此后各版大体依循此说，如1994年版第一章为"鸦片战争和中国近代史的开端"，事实上明确鸦片战争作为中国近代史开端的重要意义。从后附"四版《中国近代史》章节标题对照表"可见，四版第一章均分三节，而1983年版、1994年版在节标题上较前两版有所简化。

关于鸦片战争的性质，1977年版立场鲜明，第一节标题"可耻的鸦片贸易和正义的禁烟运动"以对比形式说明英国挑起鸦片战争的罪恶。该节中，1977年版用一定篇幅分析"鸦片战争前的国内外形势"，强调我国自古以来即为统一的多民族国家，而至鸦片战争前，"中国是清王朝统治下的封建国家"；自18世纪下半叶开始，土地兼并严重，社会矛盾激烈，"地主阶级占有大量土地，剥削无地或少地农民，是当时主要的生产关系；地主阶级和农民阶级之间的矛盾，是当时社会的主要矛盾"①。清王朝由此走上衰败道路。

中国封建社会的危机，体现于思想家**龚自珍**的著述中，龚自珍是《中国近代史》中的一位重要人物，1977年版称其为"地主阶级的进步思想家和文学家"，"是近代中国维新思想的著名先驱者"②。龚自珍批判清朝腐朽统治的言论，在1977年版中被多次引用，以后三版也大多援引。如其中最为有名、脍炙人口的，是龚自珍针对当时社会现实所写的七言绝句：

九州生气恃风雷，万马齐暗究可哀！我劝天公重抖擞，不拘一格降人才。

龚自珍的诗句体现了清中后期的社会的停滞沉闷，反映近代早期思想家求新求变的强烈意愿。

相比清朝国势走向衰颓，1977年版《中国近代史》用"蒸蒸日上"来形容当时的英国国力。该版称英国是当时世界上最强大资本主义国家的产业构造者：英国在17世纪中叶完成了资产阶级革命，18世纪末叶又开始了产业革命，机器工业逐渐代替工场手工业。19世纪初，英国的工业，首先是棉纺织业，得到了快速

---

① 《中国近代史》编写小组：《中国近代史》，北京：中华书局1977年版，第1页。
② 《中国近代史》编写小组：《中国近代史》，北京：中华书局1977年版，第2页。

发展。从 19 世纪初至 30 年代，英国多次派遣间谍、鸦片贩子等来华收集情报，推销鸦片；为了凸显英国对中国由来已久的觊觎之心，虽然当时法国、美国也对中国抱有侵略意图，但文中并未对此作过多说明。

如前所述，基于因应 1970 年代中苏关系的现实，对于沙俄早期侵华的历史，1977 年版用较多篇幅加以说明。书中在此方面的书写主要集中在沙俄对清朝领土的侵夺与经济掠夺、宗教渗透两方面，为了加强对沙俄的侵略行径的批判，书中引用马克思的论点，如"从沙皇阿列克塞·米哈伊洛维奇到尼古拉，一直都企图占有这个地域"[1]，"这个地域"，即指我国的黑龙江流域；关于沙俄的宗教渗透，马克思指出东正教是沙俄"对内进行压迫和对外进行掠夺的工具"[2]，文中还特别提到列宁关于沙俄东正教传教士是一小撮"用传教的鬼话来掩盖掠夺政策的人"[3]的观点，以此说明东正教的虚伪性。作为近代中俄关系的一个基本史实，四版均提到，在鸦片战争前的一个较长时期内，沙俄在对华贸易方面，比其他国家和欧洲处于有利地位。

1977 年版第一章第一节第二条题为"鸦片泛滥和中国人民的禁烟斗争"。从 18 世纪初开始，英国商人即开始向中国出口鸦片，东印度公司在其中扮演重要角色。从 19 世纪起，鸦片开始大量输入中国，导致中英贸易逐渐发生变化，英国由入超变为出超，鸦片的大量输入，使中国民众与外国侵略者之间的矛盾日益尖锐起来，1977 年版是如此描述这一矛盾的：

> 烟毒泛滥全国，使吸食鸦片的人在精神和生理上受到极大的摧残，而白银大量外流，又使银贵钱贱的现象日趋严重。……鸦片的大量输入，还加深了清朝封建统治的危机。吸食鸦片的人，最初主要是清朝封建统治阶级及其依附者……鸦片贸易使清朝的吏治愈加腐败，军队更加失去战斗力，社会生产受到很大破坏，而白银的源源外流，使清朝陷入财政困难的窘境。清朝的

---

① 《马克思恩格斯全集》（第 12 卷），北京：人民出版社 1962 年版，第 625~626 页。
② 《马克思恩格斯全集》（第 10 卷），北京：人民出版社 1962 年版，第 142 页。
③ 《列宁选集》（第 1 卷），北京：人民出版社 1991 年版，第 214 页。

整个统治机器，已经腐烂不堪。①

四版均提到"**银贵钱贱**"带给清朝社会的严重危害。1830 年代中后期，清朝内部围绕鸦片问题进行激烈讨论。太常寺卿许乃济的观点，即允许鸦片流通论有一定的市场。1977 年版将许乃济的主张，定义为"是清朝官僚政治腐朽透顶的反映，代表了封建统治集团中大官僚、大贵族、大地主的利益"。1983 年版则改为"这个主张代表了一部分广东地方官吏和士绅的利益，但受到一些开明官僚的反对"②。1994 版则进一步延伸，"内阁学士兼礼部侍郎朱嶟、兵科给事中许球、江南道御史袁玉麟先后上奏批驳弛禁论，指出鸦片'削弱中原'、'毒害中华'，必须严禁"③，从而将许乃济的言论定义为"**弛禁论**"。

与许乃济相对的是清朝统治阶级内部分化出的"少数比较开明的官僚"，他们主张采取果断措施，严禁鸦片输入和吸食。（"**严禁论**"）湖广总督**林则徐**、鸿胪寺卿**黄爵滋**是其中的代表，其中林则徐的论点不仅为四版所引用，也是我国学界援引的经典史料，"（鸦片）迨流毒于天下，则为害甚巨，法当从严。若犹泄泄视之，**是使数十年后，中原几无可以御敌之兵，且无可以充饷之银**"④。

林则徐的痛切指陈，引起道光帝的忧虑。道光帝经多次召见林则徐之后，决定任命他为钦差大臣，驰往广州查禁鸦片。1977 年版《中国近代史》高度评价林则徐领导的禁烟运动，认为此举"沉重打击了外国侵略者"。其中提到，"**虎门销烟**"取得初步胜利，"它打击了外国侵略者的气焰，鼓舞了中国人民的斗志，向全世界表明了中国人民维护民族尊严和反抗外国侵略的坚强决心"⑤。值得注意的是，该版《中国近代史》对林则徐的"两面性"评价："林则徐不仅是鸦片战争时期地主阶级抵抗派的著名首领，而且也是近代中国最早注意了解西方资本主义情况的先进人物之一"，但"林则徐毕竟是封建统治阶级中的一个成员，和劳动人

---

① 《中国近代史》编写小组：《中国近代史》，北京：中华书局 1977 年版，第 8～9 页。
② 《中国近代史》编写组：《中国近代史》，北京：中华书局 1983 年版，第 8 页。
③ 李侃、李时岳、李德征、杨策、龚书铎：《中国近代史》（第四版），北京：中华书局 1994 年版，第 13 页。
④ 《林则徐集·奏稿（中）》，北京：中华书局 1965 年版，第 601 页。
⑤ 《中国近代史》编写小组：《中国近代史》，北京：中华书局 1977 年版，第 12 页。

民之间存在着阶级矛盾，他利用渔民、疍户组织水勇，以抵抗英国侵略者，但是又认为对水勇'驾驭必须得法'，这就清楚地暴露了他的封建地主阶级的立场，也说明了他不可能真正依靠人民群众来抵抗外国侵略"①。1979 年版《中国近代史》对林则徐的评价与 1977 年版差异很大，1979 年版如此评述："他(林则徐)看出了广大人民对英国侵略者的切齿痛恨，认为'民心可用'，在沿海招募渔民、疍户丁壮五千人，编为水勇，日夜加紧训练。在保卫祖国、反对侵略的正义战争的激励下，广东军民人人摩拳擦掌，严阵以待。这一方面反映了林则徐坚决抵抗英国侵略的正义行动，得到广大人民的支持，同时也反映了当时林则徐能够利用人民的力量抵抗侵略的进步思想。"②1994 年版《中国近代史》对林则徐的评价更为直白，"林则徐具有远大眼光和务实精神。他不愧为伟大的爱国者和近代中国开眼看世界的先进人物"③。

英国随之挑起战争，1977 年版《中国近代史》强调：对中国发动侵略战争，是英国资产阶级蓄谋已久的殖民扩张政策的重要组成部分。关于鸦片战争的性质，该版引用马克思的观点，即这场战争乃英国资产阶级"旨在维护鸦片贸易而发动和进行的对外战争"④。

定海失陷和英国军舰驶达天津海口的消息，引起清政府的极大震动。道光帝任命琦善前往天津海口，与英国进行谈判。1977 年版《中国近代史》对**琦善**呈一边倒的批判态度，强调他与林则徐在抗英问题上的"对立"，认为"畏敌如虎的琦善一面竭力宣扬英人'船坚炮利'……投降论调(1979 年版《中国近代史》改为'理论')，一面向英国侵略军头子义律献媚求饶……(1840 年)11 月末琦善到达广州。他同林则徐的做法完全相反，撤出珠江防务，遣散水勇乡勇，以讨好英国侵略者……琦善对义律提出的各项侵略要求，一一应诺，只对割让香港一事，表示不敢做主，答应向道光请示。琦善的卖国行径(1979 年版《中国近代史》改为'开门揖盗的行径'，1994 年版则删此说法)，更助长了英国侵略者的凶焰……琦善

---

① 《中国近代史》编写小组：《中国近代史》，北京：中华书局 1977 年版，第 14、15 页。
② 《中国近代史》编写组：《中国近代史》，北京：中华书局 1979 年版，第 14 页。
③ 李侃、李时岳、李德征、杨策、龚书铎：《中国近代史》(第四版)，北京：中华书局 1994 年版，第 18 页。
④ 《马克思恩格斯全集》(第 12 卷)，北京：人民出版社 1962 年版，第 590 页。

赶忙派鲍鹏前往穿鼻洋乞和，于20日背着清朝中央政府擅自与义律订立了《穿鼻草约》，其中包括割让香港，赔偿烟价六百万元、恢复广州通商等条款"①。1994年版《中国近代史》再添加一些新内容，如"琦善此时已自身难保，不敢再谈签约事，谈判停止"②。

参赞大臣杨芳曾镇压白莲教、天理教起义，生擒张格尔，是道光朝的名将，拥有很高名望。1977年版《中国近代史》对其评价却很低："杨芳是镇压白莲教起义的凶恶刽子手，但在对外战争中却是一个贪生怕死的懦夫。他看到英舰横行无阻，炮火猛烈，认为其中必有'邪术'，于是想出了一条'妙计'，名之曰'以邪治邪'。他命令地方保甲遍收民间马桶，载于木筏之上……结果，'妙计'失灵，英军长驱直入，逼近了广州城郊。当时有人赋诗嘲讽杨芳说：'粪桶尚言施妙计，秽声传遍粤城中。'封建顽固官僚的昏庸愚昧，由此可见一斑"③。1994年版《中国近代史》虽然提到奕山、杨芳等官僚"昏庸无能"，但没有关于"马桶阵"之类的戏剧性描述。

关于鸦片战争失败的原因，可以看到四版《中国近代史》的总结存在较大差异，充分体现历史学界在此问题认知上的变化。1977年版《中国近代史》认为："主要是由于清朝封建政权的腐朽和对外执行投降路线所造成的。中国所进行的战争，是反对英国资本主义侵略的正义的自卫战争，在当时的情况下，并非注定会失败的。"④1979年版则进一步补充："中国所进行的反对英国鸦片侵略的战争，是正义的自卫战争，得到了广大人民的支持。但是，**由于清朝社会制度的腐败和经济技术的落后，蕴藏在人民群众中间的巨大的反侵略力量不可能充分发挥出来。尽管人民的反侵略斗争能取得局部的、个别战役的胜利，但无法扭转整个战争的结局。这是中国在鸦片战争中遭到失败的根本原因**，也是中国近代史上历次反侵略战争失败的根本原因。"⑤1983年版在提到"人民巨大力量不能充分发

① 《中国近代史》编写小组：《中国近代史》，北京：中华书局1977年版，第16、17页。
② 李侃、李时岳、李德征、杨策、龚书铎：《中国近代史》(第四版)，北京：中华书局1994年版，第22页。
③ 《中国近代史》编写小组：《中国近代史》，北京：中华书局1977年版，第19页。
④ 《中国近代史》编写小组：《中国近代史》，北京：中华书局1977年版，第23页。
⑤ 《中国近代史》编写组：《中国近代史》，北京：中华书局1979年版，第22页。

挥"方面，另添上"由于清政府的昏庸愚昧和采取妥协投降的政策"，删除"也是中国近代史上历次反侵略战争失败的根本原因"①。1994 年版则删除"人民力量"相关内容，改为"战争的失败，使中国人民从此陷入苦难的历程，也促使中国人民觉醒和奋起"②。

1977 年版《中国近代史》第一章第二节第二条题为"中国东南沿海各省人民反对英国侵略者的斗争"，着重介绍了 1841 年 5 月末**三元里抗英斗争**的始末。书中指出广大贫苦农民是三元里抗英斗争的主力军，给予这场斗争很高评价："三元里人民的抗英斗争，是近代中国人民第一次大规模的反侵略斗争。这次斗争最显著的一个特点，是它具有十分广泛的群众基础，因而能够显示出巨大的威力，给予英国侵略者以严重的惩罚。它向全世界昭示了帝国主义永远不能灭亡中国的历史定论……三元里人民的抗英斗争，对全国人民起了很大的鼓舞作用。它增强了广大人民反对外国资本主义侵略的信心，激励人们进行再接再厉、不屈不挠的反侵略斗争。"③1994 年版对此斗争的评价却相当简洁，仅用"三元里抗英斗争，显示了中国人民不甘屈服和敢于斗争的英雄气概"④一句概述。

1977 年版《中国近代史》第一章第三节题为"中国开始沦为半殖民地半封建社会"，其中分别介绍中英《南京条约》《虎门条约》、中美《望厦条约》、中法《黄埔条约》、中俄《伊犁塔尔巴哈台通商章程》等不平等条约的内容，强调"**1840 年的鸦片战争，是中国由封建社会逐渐沦为半殖民地半封建社会的一个历史转折点。它使中国社会性质开始发生了根本的变化**"。文中对"根本的变化"及其影响如此表述：

　　　　鸦片战争前，中国在政治上是一个独立自主的国家；战后，由于外国资本主义势力的侵入，中国的领土开始被割裂，主权的完整开始遭到破坏，中

---

① 《中国近代史》编写组：《中国近代史》，北京：中华书局 1983 年版，第 23 页。

② 李侃、李时岳、李德征、杨策、龚书铎：《中国近代史》(第四版)，北京：中华书局 1994 年版，第 28 页。

③ 《中国近代史》编写小组：《中国近代史》，北京：中华书局 1977 年版，第 27、29 页。

④ 李侃、李时岳、李德征、杨策、龚书铎：《中国近代史》(第四版)，北京：中华书局 1994 年版，第 24 页。

国已经丧失了独立自主的地位。战前，中国在经济上是自给自足的封建经济占统治地位的国家；战后，外国商品源源不断地涌入中国，逐渐破坏了中国自给自足的封建经济基础，使中国日益成为世界资本主义的附庸。从此中国一步步地沦为半殖民地半封建社会……战前，中国社会的主要矛盾，是农民阶级和地主阶级的矛盾；战后，**外国资本主义和中华民族的矛盾成为中国社会的另一个主要矛盾，而且是各种矛盾中的最主要矛盾**……鸦片战争是中国近代史的开端，也是中国人民反帝反封建的资产阶级民主革命的起点……从此，中国人民肩负着反对外国资本主义和本国封建主义的双重历史任务，中国革命开始进入一个新的历史时期——资产阶级民主革命时期。①

这一变化意味着中国社会性质发生巨变，由此不难理解鸦片战争的爆发何以成为中国近代史的开端。为强调这一变化的重大影响，书中引用毛泽东关于近代中国社会主要矛盾的论断：**"帝国主义和中华民族的矛盾，封建主义和人民大众的矛盾，这些就是近代中国社会的主要矛盾……而帝国主义和中华民族的矛盾，乃是各种矛盾中的最主要的矛盾**。这些矛盾的斗争及其尖锐化，就不能不造成日益发展的革命运动。伟大的近代和现代的中国革命，是在这些基本矛盾的基础之上发生和发展起来的。"②1994 年版则补充一些新内容，"战后，西方资本主义国家不断向中国倾销商品，掠夺原料，逐渐破坏了中国自给自足的自然经济基础，**中国逐渐被纳入世界殖民主义体系，日益成为世界资本主义的附庸**"③。

鸦片战争之后中国社会经济发生了重大变化，1977 年版《中国近代史》对此称："英国资产阶级大为冲动，立即掀起了一个向中国倾销商品的狂潮"，"鸦片走私仍然是这个时期以英国为首的外国侵略者对华进行经济掠夺的重要手段"，"随着外国资本主义势力的侵入，中国东南沿海地区出现了一批半殖民地性质的城市"。书中特别提到近代"**上海**"的"诞生"：上海在"五口"中发展最快，逐渐代

① 《中国近代史》编写小组：《中国近代史》，北京：中华书局 1977 年版，第 35、36 页。
② 《毛泽东选集》(第二卷)，北京：人民出版社 1991 年版，第 631 页。
③ 李侃、李时岳、李德征、杨策、龚书铎：《中国近代史》(第四版)，北京：中华书局 1994 年版，第 33 页。

替广州成为全国对外贸易的中心，1845 年 11 月英国驻上海领事巴夏尔强迫清朝地方官吏议定土地章程，在上海划定一个区域作为英国居留地，这是外国侵略者在中国设立**租界**的开端。此后，租界制度逐渐推广到其他通商口岸，"**上海自四十年代中期起就成为中国半殖民城市的典型**"①。鸦片战争之后，在通商口岸出现了一批为外国商行推销商品和收购土货的买办商人，如广州同顺行出身的买办吴健彰，"成为中外反动势力互相勾结的牵线人"。1977 年版《中国近代史》给予"买办商人"负面评价，"这些情况说明，买办商人从登上政治舞台时起就扮演着反动的角色"②。1983 年版的表述较为缓和，改为"这些情况说明，有些买办商人已开始在政治舞台上显露头角"③。

鸦片战争后，士大夫集团中的一部分较开明的知识分子，要求抵抗外国侵略，反对投降卖国，主张向西方学习，把中国建设成富强的国家。四版《中国近代史》大体上都列举**魏源、姚莹、包世臣**等人的著作与言论。

魏源，湖南邵阳人。魏源编写《海国图志》时，在该书《原叙》中，明确表示他编书目的是"**为师夷长技以制夷**而作"。他从抵抗外国侵略、维护民族独立的愿望出发，提出"师夷长技"，即向西方学习先进技艺；他反对专学西方船坚炮利，认为："人但知船炮为西夷之长技，而不知西夷之长技不徒船炮也。"④1977 年版《中国近代史》介绍魏源的观点：他（魏源）认为，西方资本主义国家之所以富强，除拥有一支装备精良的军队外，更重要的是新建立了一套近代化的工业，中国要强盛起来，也应当由此着手；他建议设立造船厂和火器局，制造各种轮船和机器，并允许民间自由设厂。他还主张自由开采矿产，反对官府垄断采矿的权利；书中高度肯定魏源的思想，认为"他把中国的自强放在自己的力量的基础上，相信中国人完全有能力把祖国建设成为一个富强兴盛的国家，因此，与清朝统治集团中崇洋媚外的洋务派搞工业是完全不同的"⑤。1979 年版《中国近代史》同样对魏源的思想给予很高的评价，认为"他要求向西方学习的思

①　《中国近代史》编写小组：《中国近代史》，北京：中华书局 1977 年版，第 39 页。
②　《中国近代史》编写小组：《中国近代史》，北京：中华书局 1977 年版，第 42 页。
③　《中国近代史》编写组：《中国近代史》，北京：中华书局 1983 年版，第 34 页。
④　魏源：《海国图志》（第 2 卷），长沙：岳麓书社 1998 年版，第 31 页。
⑤　《中国近代史》编写小组：《中国近代史》，北京：中华书局 1977 年版，第 49 页。

想，在当时是很珍贵的"①。1994 年版《中国近代史》给予魏源及《海国图志》很高评价，认为"魏源编写《海国图志》，是前人没有做过的事情，正如他自己所说，是'创榛辟莽，前驱先路'，对以后的中国思想界产生了较大影响。**《海国图志》传入日本后，对日本的学术和政治也产生过不小影响**"②。

姚莹，安徽桐城人。1977 年版《中国近代史》认为，姚莹是近代中国最早研究世界情况和边疆地区的人物之一，然其他三版无此说。1845 年，姚莹撰写研究边疆问题的《康輶纪行》，1977 年版《中国近代史》认为该著"洋溢着爱国主义精神"。姚莹在《康輶纪行》中提出应"知己知彼"，洞察敌情、明了虚实，"苟能知其(指'英国')虚实与其要领，何难筹制驭制之方略乎"③? 他还提到英国议会制度，"国中有大事，国王及官民俱至巴厘满衙门(指'议会')公议乃行。大事则三年始一会议，设有用兵和战之事，虽国王裁夺，亦必由巴厘满议允"④。1977 年版《中国近代史》引用这些观点，认为"他(姚莹)对西方资产阶级民主政治的了解是很肤浅的，更不可能洞悉这种政治制度的虚伪性"⑤。1979 年版《中国近代史》对此段有所补充，"然而，他向西方学习的思想和主张，对当时中国封建守旧的思想界来说，却具有一定的进步作用"⑥。1983 年版则更为肯定，改为"然而，他向西方学习的思想和主张，在当时却是先进的"⑦。

包世臣，安徽泾县人。1977 年版、1979 年版、1983 年版三版《中国近代史》都提到，包世臣在鸦片战争时期积极主张抗英，主张严禁鸦片输入，对当时许多严重的社会问题进行探讨，提出诸多具有进步意义的改革方案等。此外，相较1977 年版，其他三版提供更多历史细节，如包世臣揭露漕运之种种弊害，提出改用海运之策；在学术方面，包氏倡导"**经世致用**"的学风，提倡"文以纪实"的

①　《中国近代史》编写组：《中国近代史》，北京：中华书局 1979 年版，第 41 页。
②　李侃、李时岳、李德征、杨策、龚书铎：《中国近代史》(第四版)，北京：中华书局 1994 年版，第 40 页。
③　姚莹：《康輶纪行》(第 12 卷)，北京：中华书局 2014 年版，第 341 页。
④　姚莹：《康輶纪行》(第 12 卷)，北京：中华书局 2014 年版，第 318 页。
⑤　《中国近代史》编写小组：《中国近代史》，北京：中华书局 1977 年版，第 51 页。
⑥　《中国近代史》编写组：《中国近代史》，北京：中华书局 1979 年版，第 43 页。
⑦　《中国近代史》编写组：《中国近代史》，北京：中华书局 1983 年版，第 39 页。

文风等。1994 年版《中国近代史》并未出现包世臣相关内容，而补入**徐继畬**的著述与学说。徐继畬，山西五台人。书中提到，"与《海国图志》一样，《瀛环志略》也是近代中国人系统介绍世界史地知识的名著"①。《瀛环志略》为徐继畬所编，1994 年版《中国近代史》对该书所提到的欧美民主政治制度作了比较系统的介绍。此外，该版《中国近代史》还提到另一开明士人梁廷枏，提到他所编的《海国四说》有助于当时中国人对西方资本主义国家社会面貌的了解。鸦片战争前后，清朝国势衰落，边疆局势趋于严重，1994 年版《中国近代史》另补充张穆、何秋涛、夏燮等人的著述及思想；在文学方面提到鸦片战争后爱国主义作品迭出，出现张维屏、张际亮等爱国诗人的名字；在科学技术方面则提到吴其濬、邹伯奇、郑复光等在植物学、光学、力学方面的成就，由此丰富了鸦片战争前后中国士人思想变化方面的内容。

第三节　关于"太平天国革命"的话语表述

1977 年版《中国近代史》第二章标题为"太平天国革命——近代中国第一次革命高潮"，故而该章集中论述"三次革命高潮"的第一部分，表明 1851 年洪秀全领导的空前规模的"反对帝国主义走狗清朝的太平天国战争"，是在中国已经沦为半殖民地半封建社会的历史条件下发生，是外国资本主义的入侵促使中国社会阶级矛盾尖锐化的结果。② 1979 年版《中国近代史》删去"反对帝国主义走狗清朝"之类的表述，1983 年版则将"太平天国革命"改为"太平天国农民战争"，删去"矛盾尖锐化的结果"等语。1994 年版改为"太平天国起义"，并在标题中将之与"第二次鸦片战争"并列。

四版《中国近代史》都介绍了太平天国运动兴起的时代背景。如 1977 年版的表述：鸦片战争后中国开始卷入世界资本主义市场，外国资本主义在中国倾销商品日盛，并从中国掠走了丝、茶等大量农产品，资本主义剥削中国民众，使东南

---

① 李侃、李时岳、李德征、杨策、龚书铎：《中国近代史》（第四版），北京：中华书局 1994 年版，第 41 页。

② 《中国近代史》编写小组：《中国近代史》，北京：中华书局 1977 年版，第 56 页。

沿海一些地区的手工业者和农民破产；太平天国革命前夕，土地高度集中，清政府作为地主阶级对农民实行反动专政的工具，竭力维护地主阶级的利益，残酷镇压农民起义。在诸多反清力量中，**洪秀全**创立的**拜上帝会**表现出与天地会等秘密组织不同的特点，"它有鲜明的革命纲领和严密的革命组织。因此，此伏彼起、日趋高涨的人民反抗斗争，很快被洪秀全领导的拜上帝会汇集成席卷全国的农民战争"①。1979 年版《中国近代史》对这一特点有所修订，改为"它有比较明确的纲领和严密的革命组织。因此，拜上帝会能够迅速发展，把分散的人民反抗斗争汇集成一股革命的洪流"②。1983 年版则将"严密的革命组织"改为"严密的组织"，"革命的洪流"改为"起义的洪流"③。1994 年版在话语上进一步简化，删除"洪流"④等词语。

1977 年版《中国近代史》提到，洪秀全为了革命斗争的需要，开始摸索救国救民的真理，书中引用毛泽东对洪秀全等人的评价："自从一八四〇年鸦片战争失败那时起，先进的中国人，经过千辛万苦，向西方国家寻找真理。洪秀全、康有为、严复和孙中山，代表了在中国共产党出世以前向西方寻找真理的一派人物。"⑤书中还明确指出，洪秀全塑造的"上帝"，并非是西方基督教的"上帝"，"这个'上帝'是农民革命的权威，广大农民要运用这个权威去横扫压在农民头上的'妖邪''奸宄'，推翻清朝政府统治下的'邪恶之世'……洪秀全自己就是农民利益的集中代表者和农民革命权威的体现者。他从农民革命的需要出发，把基督教的一些教义和形式，加以改造和利用，创立了革命组织'拜上帝会'，发动和组织广大群众参加革命，掀起了轰轰烈烈的农民革命大风暴"⑥。从 1845 年开始，洪秀全用约两年时间写出《原道救世歌》《原道醒世训》《原道觉世训》三篇"宣传革命"的文献，表达了一条农民革命的政治路线，而这条政治路线的思想基础，

① 《中国近代史》编写小组：《中国近代史》，北京：中华书局 1977 年版，第 59 页。

② 《中国近代史》编写组：《中国近代史》，北京：中华书局 1979 年版，第 53~54 页。

③ 《中国近代史》编写组：《中国近代史》，北京：中华书局 1983 年版，第 46 页。

④ 李侃、李时岳、李德征、杨策、龚书铎：《中国近代史》（第四版），北京：中华书局 1994 年版，第 46 页。

⑤ 《毛泽东选集》（第四卷），北京：人民出版社 1991 年版，第 1469 页。

⑥ 《中国近代史》编写小组：《中国近代史》，北京：中华书局 1977 年版，第 61~62 页。

乃"农民……朴素的平等平均思想"。1979 年版对 1977 年版的表述作较大删动，"洪秀全从封建压迫下的中国农民群众的利益和要求出发，利用了基督教的一些宗教教义和仪式，加以附会解说，由此开始了他的传教工作"，关于洪秀全撰写的《原道救世歌》等三篇文献，其意义在于"奠定了太平天国革命的思想基础"①。显然，1979 年版《中国近代史》淡化了洪秀全的英雄主义色彩。1983 年版、1994 年版则更为简洁地说明洪秀全开始传教的契机，即在阅读传教士梁发的基督教布道小册子《劝世良言》后，洪秀全按照书中启示，祈祷上帝，自行施洗，此后开始从事传教活动，《原道救世歌》等三篇文献的重要性在于"把基督教教义和儒家思想结合起来"②。总体来看，1979 年版、1983 年版、1994 年版《中国近代史》不断淡化洪秀全的英雄主义色彩。

　　四版《中国近代史》基本梳理了太平天国运动不断壮大的历史过程。1851 年，洪秀全发动"金田起义"，掀起"太平天国运动"。永安是太平天国金田起义后占领的第一座城市。洪秀全在永安采取了许多革命措施，建设革命政权（即"**永安建制**"），他注意清除内奸、叛徒，坚决反对投降。此后，太平军势力不断壮大，1853 年 1 月，进占武昌城。同年 3 月，占领南京后改名为"天京"（即"**定都天京**"），成立与清王朝对峙的农民政权。1977 年版《中国近代史》强调，太平军之所以能够取得节节胜利，在于赢得广大人民群众的拥护，使革命形势飞跃发展，"太平军的纪律严明，是当时中外所公认的，即使反动派也不敢否认。这是太平军所以赢得人民拥护，能够迅速发展、取得胜利的重要保证"③。

　　太平天国运动的蓬勃发展，引起清政府的恐慌。咸丰帝为了挽救局面，起用**曾国藩**等在籍官绅。四版《中国近代史》都给予太平军的强劲对手曾国藩相当负面的评价，如 1977 年版提到"曾国藩利用孔孟之道和封建宗法关系作为维系湘军的纽带，他自己则是湘军的总头子。这个竭力主张'捕人要多，杀人要快'的刽子手，口喊'仁义'，手握屠刀，以其反动武装穷凶极恶地屠杀人民。到 1854 年

---

① 《中国近代史》编写组：《中国近代史》，北京：中华书局 1979 年版，第 55、56 页。
② 李侃、李时岳、李德征、杨策、龚书铎：《中国近代史》(第四版)，北京：中华书局 1994 年版，第 47 页。
③ 《中国近代史》编写小组：《中国近代史》，北京：中华书局 1977 年版，第 74 页。

3 月，湘军练成水陆两军，共一万七千多人。于是，**曾国藩和他的反动湘军，成为清朝反动统治的重要支柱和太平天国革命的凶恶敌人**"①。其他三版虽然对湘军的描述有所差异，如将湘军前的"反动"二字删去，但对曾国藩"重要支柱"与"凶恶敌人"的评价基本没有变化。

1977 年版《中国近代史》给予太平军的北伐战争很高评价，认为"是太平天国革命史上英勇悲壮、可歌可泣的一页。在两年内横扫六省，转战五千里，连克数十府、州、县，给清政府严重的打击和威胁，给我国北部人民革命斗争造成了有利的斗争形势"；而北伐的最终失败，乃"由于北方军'虽所到以威勇取胜，究系孤军深入'，又未能主动联系和发动群众，因而陷于失败"，甚而使用一些文学性写法，如北伐太平军的首领林凤祥在北京遭受凌迟之刑，"刀所及处，眼光犹直视之，终未尝出一声"，"充分表现了革命者坚贞不屈、视死如归的英雄气概"②。然而 1979 年版对于太平军北伐失败的原因，仅补入"远离革命根据地，得不到后方的有力支援"③，删去对林凤祥视死如归的相关赞语。

1977 年版《中国近代史》提出"高峰说"："在农民革命战争烽火中诞生的太平天国革命政权，是中国历史上农民战争发展的新高峰。它不但与地主阶级专政的封建政权是根本对立的，而且在革命的深度和广度上，也是历史上历次农民战争所建立的农民革命政权所不可比拟的"。太平天国政权具有"明确的革命纲领、革命政策和比较完整的规章制度"。太平天国制定的纲领和政策，"不仅集中地反映了以农民为主体的广大劳动人民的利益和要求，而且也是太平天国革命英雄们在革命斗争实践中的伟大创造"。1979 年版亦认同此说。1853 年颁布的《**天朝田亩制度**》，旨在废除封建土地所有制，该制度被称为"伟大的农民革命纲领，它将永远闪耀着太平天国革命的光辉"，"从经济基础到上层建筑，绘制了太平天国革命所要建立的国家和社会的蓝图，表现了农民革命的理想"，"是太平天国及其杰出的领袖洪秀全革命思想和革命实践的结晶，是洪秀全坚持革命路线的产物。它把历史上农民战争曾经提出过的'等贵贱，均贫富''均田免赋'等口号，

---

① 《中国近代史》编写小组：《中国近代史》，北京：中华书局 1977 年版，第 75 页。
② 《中国近代史》编写小组：《中国近代史》，北京：中华书局 1977 年版，第 76、77 页。
③ 《中国近代史》编写组：《中国近代史》，北京：中华书局 1979 年版，第 69 页。

发展到前所未有的高度"①。1979 年版对此制度作进一步引申，认为该制度"把农民的这种革命愿望，用革命政权所发布的文件完整体现出来，这是太平天国革命的伟大成就"②。但是，两版均不否认《天朝田亩制度》所描绘的理想社会，事实上"是不可能实现的"，1977 年版引用毛泽东的观点说明其失败的根源，"只是农民小资产者的一种幻想"③。

1977 年版《中国近代史》还提到太平天国的反孔斗争，并加以详细说明：

> 在思想文化领域里，太平天国对两千多年来毒害人民的儒家思想，进行了一次革命的批判和扫荡。早在金田起义之前，洪秀全便将孔孟之书抛掷在地，并在他教书的地方砸掉了孔丘牌位。金田起义后，太平军入湖北沔阳，"衙署文庙，悉被烧毁"；至河南涉县(原文如此——笔者注)，"开放监犯"，"焚烧学宫"；到山东临清，"文庙大成殿亦焚，圣像及两庑木主无存者"；在安徽潜山，"剖文庙木主"。太平军所到之处，"凡学宫正殿两庑木主亦俱毁弃殆尽，任意作践，或堆军火，或为马厩。江宁学宫则改为宰夫衙，以璧水圜桥之地为椎牛屠狗之场"，表现了革命人民对孔孟之流极大的藐视。随着革命形势的发展，(他们)把反孔斗争与政治斗争日益结合起来，力图从思想上、政治上对孔孟之道加以否定，从而把历史上农民革命的反孔斗争推到了一个新的高度。④

相关内容在此后三版中均有删动，如 1979 年版对太平天国反儒运动的评价更为客观，该段被修改为"在思想文化领域，太平天国对孔丘和儒家经书的正统权威进行了一次革命的冲击……但是太平天国并没有对儒家思想进行任何实质性的批判，对《四书》《五经》也只是删去鬼神祭祀之类的字句，或做些枝节的文字改动。相反，洪秀全、杨秀清等领导者却把儒家思想中的一些基本内容如等级

---

① 《中国近代史》编写小组：《中国近代史》，北京：中华书局 1977 年版，第 83、84 页。
② 《中国近代史》编写组：《中国近代史》，北京：中华书局 1979 年版，第 76 页。
③ 《毛泽东选集》(第一卷)，北京：人民出版社 1991 年版，第 91 页。
④ 《中国近代史》编写小组：《中国近代史》，北京：中华书局 1977 年版，第 92~93 页。

制、三纲五常、天命论等，都保留下来”①。总体来看，太平天国的反儒反孔活动不再被此后三版重点提及。

太平天国运动蓬勃发展之际，英法两国挑起第二次鸦片战争，分别制造“亚罗号事件”与“马神甫事件”，俄、美两国以居中“调停”名义乘机渔利。1858 年 6 月，清政府与沙俄、美国、英国、法国分别签订《天津条约》。1977 年版《中国近代史》认为“《天津条约》进一步破坏了中国主权，加深了外国资本主义对中国人民的奴役和剥削，使中国社会日益半殖民地化”②。1979 年版则改为“《天津条约》进一步破坏了中国的主权，加深了中国社会的日益半殖民地化”③。1983 年版表述更为精确，改为“《天津条约》和《通商章程善后条约》的签订，进一步破坏了中国的主权，加深了中国社会的半殖民地化”④。

与此同时，沙俄趁火打劫，于 5 月逼迫黑龙江将军奕山签订《瑷珲条约》，1977 年版《中国近代史》斥责沙俄的这一侵略行径，“沙皇俄国用军事占领和外交讹诈相结合的手段，霸占了我国黑龙江以北的广大领土。他们得意如狂，特地把瑷珲北岸的海兰泡改名为‘报喜城’，又在伊尔库茨克大摆筵席，为穆拉维约夫‘庆功’”。编者专门引用了马克思、恩格斯的话，强调“无产阶级革命导师对沙俄侵华罪行的一系列谴责，为沙皇俄国侵占中国大片领土的罪行定下了永远翻不了的铁案”⑤——“由于进行了第二次鸦片战争，帮助俄国获得了鞑靼海峡和贝加尔湖之间最富庶的地域”⑥，“（沙俄）除了分沾英法所得的一切明显的利益以外，还得到了黑龙江沿岸地区”⑦。1979 年版对沙俄侵略行径的表述更为精确，强调《瑷珲条约》的非法性，“清朝中央政府没有批准《瑷珲条约》，并对奕山等人予以处分。但沙俄侵略者却不管条约是非法的，他们欣喜若狂”⑧。1983 年版则删去

---

① 《中国近代史》编写组：《中国近代史》，北京：中华书局 1979 年版，第 83 页。
② 《中国近代史》编写小组：《中国近代史》，北京：中华书局 1977 年版，第 102 页。
③ 《中国近代史》编写组：《中国近代史》，北京：中华书局 1979 年版，第 90 页。
④ 《中国近代史》编写组：《中国近代史》，北京：中华书局 1983 年版，第 80 页。
⑤ 《中国近代史》编写小组：《中国近代史》，北京：中华书局 1977 年版，第 105 页。
⑥ 《马克思恩格斯全集》（第 12 卷），北京：人民出版社 1962 年版，第 625 页。
⑦ 《马克思恩格斯全集》（第 12 卷），北京：人民出版社 1962 年版，第 664 页。
⑧ 《中国近代史》编写组：《中国近代史》，北京：中华书局 1979 年版，第 92 页。

这一节中关于"这个早在第一次鸦片战争中就被外国侵略者吓破了胆的"奕山的主观性评述。1994年版对"沙俄侵占我国北方大片领土"小节有较大改动，一方面删除了马克思、恩格斯对沙俄侵略行径的评述，另一方面补充一些史实，如1861年6月中俄双方签订《勘分东界约记》、1964年双方签订《勘分西北界约记》的经过。四版一致认为，"**沙俄是第二次鸦片战争最大的获利者**"，通过《瑷珲条约》和一系列的勘界条约，"**侵占了我国144万多平方公里的领土**"。

1859年6月，英、法以"换约"名义再生事端。1860年春，两国组织侵华远征军。9月，咸丰帝仓皇出逃热河，恭亲王奕䜣留京主持"和局"。英法联军控制北京后，"再一次暴露了他们杀人放火、奸淫掳掠的强盗本性"；四版《中国近代史》都提到**圆明园被焚**这一事件，"举世罕有的，珍藏着中国历代图书典籍、文物书画和金珠珍宝的圆明园经过英、法侵略者十天的破坏和焚掠，只剩下了败瓦颓垣。这就更暴露了帝国主义者标榜的所谓'西方文明'，原来就是用火与铁去毁灭劳动人民创造的文化艺术，或者像强盗和小偷一样，把它们抢劫一空。英、法殖民主义者令人发指的滔天罪行和欠下中国人民的血债，是永远抵赖不了的"①。1979年版则删除"这就更暴露了帝国主义者标榜的所谓'西方文明'"后数语。1994年版关于"圆明园被焚"的说明有较大改动，改为"10月初，侵略军占领圆明园。这座经营了150多年，综合中西建筑艺术成就，聚集了古今艺术珍品和历代图书典籍，世界上少有的壮丽宫殿和园林，在惨遭侵略军大肆抢掠后，又被纵火焚毁"②。

奕䜣在英、法武力逼迫和沙俄恫吓下，于10月分别与额尔金、葛罗交换《天津条约》，并签订中英、中法《北京条约》，对于奕䜣等人的"和议"，1977年版《中国近代史》述评道：《北京条约》签订后，各国取得了在北京派驻公使的权利，这样就为资本主义各国通过驻京公使直接对清王朝施加压力、加强对清政府的影响和控制、左右中国的内政和外交创造了便利条件。在这以后，北京的使馆区东交民巷俨然成为中国的"太上政府"。1861年1月，清政府设立了**总理各国事务**

---

① 《中国近代史》编写小组：《中国近代史》，北京：中华书局1977年版，第108~109页。

② 李侃、李时岳、李德征、杨策、龚书铎：《中国近代史》（第四版），北京：中华书局1994年版，第46页。

衙门，主管外交与一切有关洋务，首任总理衙门大臣奕䜣、桂良和文祥等人在奏请设立总理衙门及奏陈政见疏中，就认为资本主义侵略者不过是"肢体之患"，"并不利(夺)我土地人民，犹可以信义笼络"，而太平军和捻军则是"心腹之害"，因而主张以"灭发捻为先，治俄次之，治英又次之"①。

"**肢体之患**"与"**心腹之害**"②，是说明清政府对英法等列强持妥协、对太平天国与捻军持坚决镇压态度的"经典"话语，为学界广泛引用。1979年版《中国近代史》即指出，"所谓'治俄'、'治英'不过是妥协投降的遁词而已，实际上是要求和外国侵略者勾结起来，共同镇压中国人民的革命斗争"③。1983年版则简述为"实际上是要求与外国侵略者联合镇压中国人民的起义"④。四版均叙述咸丰帝死后的清廷政局发生的重大变化，即同治帝生母叶赫那拉氏与恭亲王奕䜣联合发动政变，诛杀、罢黜怡亲王载垣、郑亲王端华、户部尚书肃顺等八人"赞襄政务王大臣"，夺取清王朝最高统治权的始末，1979年版称之为"北京政变"。1983年版、1994年版则将"北京政变"改为"**辛酉政变**"，并详述政变后清廷形成新的政治格局，如提到"辛酉政变后，清政府决议求助于外国军队来镇压太平天国"，"慈禧、奕䜣等清朝最高统治者，对外依靠资本主义侵略者的帮助，对内则注意调整同曾国藩集团的关系，以取得他们的支持"，"曾国藩集团也就成为地主阶级当权派中最大的实力派"⑤等。

此时，太平天国运动由盛转衰。对于太平天国运动重要人物如杨秀清、韦昌辉、石达开等，1977年版《中国近代史》给予鲜明评价，如关于杨秀清，"封建地主阶级思想的侵蚀，使他逐渐丢弃了太平天国革命的理想，破坏了领导集团的团结，热衷于争权夺势，个人政治野心不断滋长，最后竟发展到要篡夺太平天国的最高领导权力，对太平天国革命造成严重损害"；关于韦昌辉，"是混入太平天国领导核心的阶级异己分子，一贯耍两面派手法骗取洪秀全、杨秀清的信任"，在天京事变中，他"借'勤王'诛杨之机进行阶级报复，发动一场反革命暴乱"，

---

① 《中国近代史》编写小组：《中国近代史》，北京：中华书局1977年版，第110~111页。
② 贾桢等编：《筹办夷务始末(咸丰朝)》(卷71)，北京：中华书局1979年版，第2675页。
③ 《中国近代史》编写组：《中国近代史》，北京：中华书局1979年版，第99页。
④ 《中国近代史》编写组：《中国近代史》，北京：中华书局1983年版，第113页。
⑤ 《中国近代史》编写组：《中国近代史》，北京：中华书局1983年版，第115页。

他手握屠刀，"诸务皆自专"；关于石达开，"也是混入太平天国领导核心的地主分子，他对太平天国的革命理论、制度和政策，口是心非，阳奉阴违"①。关于太平天国"后起之秀"李秀成，则"据江浙为基地，招降纳叛，结党营私，大搞独立王国，执行了一条阶级投降主义路线"②。而对于洪秀全，则与前四人评价完全不同，认为他"面对1856年后的险恶形势，天王洪秀全以大无畏的革命英雄气概，坚持革命，力挽危局，为维护革命政权进行了顽强的斗争……洪秀全是太平天国革命的杰出领袖，是在中国共产党出世以前向西方寻找真理的先进的中国人的代表之一。他领导了千百万受压迫受剥削的农民大众，对帝国主义和封建主义作了不屈不挠的斗争，为中国革命建立了不可磨灭的伟大功绩。尽管由于阶级的和时代的局限，他还有这样或那样的弱点，但他代表了当时广大人民群众的要求和愿望，顺应了历史前进的方向，他将永远为中国人民纪念和敬仰"③，不难看出，1977年版《中国近代史》褒扬洪秀全贬低杨、韦、石、李等人的立场很明显。

1979年版对于杨秀清等太平天国诸王的评价则较1977年版公允客观，如指出"杨秀清有出色的政治和军事才能，太平天国革命前期能够取得那样巨大的发展，是和他的领导分不开的。但是，随着革命的发展和个人权势的上升，杨秀清骄傲专横的倾向也日益严重地表现出来"④。对于洪秀全的评价也与1977年版有较大不同，如提到"太平天国领袖们之间的关系逐渐疏远，宗派色彩日益明显。洪秀全'僻处深宫，从(足)不出户'，把许多精力用于宗教神学的著述，脱离了斗争实践，脱离了广大群众"⑤。1983年版对洪秀全的迷信思想持否定态度，"洪秀全陶醉于'爷、哥、朕、幼坐朝廷''父子公孙同显权'，宗教迷信思想占了主导地位，一切信天不信人"⑥。

1859年洪仁玕从香港来到天京，被封为干王，总理太平天国朝政，他向洪秀全提出了一个统筹全局的方案——《**资政新篇**》。在政治方面，洪仁玕主张立

---

① 《中国近代史》编写小组：《中国近代史》，北京：中华书局1977年版，第119~121页。
② 《中国近代史》编写小组：《中国近代史》，北京：中华书局1977年版，第128页。
③ 《中国近代史》编写小组：《中国近代史》，北京：中华书局1977年版，第123、151页。
④ 《中国近代史》编写组：《中国近代史》，北京：中华书局1979年版，第107页。
⑤ 《中国近代史》编写组：《中国近代史》，北京：中华书局1979年版，第106~107页。
⑥ 《中国近代史》编写组：《中国近代史》，北京：中华书局1983年版，第108页。

政的关键在于制定法律、制度；在经济方面，他主张效法西方资本主义，发展近
代交通运输事业与金融事业，奖励民间开矿，制造火轮车、轮船及其他"器皿技
艺"；在思想文化、风俗习惯方面，他主张设学馆、医院、聋哑院、礼拜堂等；
在外交方面，他主张同资本主义国家自由通商，进行文化交流，但外人不得干涉
太平天国内政和"国法"。1979年、1983年、1994年三版《中国近代史》均对洪仁
玕的建议给予较高评价，如1994年版认为："洪仁玕的这些建议，具有鲜明的资
本主义色彩，符合当时中国社会发展的客观要求，比起农民中原有的平均主义理
想，这是一个大的进步。"①

对于太平天国的历史意义，1977年版《中国近代史》不仅提到该运动乃中国
近代历史上反帝反封建的民主革命的第一个高潮，也是一次波澜壮阔、声势浩大
的反孔运动，不仅沉重打击了中国封建势力和外国侵略势力，大大推进了中国革
命的进程，而且也推动了亚洲的民族解放运动，促进了欧洲大陆的政治革命。太
平天国运动虽然失败了，"但太平天国英雄们大无畏的革命精神，可歌可泣的革
命业绩，激励中国人民继续向着帝国主义及其走狗进行英勇的斗争"；该版还强
调，太平天国的全部革命斗争史，"最根本的一条经验就是：在半殖民地半封建
的中国，如果没有工人阶级领导，要完成反帝反封建的民主革命是不可能的"②。
1979年版的评价大致与1977年版的评价类似，补充说明"他们（农民）不代表新
的生产方式，无法克服自己的弱点，这是太平天国革命失败的根本原因"③。
1983年版对太平天国运动历史意义的评价更为简练，指出"太平天国农民战争虽
然失败了，但它以疾风暴雨之势，雷霆万钧之力，先后攻克六百余城，席卷了半
个中国，建立了与清朝封建政权对峙十余年之久的政权，沉重地打击了中国封建
统治阶级和外国资本主义侵略者，在中国历史上写下了光辉不朽的一页"④，这
一评价为1994年版基本不变地承继下来。

① 李侃、李时岳、李德征、杨策、龚书铎：《中国近代史》（第四版），北京：中华书局1994年版，第94页。
② 《中国近代史》编写小组：《中国近代史》，北京：中华书局1977年版，第157~159页。
③ 《中国近代史》编写组：《中国近代史》，北京：中华书局1979年版，第140页。
④ 《中国近代史》编写组：《中国近代史》，北京：中华书局1983年版，第128页。

第四节　关于"半殖民地社会逐步加深"历史进程的话语表述

　　1977 年版《中国近代史》第三章标题为"半殖民地的逐步加深和中国人民反对外国侵略的斗争"，包括太平天国运动失败至甲午战争清朝战败约 30 年的历史时段。1994 年版将此章划分为二，即"洋务运动和中国资本主义的产生"与"中法战争和中日战争"两部分，章节布局更为合理，历史主线更为明晰，事实上凸显"洋务运动"与"中法战争""中日战争"在中国近代史整体发展脉络中的重要意义。

　　1977 年版《中国近代史》提到，在太平天国革命失败之后封建地主阶级卷土重来，"大部分土地仍集中在封建地主阶级手中，农民群众再度沦于封建地主阶级的沉重压迫和剥削之下"；而清政府于战后在江浙等省推行的招抚流亡、开垦荒地的措施，书中认为不过"是对农民阶级的一大骗局"，清政府的主要目的"绝不是要让农民获得土地，而是企图把流亡在外的农民重新束缚到土地上来，为封建地主阶级提供剥削的对象，以便从广大农民身上搜刮财富，来充实为反革命战争弄得十分空虚的国库"[1]。1979 年版删除这一说法。1983 年版对 1977 年版"清朝封建统治阶级反攻倒算"的说法作较大改动，认为"太平天国失败后，清政府对于社会经济遭受严重破坏的地区，曾宣布减收田赋，如在江浙等省施行减免漕额约三分之一。这是清政府应地方官吏的要求而采取的团结地主阶级的一项措施，受惠者主要是地主豪绅"[2]，清政府招抚流亡者等措施的目的在于"稳定封建统治秩序"。这一版另补充道，自然灾害频仍也是农村经济凋敝一个不可忽视的因素，"1876 年至 1879 年间，南北各省分别遭受严重的水灾与旱灾，死亡至少在一千万人以上。农民经受着天灾人祸的袭击，生活在水深火热之中"[3]。1994 年版用更多篇幅说明各种灾害对于农业经济的摧残，如"从 60 年代到 80 年代，三十年间，永定河、黄河、长江、淮河、珠江和洞庭湖等连续发生水灾。其中黄

---

① 《中国近代史》编写小组：《中国近代史》，北京：中华书局 1977 年版，第 173、174 页。
② 《中国近代史》编写组：《中国近代史》，北京：中华书局 1983 年版，第 141 页。
③ 《中国近代史》编写组：《中国近代史》，北京：中华书局 1983 年版，第 143 页。

河决口 15 次，仅在 1882 年到 1890 年就决口 9 次，受灾面积最广；长江也决口 15 次，但较黄河水患为小；永定河决口 16 次，从 1867 年到 1875 年连续 9 年决口 11 次；淮河年年失修，竟出现了'大雨大灾，小雨小灾，无雨旱灾'的景象"，书中特别提到 1877 年、1878 年连续两年发生的"丁戊奇荒"，这次大旱灾导致山西、河南、直隶、陕西、甘肃、山东、安徽、江苏、四川等地出现赤地千里、饿殍遍野的悲惨景象；灾害导致的生活困难和赈灾中出现的种种弊端，"引发了灾区饥民的不满，迫使许多饥寒交迫、家破人亡的饥民走上了造反之路，社会更加动荡不安，本已相当尖锐的社会矛盾更加激化"①。由此提醒读者，清朝出现经济危机的根源，并不仅因尖锐的阶级矛盾。

另外，19 世纪六七十年代清政府与外国列强之间出现所谓"和好"局面，1977 年版《中国近代史》将此视为"中外反动派加紧勾结"的结果："这个'和好'局面，是建立在共同镇压农民起义，维护中国半殖民地统治秩序的基础之上的。"②1983 年版则将"和好"局面的说法改为列强对华采取"**合作政策**"，指出"这项政策是由英、美两国所倡导，而为俄、法等国所支持的。西方资本主义国家企图巩固和扩大不平等条约中所取得的权益，以及消除相互之间的猜忌和竞争，在有关侵华的重大问题上彼此进行'协商与合作'，以达到共同侵略目的，这就是'合作政策'的实质"。

1977 年版《中国近代史》也提到，曾国藩和李鸿章为保持中外"和好"大唱赞歌，"竭力发挥投降卖国的反动理论"，"这两个投降派头子，对外国侵略者都搬出了早已臭不可闻的'羁縻'政策，实质上就是对外国侵略者屈膝投降，出卖民族利益"。所谓曾、李的"投降理论"，也即"羁縻"之论，该版专门引用了两段史料相证，即曾国藩所言"驭夷之法，以羁縻为上，诚为至理名言"③、李鸿章所说"洋人所图我者，利也，势也，非真欲夺我土地也。自周秦以后，驭外之法，征

---

① 李侃、李时岳、李德征、杨策、龚书铎：《中国近代史》(第四版)，北京：中华书局 1994 年版，第 124、125 页。
② 《中国近代史》编写小组：《中国近代史》，北京：中华书局 1977 年版，第 176 页。
③ 《曾文正公全集·书札》(卷三十三)，光绪己卯年传忠书局刻本，第 10 页。

战者后必不继，羁縻者事必久长，今之各国，又岂有异"①？曾、李的"羁縻"之论在 1983 年版、1994 年版不再提及，实则否定 1977 年版所提出的"中外反动派加紧勾结"之说。

伴随政治、经济的半殖民地化，意识形态领域也发生相应变化，1977 年版提到了基督教与孔学形成文化上的"反动联盟"，文中引用毛泽东的观点："帝国主义文化和半封建文化是非常亲热的两兄弟，它们结成文化上的反动同盟"②。1977 年版如此表述两者的结合：

> 资本主义列强一向利用基督教作为它们侵略中国的重要工具之一。它们通过基督教宣扬西方的"文明"，散布奴化思想，企图从精神上解除中国人民的武装。在对华侵略逐步加深的过程中，它们越来越发觉：作为中国封建统治精神支柱的孔学，不但不违背基督教的教义，反而可以和基督教起相辅相成的作用，于是，他们从排斥孔学，转而吹捧和利用孔学……西方传教士在说教中，不再坚持"孔子或基督"（即二者不能同时信仰），而是宣传"孔子加基督"。他们一手握《圣经》，一手持《四书》，竭力鼓吹基督教与儒教可以互相补充。③

文中还特别提到，清朝封建统治者"竭力吹捧武训这样一个忠实的走狗"。武训，山东冠县人，出身于贫农家庭，以行乞兴学而闻名。1977 年版对武训的兴学活动持彻底批判态度，"在你死我活的阶级大搏斗中，武训背叛了农民阶级，甘心充当地主阶级的奴才，并且用极端卑鄙无耻的手段，一心想钻进封建地主阶级的行列，变为对农民的压迫者和剥削者"④。1983 年版、1994 年版将"帝国主义文化和半封建文化相结合"以及批判武训的内容全部删去。

①　吴汝纶编：《李文忠公全书·奏稿》（卷十），光绪乙巳四月金陵付梓戊申五月印行本，第 27~28 页。
②　《毛泽东选集》（第二卷），北京：人民出版社 1991 年版，第 695 页。
③　《中国近代史》编写小组：《中国近代史》，北京：中华书局 1977 年版，第 181 页。
④　《中国近代史》编写小组：《中国近代史》，北京：中华书局 1977 年版，第 183 页。

在中外"和好"的局面下，清朝以"求强求富"为目标，推行"洋务运动"。关于洋务派及其推行的"洋务运动"，四版对两者的评价各不相同，从中不难看出人们对其认识的变化，1977年版《中国近代史》如此定义和描述：

> 第二次鸦片战争后，在中外反动派联合镇压太平天国革命的过程中，清朝封建统治集团内部形成了一批具有买办性的官僚军阀……这一派人被称为洋务派……他们的活动，适合外国侵略者的需要，得到了他们的支持。因此，所谓洋务运动，实质上是中外反动势力结合的畸形产物……洋务派标榜的"求强"和"求富"，其目的都是为了维护半殖民地半封建的反动统治，都是代表了外国资本主义侵略者和国内大地主、大买办官僚集团的利益。他们是外国侵略者在中国的走狗和代理人。崇洋、媚外、卖国是洋务派最本质的特点。①

1979年版关于洋务派的定义有所改动，主要将原文中"他们制定了一条对内镇压人民，对外投降卖国的反动政治路线"改为"在这个指导思想影响下，他们从十九世纪六十年代至九十年代间举办了一系列的所谓洋务事业。这一派人被称为洋务派"；关于洋务派"标榜的'求强'和'求富'"，1979年版改为"是求清朝封建统治之强，求地主买办阶级之富，代表了外国资本主义侵略者和国内官僚军阀集团的利益"②。

1983年版对此改动更大，"洋务运动"的积极意义得以凸显：

> 在长期镇压农民起义的过程中，有一批掌握实权的清朝官僚，对洋枪洋炮的作用有了亲身的体会；两次鸦片战争的失败，使他们逐渐认识到中国正面临着几千年来的"大变局"，传统的一套措施已经不能应付新的形势，认为必须学习西方资本主义国家的"长技"，才能挽救摇摇欲坠的封建统治。于是，**他们出面倡导和主持了以学习西方科学技术、引进机器生产为中心内**

---

① 《中国近代史》编写小组：《中国近代史》，北京：中华书局1977年版，第184~185页。
② 《中国近代史》编写组：《中国近代史》，北京：中华书局1979年版，第160~161页。

容的"富强"运动。人们通常把这类运动称为洋务运动，把他们这些人称为洋务派。①

1994 年版对洋务派与洋务运动的评价又有所不同：

> 主张举办洋务的倡导者，在清朝中央政府有恭亲王奕䜣和军机大臣文祥、桂良，地方大吏有曾国藩、左宗棠、李鸿章、沈葆桢、丁日昌、郭嵩焘等。他们的周围又有一批比较了解国内国外形势，希望通过兴办洋务达到富国强兵的官僚和开明人士。**这些洋务的倡导者们，在镇压太平天国的战争中和与外国侵略者的直接交涉中，都为保住清朝统治立下了"汗马功劳"，而且手握中央和地方的军政、经济实权。由于他们在兴办洋务的问题上，思想主张基本一致，于是就在清朝统治集团内部形成了一个势力相当强大的政治派别，习惯上被称为洋务派**。而洋务派一经形成，历时三十年的洋务运动也就随之兴起。**兴办洋务，在 19 世纪 60 年代的中国，无疑是一次重大的外交、军事和工业生产方式的变革**。②

关于洋务运动性质的说明，四版《中国近代史》差异颇大。如 1977 年版强调，洋务派在"求强"幌子下创办的军事工业，如**江南制造总局、金陵机器局、福州船政局、天津机器局、广州枪炮厂**等，不过是外国资本主义军火工业的附庸，具有浓厚的买办性、封建性，充满着半殖民地半封建的腐朽性；而在"求富"幌子下兴办的民用企业，如**轮船招商局、开平矿务局、上海机器织布局**等，这些民营企业的资本主义性质不纯，同样具有较为明显的封建性、买办性、垄断性，其经营管理极端腐败，不仅是官僚买办营私舞弊的场所，也是封建买办势力压抑民族资本主义发展的工具。不过，1977 年版也指出，洋务派创办的民营企业，有些

---

① 《中国近代史》编写组：《中国近代史》，北京：中华书局 1983 年版，第 144~145 页。
② 李侃、李时岳、李德征、杨策、龚书铎：《中国近代史》(第四版)，北京：中华书局 1994 年版，第 126~128 页。

已具备了官僚资本主义的雏形。①

1979 年版则认为，洋务派创办的军事工业，基本上不是资本主义性质的企业，而是封建官府的垄断企业，具有浓厚的封建性；洋务派兴办军事工业的目的，主要是为了维护清朝封建统治和压迫广大人民，因此这些军事工业获得了外国资本主义的支持，成为中外反动势力结合的畸形产物。洋务派建立的军事工业并没有给中国奠定自强的基础，而是反映了中国半殖民地化程度的加深。洋务派兴办军事工业的过程，是中外反动势力进一步勾结的过程；洋务派创办的军事工业，也是官僚军阀集团扩充自己势力的工具。② 1979 年版相较 1977 年版，为洋务军事工业去掉"买办性"。关于洋务派兴办的民用企业的特点，该版表述也与1977 年版不同，如指出这些民用企业基本上是资本主义性质的企业，不过仍带有较明显的封建性。③ 1979 年版已提到洋务派兴办的近代工业，在客观上起到某些积极作用：随着这些近代工业的建立，中国社会出现了一批近代产业工人；当时一些较大的局(厂) 如福州船政局等附设有新式学堂，并派遣留学生出国学习，江南制造总局还设有专门翻译西方科技书籍的机构，使近代科学技术知识开始得到传播，造就了一批掌握自然科学的知识分子和工程技术人员，其中一些人日后成为维新变法的倡导者。有些民营企业如织布局、轮船招商局等，在抵制洋货倾销和防止外国资本主义垄断我国航运方面起了一定作用。1979 年版总结道："尽管洋务派不是新的生产关系的代表，但是，他们在我国建立了第一批近代工业，主张仿效西方的近代生产技术，在客观上是有利于社会生产力的发展和中国资本主义的发生的。"④

1983 年版的评价与 1979 年版的评价基本相似，但对洋务派创办军事工业给予更多肯定，认为"必然促进民用工业和新式交通运输业的发生和发展。七十年代以后，轮船招商局、开平矿务局、电报局等民用企业便是在军事工业的推动下相继出现的。从这个意义上说，军事工业在客观上对中国社会经济的发展和资本

---

① 《中国近代史》编写小组：《中国近代史》，北京：中华书局 1977 年版，第 198 页。
② 《中国近代史》编写组：《中国近代史》，北京：中华书局 1979 年版，第 163~166 页。
③ 《中国近代史》编写组：《中国近代史》，北京：中华书局 1979 年版，第 171 页。
④ 《中国近代史》编写组：《中国近代史》，北京：中华书局 1979 年版，第 175 页。

主义民营企业的产生起了一定的促进作用"①。1983 年版专设一节说明新式海陆军的创建，提到北洋水师作为清政府最主要的一支新式海军的成军史。而关于洋务派创办的 20 余个资本主义民营企业，该版提到其中只有少数几个采取官办的方式，个别的(如湖北织布局)一度采取官商合办的方式，其余的都采取了官督商办的方式。文中对官督商办类企业有所批判，认为该类企业作为外国资本主义侵略中国的对立物而出现，受到外国侵略者的排挤和打击；该类企业对外国资本主义存在着很大的依赖性，机器的采购、安装直到运转，大都依靠外国技术人员，有的企业在资金周转方面还依靠外国洋行或银行的贷款，这是该类企业在同外国资本主义的竞争中软弱无力的根源；而洋务派既是官督商办企业的创办者和保护者，又是这些企业进一步发展的压抑者和破坏者。②

1994 年版《中国近代史》相较其他三版，对于洋务派创办企业的评价可谓最高，如提到洋务派兴办的军事工业同西方近代资本主义工业比起来，尽管具有垄断性、落后性和封建性，"但在古老的中国却开了近代工业的先河"③；对于官督商办企业，有更为深入的剖析，对其性质有更为客观的判断，"官督商办企业，是半殖民地半封建社会历史条件下的产物。由于长期受封建经济结构的束缚，社会生产力低下而且发展缓慢，而封建顽固势力又百般阻挠和抵制使用近代机器工业生产和科学技术，以致困难重重。另一方面，外国侵略者在华攫取了种种经济特权，也极力排挤和打击中国近代工商业的发展。官督商办企业，就是在这种内外夹击下艰难产生的。它既要依靠洋务派'官'的支持和扶植，又要依靠'商'的经济投资和经营管理。从建立和发展近代工商企业，促进社会生产力的发展，在一定程度上抵制和打破'洋商'对中国近代工商业的垄断、扼杀方面来说，官督商办是有积极进步作用的。但是，它又不可能成为独立的近代工商业体系，因此又具有消极落后的一面"④。

---

① 《中国近代史》编写组：《中国近代史》，北京：中华书局 1983 年版，第 159 页。

② 《中国近代史》编写组：《中国近代史》，北京：中华书局 1983 年版，第 165 页。

③ 李侃、李时岳、李德征、杨策、龚书铎：《中国近代史》(第四版)，北京：中华书局 1994 年版，第 140 页。

④ 李侃、李时岳、李德征、杨策、龚书铎：《中国近代史》(第四版)，北京：中华书局 1994 年版，第 140 页。

　　与洋务派兴办的军事工业、民用工业相对，近代民族资本主义工业开始兴起，一部分商人、地主和官僚投资新式工业后成为资本家，1977 年版《中国近代史》将"民族资产阶级"定义为"是一个带有两重性的阶级"，并解释道："它一方面遭受到外国资本主义和本国封建主义的压迫，具有反侵略、反封建的要求；另一方面又同外国资本主义和本国封建主义保持着千丝万缕的联系，缺乏彻底的反侵略、反封建的勇气。它先天具有软弱性，这是半殖民地半封建中国的政治和经济的主要特点之一。"①如陈启源在广东南海县设立的继昌隆缫丝厂、黄佐卿在上海设立的公和永缫丝厂等，不论在产品销路或原料采购方面，都遭受外国资本主义的巨大压力，处于十分不利的地位，同时也要受到洋务派官僚"官督商办""官商合办"等方式的压迫，饱受各种排挤。该版指出，民族资本主义与外国资本主义、本国封建主义之间存在很大的矛盾，"中国民族资本主义不可能沿着正常的独立发展道路成长起来。**它和外国资本主义、本国封建主义之间，既有对立的一面，又有依附的一面。**许多民族工业为了避免遭受破产的厄运，求得自身的存在和发展，不惜左依右附，不是乞求外国资本主义的庇护，就是依赖本国封建主义的奥援"②。此后三版对民族资产阶级的评价与 1977 年版的基本相同。

　　伴随民族资本主义工业的产生，中国出现反映新兴民族资产阶级利益的早期改良主义思想，四版都提到**王韬、薛福成、马建忠、郑观应、陈炽、陈虬、何启、胡礼垣**等代表人物。早期改良主义者具有反对封建专制制度的民主思想，如马建忠评价西方"三权分立"的政治学说；郑观应等人明确提出了在中国建立议会制度的主张等。他们的主张和要求，反映了新兴民族资产阶级参与政权的愿望，反映了他们的利益和要求，也充分体现了民族资产阶级的软弱性和妥协性。1977 年版《中国近代史》引用多人的观点，如王韬之说："器则取诸西国，道则备自当躬，盖万世不变者，孔子之道也"③；薛福成所言："取西人器数之学，以卫吾尧舜禹汤文武周孔之道"④；郑观应之论："中学其本也，西学其末也；主以中

---

① 《中国近代史》编写小组：《中国近代史》，北京：中华书局 1977 年版，第 205 页。
② 《中国近代史》编写小组：《中国近代史》，北京：中华书局 1977 年版，第 203 页。
③ 王韬：《弢园文录外编》(卷 11)，上海：上海书店出版社 2002 年版，第 266 页。
④ 薛福成：《筹洋刍议》，光绪壬寅年仲春秦中官书局石印本，第 22 页。

学，辅以西学"①。1983 年版则肯定他们与张之洞"中体西用"之说的不同，认为
"他们要求在政治方面进行一定的变革，这就意味着在某种程度上改变封建专制
制度这个'体'。他们所主张学习的'西学'的范畴，已经超越了洋务运动的藩
篱"②。1994 年版则赞赏早期维新思想家具有比较强烈的反对外国侵略、希望中
国独立富强的爱国思想，认为"他们掀起的新的社会政治思潮，曾对中国社会产
生了广泛的思想影响，并且为后来的资产阶级维新变法运动，起到了一定的思想
先导作用"③。

最早的一批中国近代产业工人是通商口岸的码头工人和外国轮船上的海员。
1977 年版《中国近代史》在说明无产阶级的诞生背景及其特点时引用毛泽东的论
述："中国无产阶级的发生和发展，不但是伴随中国民族资产阶级的发生和发展
而来，而且是伴随帝国主义在中国直接地经营企业而来。所以，中国无产阶级的
很大一部分较之中国资产阶级的年龄和资格更老些，因而它的社会力量和社会基
础也更广大些。"④该版继而叙述道，此后在外国资本主义在中国开设的工厂、洋
务派举办的军事工业以及中国资本主义近代工业中出现了一批产业工人。在 1894
年时，中国近代产业工人约有 9 万人，他们富有组织性和纪律性，"中国无产阶
级的人数在当时虽然还很少，但它是中国新的社会生产力的代表者，是近代中国
最进步的阶级"⑤。1994 年版对中国工人阶级的表述更为详细，"早期的中国工
人阶级人数很少，身受帝国主义、封建主义和资产阶级的残酷压迫和剥削，虽然
在 20 世纪 20 年代以前几年，还没有登上政治舞台，但它却是一个最有希望、最
有前途的革命阶级力量和政治力量"⑥。

1977 年版《中国近代史》第三章第三节中虽未明确提出"边疆危机"之说，但

---

① 郑观应：《盛世危言》，光绪戊戌孟冬上海书局石印本，第 8 页。

② 《中国近代史》编写组：《中国近代史》，北京：中华书局 1983 年版，第 184 页。

③ 李侃、李时岳、李德征、杨策、龚书铎：《中国近代史》（第四版），北京：中华书局 1994 年
版，第 161 页。

④ 《毛泽东选集》（第二卷），北京：人民出版社 1991 年版，第 627 页。

⑤ 《中国近代史》编写小组：《中国近代史》，北京：中华书局 1977 年版，第 208 页。

⑥ 李侃、李时岳、李德征、杨策、龚书铎：《中国近代史》（第四版），北京：中华书局 1994 年
版，第 157 页。

以相当篇幅介绍了"各族人民保卫祖国边疆的斗争"，其中包括涉及左宗棠率师赴疆平定阿古柏之乱、沙俄对伊犁地区的侵占及中俄两国间的交涉、日本侵台及清朝的"善后"、马嘉理事件、英法俄窥藏等历史事件，涵括了当时清政府面临的主要边疆问题。1983年版、1994年版围绕"边疆危机"设专节，其内容包括因"边疆危机"引起清政府的塞防与海防之争论，以及边疆各族人民对侵略者的反抗等，历史逻辑更为清晰。

中法战争是继第二次鸦片战争后的中外重大战事，1977年版《中国近代史》以一节篇幅详细介绍。在第四节"中法战争"开篇即提到战争爆发的背景："十九世纪七八十年代，在帝国主义侵吞我国友好邻邦和边疆领土的空前危机中，法国侵略者对于我国唇齿相依的友好邻邦越南发动了大规模的侵略战争……为了满足一小撮金融寡头扩大商品市场和夺取原料产地的无穷欲望，茹费理内阁正在拼命地向外扩张。他们不满足于已在越南掠得的殖民特权，又发出'必须征服那个巨大的中华帝国'的疯狂叫嚣，命令侵越法军向北进犯，把蓄谋已久的侵华战火逐渐燃烧到中国的西南边疆。中法矛盾日益尖锐起来。"①

在马尾海战中，福建水师全军覆没。1977年版对此评论道："它无情地敲响了洋务'新政'的丧钟……(马尾造船厂的被毁)这就完全暴露了洋务派所谓'自强新政'的欺骗性和腐败性……马尾海战的惨败，完全是清政府的卖国投降路线造成的"；作为另一场重要战役镇南关大捷，书中则生动地描述了爱国将领冯子材及所率清军的奋战，"法国强盗已凶猛地扑到墙下，有些已经爬上长墙，局势万分险恶。就在这千钧一发的危险关头，冯子材当机立断，大呼一声，手执长矛跃出墙外，随即拼死杀进敌阵。全军感奋，热血沸腾，一齐涌出，肉搏冲锋。他们不顾'肉雨扑征衣'，任凭'血花飞满面'，用大无畏的白刃战法将法军逼离长墙，压下山谷"②。本著给予镇南关大捷很高的评价，认为该战役"**扭转了整个中法战局**。前线将士群情振奋，乘胜追击，决心打败法国侵略者……沉重打击了法国侵略者的气焰"。然而最终清朝不败而败，选择向法求和，"正当前线捷报频传，法国政府倒台、抗法斗争胜利在望的关键时刻，清政府竟昏聩透顶地向战败的法

①　《中国近代史》编写小组：《中国近代史》，北京：中华书局1977年版，第234页。
②　《中国近代史》编写小组：《中国近代史》，北京：中华书局1977年版，第238、242页。

国乞降求和……原来，李鸿章等投降派在清政府被迫宣战以后，虽不敢像战前那样公开地进行求和活动，但在暗地里仍千方百计地制造妥协求和的卖国舆论，积极向清政府施加影响。腐朽反动的清政府也害怕战争长期打下去，会激起'兵变'、'民变'，爆发大规模的农民起义把自己摧垮，希望能和法国寻找机会妥协，早日结束战争"①。

作为中法战争的结局，1885 年 4 月清政府授权海关外籍官员金登干与法国签订《巴黎停战协定》。1977 版《中国近代史》认为：

> 中法战争是中国人民保卫祖国、反对侵略的战争。在战争过程中，中国的爱国军民抛头颅、洒热血，换来了抗法斗争的伟大胜利。但转眼之间，却被清政府和李鸿章的投降路线葬送得干干净净。触目惊心的事实，暴露了洋务派"自强"的反动本质，说明了洋务派的"自强"只能是封建买办军阀的自强，意味着国家民族更大的灾难。**中法战争表明洋务"新政"开始破产。**②

1983 年版、1994 年版的评价则强调中国的"不败而败"："中法战争是中国人民反对侵略并取得胜利的战争，但转眼之间却被清政府的妥协投降路线葬送；法国不胜而胜，中国不败而败。这触目惊心的事实，让广大群众进一步看清了清政府的腐朽无能，使先进的中国人日益感到亡国的威胁，进一步探求救国救民的新道路。"③

中日甲午战争是中国近代历史上另一重要战事。1977 年版《中国近代史》以一节的篇幅介绍中日甲午战争。书中详细介绍该战事发生的背景，日本于"明治维新"之初，即确立军国主义扩张政策。1894 年朝鲜爆发东学党起义，朝鲜统治者请求清朝派兵镇压，日本援引中日《天津条约》之第三款"将来朝鲜国若有变乱重大事件，中、日两国或一国要派兵，应先互行文执照"，遂出兵朝鲜。尽管清

---

① 《中国近代史》编写小组：《中国近代史》，北京：中华书局 1977 年版，第 243~244 页。
② 《中国近代史》编写小组：《中国近代史》，北京：中华书局 1977 年版，第 245~246 页。
③ 《中国近代史》编写组：《中国近代史》，北京：中华书局 1983 年版，第 208 页；李侃、李时岳、李德征、杨策、龚书铎：《中国近代史》(第四版)，北京：中华书局 1994 年版，第 192 页。

政府极力避免与日本发生冲突，然而日本在牙山口丰岛海面击沉中国运兵船，挑起侵略中国的战争。因各国宣告中立，清政府被迫于8月1日对日宣战。对于清朝被迫卷入战事，书中评论道："政治上的投降主义必然导致军事上的失败主义。清朝政府被迫宣战后，李鸿章完全采取了被动挨打的战略方针……清政府和李鸿章的投降路线，为日本军国主义帮了大忙，助长了日本侵略者的嚣张气焰，结果导致了中国军队的节节败退"①。对于甲午战争中的清军将领，书中褒贬不一，如平壤战役中，清军将领左宝贵率部力战，在战斗中英勇牺牲；而叶志超"贪生怕死"，当日夜里率军逃出平壤，"一夕狂驰三百里"，渡过鸭绿江，退回中国境内。在黄海海战中，广大爱国官兵奋不顾身应援战斗。旗舰"定远"号起火，丁汝昌在望台摔伤后仍坐在甲板上鼓励士气；"致远"号管代邓世昌命令开足马力冲撞日舰"吉野号"，不幸中鱼雷沉没，全舰爱国官兵250人壮烈牺牲等，关于甲午战争的基本史实非常清晰地呈现于读者眼前。

1977年版《中国近代史》还引用相关史料揭露日军对中国境内各地民众的屠杀恶行。如在旅顺，日军兽性大发，陆续进行了四天大屠杀，常常是"缚数华人于一处，鸣枪肆击，复以利刃乱剁，直至体无完肤始已"②。旅顺街头巷尾尽是尸骸，血流满地，最后全市仅存36人。此后各版中均提到**旅顺大屠杀**与日军暴行，但内容较为简略，遇害人数亦未提及。我们注意到，在2012年出版的马克思主义理论研究和建设工程重点教材《中国近代史》中，已明确说明死于日军屠杀者为2.1万多人。③

1895年3月，李鸿章等人赴日议和。4月17日，在日本的胁迫下，李鸿章与日本首相伊藤博文签订《马关条约》。1977年版《中国近代史》对此说明，"**《马关条约》是日本在美国等西方列强的支持下强加于中国的不平等条约，也是《南京条约》以来严重的卖国条约之一**"，"《马关条约》给中国人民套上了新的枷锁，

---

① 《中国近代史》编写小组：《中国近代史》，北京：中华书局1977年版，第258页。

② 中国史学会编：《中国近代史资料丛刊·中日战争》（第1册），上海：新知识出版社1956年版，第184页。

③ 《中国近代史》编写组：《中国近代史》，北京：高等教育出版社、人民出版社2012年版，第156页。

加剧了帝国主义列强瓜分中国的民族危机，**使中国殖民地化的程度进一步加深**"①。1994 年版则明确《马关条约》是日本在西方列强支持下强加于中国的不平等条约，"也是《南京条约》以来最严重的丧权辱国条约"②。

作为甲午战争的余绪，台湾人民反对清朝割台"浴血抗战"，令日军付出了沉重代价。各版对台湾抗日史实均有专门介绍，虽侧重点有所不同，但都歌颂台湾人民的抗争精神：

> 从 1895 年 6 月到 10 月，不畏强暴的台湾军民经过五个多月的激烈战斗，打了大小一百多仗，抗击日本侵略者三个近代化师团和一支海军舰队，打死打伤日军三万两千多人……日本侵略者于 1895 年 11 月宣告台湾"平定"，但等待他们的不是"平定"，而是长期的、持续的、遍布全省的反抗斗争。**在此后日本统治台湾的五十年间，英雄的台湾人民前赴后继、坚持斗争，抗日的烽火从未停息**。③

第五节　关于"义和团运动"的话语表述

1977 年版《中国近代史》给予义和团运动很高的评价，认为其性质为"反帝爱国"，这场运动被称为近代中国"第二次革命高潮"，该书第四章主要叙述这场运动的来龙去脉及历史意义。该章的时间线索起于甲午战后，第一节为"**帝国主义瓜分中国的狂潮**"。文中用简练明快而又不失出色的文笔描述当时中国所处的险恶时局：

> 十九世纪末二十世纪初，**各资本主义国家都已先后过渡到帝国主义阶**

①　《中国近代史》编写小组：《中国近代史》，北京：中华书局 1977 年版，第 271、272 页。

②　李侃、李时岳、李德征、杨策、龚书铎：《中国近代史》（第四版），北京：中华书局 1994 年版，第 210 页。

③　《中国近代史》编写小组：《中国近代史》，北京：中华书局 1977 年版，第 277、278 页。

段，其重要特征是对外输出资本，占据全部世界市场，从经济上、政治上瓜分世界。十九世纪末，国际上战云密布，帝国主义列强瓜分世界的斗争十分尖锐……他们既疯狂争夺，又互相勾结，结成军事集团，对垒争斗。这时，帝国主义列强已把殖民地瓜分完毕，在东亚和太平洋地区争夺的焦点集中到中国，他们发出了一片"瓜分大清帝国"的喧嚣。①

　　四版《中国近代史》对于甲午战后清朝遭遇的危机都有清晰的表述，清朝的失败刺激了列强瓜分中国的野心，沙俄在瓜分狂潮中充当急先锋。由于《马关条约》规定清朝将辽东半岛割让给日本，导致日、俄矛盾白热化。沙俄联合德、法两国，发起所谓**"三国干涉还辽"**行动，迫使日本同意退还辽东半岛，"沙俄与日本对辽东半岛这一场争夺，是十九世纪末列强瓜分中国狂潮的开端"②。继而《中俄密约》和《合办东省铁路公司合同章程》等中俄不平等条约的签订，"使沙俄在十九世纪末帝国主义掀起瓜分中国的狂潮中，抢先了一步，由此引起了一系列的连锁反应，空前加剧了帝国主义之间，特别是俄、英之间在中国的争夺行为"③。

　　在帝国主义瓜分狂潮中，美国是资本主义国家中的后起者。十九世纪末美国的经济实力迅速发展，已经超过英、法，迫切希望对外输出资本。在俄、英、日、德、法等列强划分在华势力范围之后，美国政府则经过密谋策划，由国务卿海约翰向各国提出"门户开放"政策。对于这一政策，1977年版《中国近代史》是如此评述的：

　　　　所谓**"门户开放"**政策，就是在"机会均等"的幌子下，一方面使各帝国主义在中国的争夺互相妥协，组成一个联合侵华的反动阵线；另一方面，美国企图依靠它的经济实力，逐步压倒其他帝国主义在中国的侵略势力，最后实现它独霸中国的野心。当时，帝国主义列强争夺中国的斗争难解难分，所以他们也就表示同意美国的"门户开放"政策。美帝国主义对此十分得意，

① 《中国近代史》编写小组：《中国近代史》，北京：中华书局1977年版，第279页。
② 《中国近代史》编写小组：《中国近代史》，北京：中华书局1977年版，第281页。
③ 《中国近代史》编写小组：《中国近代史》，北京：中华书局1977年版，第283页。

认为这是"在外交上从来没有比此次更光辉和更重大的胜利"，"它保护了现在的利益，保障了未来的利益，使美国立于一个牢不可破的地位"。由此不难看出，美国提出的对华"门户开放"政策，实际上是帝国主义列强联合控制中国的侵略枷锁，也是美帝国主义妄图独占中国的宣言书。①

关于美国推行"门户开放"政策的目的，其他三版的说法更为直接，即"企图通过'机会均等'的手段，缓和列强争夺中国的矛盾，防止列强瓜分中国，以保持整个中国市场对美国商品的自由开放"②。

如1977年版《中国近代史》所述，甲午战后清政府面临巨额赔款，列强争先恐后向中国进行政治借款和企业投资，疯狂向中国输出资本，高利贷资本输出特别是政治贷款，就成为帝国主义在这一时期新的重要的侵略手段。甲午战后列强瓜分中国狂潮带来的严重后果为："辽阔的中国领土，绝大部分都成为帝国主义各自的'势力范围'，绵长的海岸线，竟没有一处可以作为自己海军基地的港口。全国一万九千多公里铁路，均被帝国主义控制着。以铁路为纽带，帝国主义'处处扼咽喉'，侵略势力渗透到中国的四面八方。'天涯何处是神州'？中国面临着被瓜分的严重危机。英雄的中国人民，奋起反抗，在列强强占的租界、'租借地'和铁路附近，对帝国主义侵略势力进行不屈不挠的斗争。全国反对教会侵略的斗争如火如荼，声势越来越大。资产阶级改良派幻想通过变法维新来救亡图存，而以农民为主力军的中国广大劳动人民，正在酝酿着一场震撼世界的革命风暴。"③

在义和团运动这场"革命风暴"到来之前，清朝内部首先发起一场影响深远的改良运动。戊戌变法由康有为、梁启超等维新派策划，他们被视为民族资产阶级上层的代理人，1977年版《中国近代史》这样分析道："随着中国民族资本主义的初步发展，民族资产阶级的力量逐渐成长起来。但这时发展较显著的，还只是

---

① 《中国近代史》编写小组：《中国近代史》，北京：中华书局1977年版，第288页。

② 可参见李侃、李时岳、李德征、杨策、龚书铎：《中国近代史》（第四版），北京：中华书局1994年版，第223页。

③ 《中国近代史》编写小组：《中国近代史》，北京：中华书局1977年版，第292~293页。

由地主、官僚、富商转化而来的中国民族资产阶级的上层。他们同帝国主义和封建势力有着较多的联系，比一般民族资产阶级带有更大的软弱性和妥协性。**资产阶级改良派主要就是代表这部分人的要求，幻想在不推翻封建制度的前提下变法维新，通过改良主义道路达到参与政权和进行一些有利于资本主义发展的社会改革**。①其他三版基本都删除"更大的软弱性和妥协性"之类的说法。

康有为，广东南海县人，早年受严格的儒家传统教育，民族的危亡和社会的动荡使其对封建传统文化逐渐失望，愈加流露出要求改革的愿望。1879 年，康有为游历上海、香港等地，接触到西方资本主义的事物，他开始留心"西学"，主张向西方资本主义学习，抵抗列强的侵略。1977 年版《中国近代史》引用《康有为上清帝第一书》，说明康有为所理解的中国变法图强的必要性和紧迫性，他要求光绪帝"变成法，通下情，慎左右"②，以挽救清朝面临的危局。这封上皇帝书，乃 1888 年康有为参加北京顺天乡试时上呈清廷的建议书，该书在一些有维新思想的人士中辗转传诵，产生了一定的社会影响，康有为也因此而博得声名。1891 年康有为回到广东后，在广州开设"万木草堂"，梁启超、陈千秋、麦孟华、徐勤等人拜他为师，形成后来维新运动的骨干力量。

该版提到康有为关于变法维新的两本重要理论著作《**新学伪经考**》与《**孔子改制考**》。

《新学伪经考》刊刻于 1891 年。康有为在书中将西汉以来奉为经典的古文经书《周礼》《诗经》《书经》《左传》等都宣布为"伪经"，把儒家奉行两千多年的古文经典，说成是伪造之作，打破了长期以来人们对古文经学的迷信，沉重打击了清朝统治者"恪守祖训"的谬论，使人们对维护封建制度的理论产生怀疑。书中评价道："显然，《新学伪经考》一书是为资产阶级变法维新的政治主张服务的。许多封建地主阶级顽固派，出于反动政治的敏感，也立即嗅出了这一点。"③《孔子改制考》于 1897 年在上海刊行，康有为在该书中用公羊学派的"据乱、升平、太

---

① 《中国近代史》编写小组：《中国近代史》，北京：中华书局 1977 年版，第 294 页。
② 中国史学会编：《中国近代史资料丛刊·戊戌变法》（第 2 册），上海：上海人民出版社 1957 年版，第 127 页。
③ 《中国近代史》编写小组：《中国近代史》，北京：中华书局 1977 年版，第 297 页。

平"三世学说来解释历史发展的必然趋势。他认为，"据乱世"是西方的君主专制时代，"升平世"是君主立宪时代，"太平世"是民主共和时代。此外，书中还宣传了所谓的孔子"托古改制"的理论，把孔子打扮成"托古改制"的祖师，以此证明他是孔子道统的真正继承者，他的变法主张完全合乎"圣人之道"。书中对于康有为的学说评论道："尽管（'三世'）这种划分是不科学的，但他确认历史是不断地向前发展的，这就直接冲击了保守派复古倒退的反动思想，给变法维新找到了理论依据……很显然，康有为打出孔丘托古改制的旗号，是企图利用孔丘这个招牌来宣传和推行自己变法维新的政治主张。"①

　　当时，康有为还写了《人类公理》，即《大同书》的初稿。对于康有为推崇通过改良主义道路来调和阶级矛盾，让各阶级不经革命流血而走向"至善至美"的"大同世界"，文中引用了毛泽东对《大同书》的批判评价："康有为写了《大同书》，他没有也不可能找到一条到达大同的路。"②1977年版《中国近代史》对于康有为的著作学说及其中包含的维新变法思想给予较高评价，认为："康有为的《新学伪经考》《孔子改制考》的问世，对当时思想界震动很大……康有为就是通过这两部书，用西方资产阶级的进化论、天赋人权和自由平等的学说作武器，有力地冲击了顽固守旧势力，奠定了资产阶级改良派进行变法维新的理论基础"。但是，书中也提到了康有为思想的局限性：

　　　　康有为政治思想中还有很多封建毒素。他用新的"三世说"来宣扬历史进化论，这与复古倒退的反动史观相比自然是一个进步。但他所讲的进化，是庸俗进化论，只能渐进，不能飞跃。所以他醉心改良，反对革命，幻想依靠皇帝的权威，在不彻底改变封建制度的基础上，达到资产阶级参与政权和发展资本主义的目的。他反对顽固守旧的儒家思想，但却不敢把矛头直接指向孔丘，而是千方百计地从儒家经典和孔丘那里借用某些东西，制造变法的根据。康有为之所以这样做，就是要利用孔丘的权威来抵制封建顽固势力对变法维新的阻挠和对自己的压力……这种把孔孟之道和变法维新调和起来的

---

① 《中国近代史》编写小组：《中国近代史》，北京：中华书局1977年版，第297~298页。
② 《毛泽东选集》（第四卷），北京：人民出版社1991年版，第1471页。

矛盾做法，正反映了中国资产阶级改良派在政治上和理论上，从一开始就和封建统治阶级有着千丝万缕的联系，也是他后来复古倒退的重要原因。①

1994 年版《中国近代史》则删除"封建毒素"之说与"这种把孔孟之道和变法维新调和起来的矛盾做法……也是他后来复古倒退的重要原因"等说法，强调康有为利用古书古人宣传西方资产阶级的学说，主要在于"顽固守旧势力还很强大，封建传统观念在许多人的思想中还根深蒂固"②。

1895 年 4 月，康有为赴京参加会试期间，传来日本逼迫清朝签订《马关条约》的消息。他愤慨异常，领导参加会试的 1300 名举人联名上书清廷，提出"拒和、迁都、变法"的主张，请求清帝"下诏鼓天下之气，迁都定天下之本，练兵强天下之势，变法成天下之治"③，此即**"公车上书"**。1977 年版《中国近代史》对此事件评论道："'公车上书'虽然没有阻止《马关条约》的签订，但事件本身是一次爱国知识分子的大请愿，标志着酝酿多年的资产阶级改良主义思潮，开始转变为救亡爱国的政治运动。"④其他三版则遵循此说。

梁启超，广东新会人，是维新派中的另一重要人物。他在主编《时务报》期间，以通俗、流畅、新颖、犀利的文字，写出《变法通议》《论君政民政相嬗之理》《说群》等文章，明确提出中国要变法图强，必须学习西方资本主义国家的政治制度和文化教育制度。他宣传的**"民权论"**，对当时影响很大。梁启超根据西方资产阶级的议会制度和民权学说，明确指出国家不是"君相之私产"，而是"民之公器"⑤。他呼吁"伸民权""设议院"，实行君主立宪，并强调这是变法维新中最根本的问题，"是医治中国贫弱的灵丹妙药"⑥。四版《中国近代史》对戊戌维新时期梁启超的评价基本一致，持肯定态度。

---

① 《中国近代史》编写小组：《中国近代史》，北京：中华书局 1977 年版，第 299~300 页。
② 李侃、李时岳、李德征、杨策、龚书铎：《中国近代史》(第四版)，北京：中华书局 1994 年版，第 241 页。
③ 中国史学会编：《中国近代史资料丛刊·戊戌变法》(第 2 册)，上海：上海人民出版社 1957 年版，第 133 页。
④ 《中国近代史》编写小组：《中国近代史》，北京：中华书局 1977 年版，第 300 页。
⑤ 梁启超：《饮冰室合集》(第 1 册)，北京：中华书局 1989 年版，第 75 页。
⑥ 《中国近代史》编写小组：《中国近代史》，北京：中华书局 1977 年版，第 305 页。

　　谭嗣同，湖南浏阳人，少年时曾学习和钻研王夫之和黄宗羲的著作，壮年时代游历南北诸省，目睹国家和民众的苦难。甲午战争后，谭嗣同努力钻研西方的自然科学和社会政治学说，积极主张变法维新。1897 年，谭嗣同完成主要哲学著作《仁学》，矛头直指君主专制制度，四版《中国近代史》都提到他"是当时维新派中最激进的一个"。谭嗣同代表民族资产阶级的政治利益，对"三纲"中的"君为臣纲"进行了猛烈抨击，"二千年来君臣一伦，尤为黑暗否塞，无复人理，沿及今兹，方愈剧矣"①。对于谭嗣同的斗争与妥协，1977 年版给予如是评价："他的思想并没有跳出改良主义的藩篱。他激烈地抨击封建的纲常伦理，但却不敢正面批判它的炮制者孔丘。他尖锐地谴责了清政府的暴虐罪行，却又为光绪而效忠。他对人民在重重'网罗'下的悲惨地位表示过同情，呼吁志士仁人起来改造社会，但又强调必须以'供圣人之驱除'。这些都说明，软弱的中国资产阶级改良主义者，即使像谭嗣同那样的激进分子，也是不可能同旧制度、旧思想真正决裂的。"②1994 年版中将"它的炮制者孔丘"改为"传统儒学"，将大段论证简写为"他的变法实践与他封建的民主思想表现出某种自我矛盾"③。

　　严复，福建闽侯人，少年时曾入福州船政学堂读书，1877 年被派往英国学习海军，1879 年回国后任福州船政学堂教习，次年调任北洋水师学堂总教习。严复在英留学期间，广泛接触西方的自然科学和社会科学。回国后他积极宣传改良主义的理论思想和政治主张，先后翻译赫胥黎《天演论》、亚当·斯密《原富》、孟德斯鸠《法意》等书。其中《天演论》于 1898 年正式出版，影响最大，严复在书中直接引入达尔文进化论来说明人类社会的发展，**强调"物竞天择"，号召中国变法图强，"自强保种"**。1977 年版《中国近代史》赞赏严复传播西学的重要贡献，"《天演论》出版后，风行全国。它开拓了人们的眼界，从思想上武装了维新派。康有为读到这部书的译稿以后，称誉严复是中国精通西学的第一人，并在《孔子改制考》中吸收了进化论的观点。梁启超也根据严复介绍的进化论，在《时务报》

---

　　① 《谭嗣同全集》，北京：三联书店 1954 年版，第 55 页。

　　② 《中国近代史》编写小组：《中国近代史》，北京：中华书局 1977 年版，第 307 页。

　　③ 李侃、李时岳、李德征、杨策、龚书铎：《中国近代史》（第四版），北京：中华书局 1994 年版，第 250 页。

上大做文章。更多的爱国人士纷纷以进化论为武器，要求改弦更张，另走新路。严复在传播西方资产阶级思想方面做出了杰出的贡献……严复对新学的称颂虽然包含着一些错误，但他毫不含糊地把新学和旧学对立起来，要求人们学新学，批旧学，其态度之坚定，旗帜之鲜明，是康有为、梁启超、谭嗣同等人所不及的"①。1994 年版则给予严复更高的评价，"严复以他自己在思想理论上的贡献，成为近代中国向西方寻求救国真理的先进人物、重要启蒙思想家和最著名的翻译家"②。

四版《中国近代史》均提到湖南巡抚**陈宝箴**，指出他是当时督抚中唯一倾向变法的实权派，以及按察使**黄遵宪**、督学**江标**，谭嗣同的密友**唐才常**等人，认为他们是主张变法的维新派骨干。

为与维新派在意识形态领域进行竞争，洋务派张之洞于 1898 年 3 月刊行**《劝学篇》**。《劝学篇》是总结和宣传洋务思想的代表作，1977 年版则强调该书是"这一时期对抗变法维新思想的反动代表作"：

> 这本书分内、外篇，"内篇务本，以正人心，外篇务通，以开风气"。所谓"本"，即是封建纲常名教。他(张之洞)认为这是不能改变的，并气急败坏地要用封建纲常进一步加强对人民的统治和束缚。所谓"通"，是指西方的制造技术和坚船利炮。他认为这是镇压人民和维护封建统治不可缺少的工作，可以逐渐变通举办。说来说去，就是重弹洋务派"中学为体，西学为用"的老调，顽固地坚持以孔孟之道作为统治思想，维护封建专制。此书受到清朝统治者的重视，说它"持论平正通达，于学术人心，大有裨益"③。

其他三版对《劝学篇》的评价亦不高，如 1994 年版认为"全书宗旨，仍然是以'中学为体，西学为用'为基调。由于张之洞在此书中采取了调和中西、折中

---

① 《中国近代史》编写小组：《中国近代史》，北京：中华书局 1977 年版，第 309、310 页。
② 李侃、李时岳、李德征、杨策、龚书铎：《中国近代史》(第四版)，北京：中华书局 1994 年版，第 253 页。
③ 《中国近代史》编写小组：《中国近代史》，北京：中华书局 1977 年版，第 312 页。

新旧的态度，因此给人以不偏不倚的假相，而且又带有较多的'学术'色彩"①。

　　针对维新派的变法主张，顽固势力坚持"祖宗之法不能变"，维新派根据事物"新陈代谢"的法则，认为"祖宗之法"必须随时代的变迁而变化。1977年版《中国近代史》指出维新派与顽固派、洋务派的论战，是资产阶级思想和封建思想的"第一次正面交锋"。同时，书中也揭示论战所反映出维新派的局限：

　　　　这次论战也暴露了维新派本身不可克服的弱点。**他们接受了西方进化论的观点，可是只求渐进，反对飞跃，不敢触动封建制度的基础。他们提倡民权，但又认为"权生于智"，没有文化的劳动人民是不配享受的，只有资产阶级和一部分士绅才有资格参与政权**，从而提出了"欲兴民权，宜先兴绅权"（主张）。他们还极力辩解民权与民主的不同，强调中国"民智未开"，目前只能实行君主立宪，而不能实行"民主共和"。他们反对封建主义教育文化，但又不敢触动孔丘，而且鼓吹不切实际的"教育救国论"。所有这一切，表现了维新派在思想上政治上都不愿也不能和封建主义彻底决裂。这就导致了改良主义政治运动的必然破产。②

　　然而，1994年版却给予这场论战影响很高的评价，强调这场论战对改变社会思想风气具有积极的意义，认为"这场维新与守旧、变法与反变法的争论，是新兴的资产阶级与没落的封建地主阶级在思想上的交锋，也是中国有史以来作为新的经济力量和新的政治力量代表的资产阶级第一次向封建制度和封建思想的挑战。这场争论，比较集中地反映了近代中国在文化思想领域中学和西学、新学与旧学之争。通过这场争论，进一步开阔了知识分子的眼界，解放了思想，也开始改变了社会风气"③。

---

　　① 李侃、李时岳、李德征、杨策、龚书铎：《中国近代史》(第四版)，北京：中华书局1994年版，第254页。
　　② 《中国近代史》编写小组：《中国近代史》，北京：中华书局1977年版，第317页。
　　③ 李侃、李时岳、李德征、杨策、龚书铎：《中国近代史》(第四版)，北京：中华书局1994年版，第257页。

1898 年春夏之交，光绪帝与慈禧太后的权力斗争日趋激烈。光绪帝决定摆脱傀儡地位，向慈禧太后夺权。从 6 月 11 日光绪帝颁布"明定国是"诏书宣布变法，至 9 月 21 日慈禧发动政变，共 103 天，史称"**百日维新**"。四版《中国近代史》都具体地介绍了"百日维新"时期光绪帝、维新派推行的新政举措，指出其如同"虚文"。面对慈禧加强策划政变，光绪和维新派深感大祸临头，"维新派本身既脱离人民群众，又没有自己的武装力量，拿不出什么切实的对策，便想把拥有新建陆军的袁世凯拉过来对付荣禄"；袁世凯背叛维新派，慈禧太后将光绪囚禁于中南海瀛台，重新垂帘听政，戊戌变法宣告彻底失败。1977 年版对这场运动持两种评价，如在正面评价方面：

> 以康有为为代表的资产阶级维新派，面对十九世纪末帝国主义要灭亡中国的狂涛恶浪，挺身呼吁变法救亡，要求民族独立和发展资本主义，是符合中国历史发展的爱国行动。他们提倡资产阶级新学，冲击封建主义旧学，在意识形态领域里产生了积极的影响。戊戌政变后，怀疑旧学、欢迎新学的人增多了，人们的民主要求增长了。所有这些都说明了**资产阶级维新运动，在当时的历史条件下，是有进步意义的**。①

而在负面评价方面：

> 发动戊戌变法运动的中国资产阶级改良派，既不想推翻清朝反动的封建政权，又不敢触动帝国主义，他们死死抱住一个并无实权的皇帝，又寄希望于某些帝国主义国家，幻想用"和平""合法"的手段，进行自上而下的改革，结果碰得头破血流，彻底失败。**他们的失败，有力证明了改良主义道路在中国走不通**。在这以后，资产阶级改良主义分化了，一些人从戊戌政变的教训中猛醒过来，走上了革命的道路；而改良头子康有为、梁启超等人在逃亡之后，仍然顽固地坚持走改良主义的道路，堕落为保皇党，成了社会前进的绊

---

① 《中国近代史》编写小组：《中国近代史》，北京：中华书局 1977 年版，第 325 页。

脚石。

戊戌变法失败的另一重要原因，是由于**资产阶级改良派脱离了广大人民群众**。在他们看来，历史是由少数帝王将相和英雄豪杰创造的，也只有"圣君""明主"和像他们这样的"贤人""智者"才能拯救中国。他们"害怕群众运动比害怕反动势力还要厉害"。这就使他们远远地脱离了人民群众，只能把改良运动局限在十分狭小的范围之内，找不到真正打破旧势力的力量源泉，而只能向反动势力妥协，向帝国主义寻求支持，把全部的变法希望寄托在光绪的一纸谕令上。①

1979年版、1983年版对戊戌变法的评价基本与1977年版没有大的差别。1994年版则删去"改良主义道路在中国走不通"的观点，精辟而平实地总结："戊戌变法以悲剧的失败而告终，但是作为一次重要政治变革，它将永远载在史册。它的失败，既有客观原因，也有主观原因。客观原因是旧的封建势力虽然腐朽没落，但是对于维新变法来说仍然具有强大的阻碍力量、破坏力量。而新兴的资产阶级维新派，虽然朝气蓬勃，但却缺乏实力，而且他们把维新变法看得过于容易简单，以为有了皇帝的支持，就可轻易实现，对封建顽固势力的估计不足，又严重地脱离了民众。"②

戊戌变法运动失败了，但以农民为主体的广大民众，却掀起了义和团运动这场规模浩大的反帝爱国运动。甲午战争后，山东教案频发，当地义和拳从反清的秘密结社，转变为具有广泛群众性的反帝斗争组织。当地大刀会很快同义和拳汇合起来，成为山东义和拳的重要组成部分。义和拳兴起后，清政府和山东地方官吏，开始采取镇压态度，如山东巡抚毓贤，多次下令不准民间私自设会，不准设厂学习拳术等。

四版《中国近代史》皆详细地叙述山东义和拳的兴起，专门述及**朱红灯和心诚和尚**及其领导的起义事迹。1899年，山东义和拳领袖朱红灯和心诚和尚，在

---

① 《中国近代史》编写小组：《中国近代史》，北京：中华书局1977年版，第325~326页。
② 李侃、李时岳、李德征、杨策、龚书铎：《中国近代史》(第四版)，北京：中华书局1994年版，第257页。

高唐一带发动反教会斗争。朱红灯，山东泗水人，1898 年来到长清县大李庄，参加义和拳之后，不断扩大队伍，成为义和拳的重要领袖；心诚和尚，出家前叫杨天顺，高唐县人，很早就在禹城县丁家寺设厂练拳，是禹城、高唐等地义和拳的重要首领。朱红灯率领义和拳在茌平、平原屡败清军，山东巡抚毓贤率领大批军队镇压，1899 年 12 月，朱红灯与心诚和尚被杀。在镇压义和拳的同时，毓贤感到帝国主义侵略的紧逼和教会势力的猖獗，已成为对清朝的主要威胁，故而开始对镇压义和拳不再积极，在处理平原事件的奏报中他特别提到"当以固结民心为要图"①。1977 年版如此评价义和拳的革命性与清政府毓贤等人的立场：

> 他们企图承认义和拳的合法存在，以便进行控制和利用。在这种情况下，义和拳为了更便于进行反帝斗争，改成义和团。但它并没有因此而接受清朝政府的控制，仍然按照既定的宗旨，继续战斗。正是因为毓贤对义和拳采取了由"剿"变"抚"的策略，所以他后来被帝国主义侵略者和一些投降派反动官僚，视为纵容义和团的"罪魁祸首"。实际上，毓贤对帝国主义虽然抱有反感，但他决不会真正支持义和团。**"剿"和"抚"，不过是反动派对革命人民的反革命两手政策**，在不同情况下的交替使用或同时并用而已。②

毓贤的后任袁世凯，则持坚决镇压义和团的态度。由于受到残酷镇压，一部分义和团从山东北部进入直隶。义和团的基层组织是"坛"，各支首领一般称"大师兄""二师兄"。参加者以青年最多，妇女和少年儿童是义和团的主要力量。青年妇女参加义和团称为"红灯照"，成年妇女称"蓝灯照"。1977 年版特别提到义和团运动中妇女扮演的重要角色，表示"广大劳动妇女冲破封建礼教的束缚，英姿飒爽，走上武装反帝斗争的战场，显示了中国劳动妇女的革命斗争精神和巨大革命力量"③。

---

① 故宫博物院明清档案部编：《义和团档案史料》（上册），北京：中华书局 1959 年版，第 40 页。

② 《中国近代史》编写小组：《中国近代史》，北京：中华书局 1977 年版，第 335 页。

③ 《中国近代史》编写小组：《中国近代史》，北京：中华书局 1977 年版，第 338 页。

义和团在山东兴起后不久，提出"扶清灭洋"的口号。1977 年版《中国近代史》对此分析道："'扶清灭洋'这个口号的重点在'灭洋'，**它反映了当时中国社会主要矛盾的变化，即帝国主义和中华民族之间的矛盾成为最主要矛盾**。因而它能动员组织广大的人民群众，参加反帝斗争的行列，沉重打击了帝国主义。"①毛泽东在《矛盾论》中提到的要辩证地分析半殖民地中国的主要矛盾，为书中所引用，"半殖民地的国家如中国，其主要矛盾和非主要矛盾的关系呈现着复杂的情况。当着帝国主义向这种国家举行侵略战争的时候，这种国家的内部各阶级，除开一些叛国分子以外，能够暂时地团结起来举行民族战争去反对帝国主义。这时，帝国主义和这种国家之间的矛盾成为主要的矛盾，而这种国家内部各阶级的一切矛盾（包括封建制度和人民大众之间这个主要矛盾在内），便都暂时地降到次要和服从的地位"②。

该版还进一步分析道："'扶清灭洋'的口号，并不是也不可能是义和团在对当时中国社会的主要矛盾进行科学分析的基础上提出来的。义和团还没有科学的思想武器去分析和认识帝国主义的本质和它同清朝统治者之间的关系，而是从对帝国主义列强的仇恨和反对瓜分的爱国志愿出发，举起'扶清灭洋'的旗帜。因此，这个口号也起了一定的消极作用，它使义和团的一些组织在反对帝国主义的大搏斗中，放松了对清朝统治阶级的警觉，识不破国内反动派的阴谋诡计，以致受骗上当。"③1983 年版、1994 年版均提到"灭洋"的问题，如前者提到"义和团提出'灭洋'，虽然触及了时代的救亡主题，但它对洋人、洋教和外来思想的统统排斥，又具有盲目排外的落后性"④。1994 年版则改为"这个口号既是民族矛盾逐渐激化的结果，又是大多数中国人对中外反对派的认识还处于感性阶段的产物"⑤。

1977 年版详述了义和团运动在山东、直隶、东北、山西、河南乃至北京、天津等地，焚烧教堂、打击教会势力，砍断电线、拆毁铁路以及破坏与外国关系

---

①　《中国近代史》编写小组：《中国近代史》，北京：中华书局 1977 年版，第 339 页。

②　《毛泽东选集》（第一卷），北京：人民出版社 1991 年版，第 320~321 页。

③　《中国近代史》编写小组：《中国近代史》，北京：中华书局 1977 年版，第 340 页。

④　《中国近代史》编写组：《中国近代史》，北京：中华书局 1983 年版，第 299 页。

⑤　李侃、李时岳、李德征、杨策、龚书铎：《中国近代史》（第四版），北京：中华书局 1994 年版，第 257 页。

密切的官署等活动，"义和团掀起了席卷全国的反帝斗争大风暴，形成了中国近代史上第二次革命高潮"。义和团运动的迅猛发展，引起列强的恐慌。各国政府威胁清政府加紧镇压义和团，策划直接出兵干涉，其中沙俄最为积极。1900年6月，俄、英、美、日、德、法、意、奥等国组成**八国联军**，直接出兵镇压义和团。在列强发动侵略战争、义和团运动高涨的局面下，清政府必须从"和""战"中做出抉择，而慈禧太后接到谎报，说列强要勒令她归政光绪，更激起她对外国的愤恨。6月21日，清政府颁布"向各国宣战谕旨"，"与其苟且图存，贻羞万古，孰若大张挞伐，一决雌雄"①。清政府发布宣战上谕后，两江总督刘坤一、湖广总督张之洞拒绝执行，授权督办卢汉铁路大臣盛宣怀、上海道台余联沅同各国驻上海领事会商，制定《东南互保章程》，此后两广总督李鸿章、山东巡抚袁世凯、闽浙总督许应骙等宣布参加**"东南互保"**。四版都将"东南互保"视为帝国主义与东南督抚的勾结，如1977年版批判道："当清政府对外颁布'宣战'令时，长江流域和东南沿海各省的督抚，却与帝国主义互相勾结、狼狈为奸，搞所谓'东南互保'的罪恶勾当……'东南互保'破坏和阻碍了义和团反帝爱国运动的扩大和发展，同时使帝国主义得以集中兵力镇压北方义和团的反帝斗争。'东南互保'协定出笼后，帝国主义和买办、官僚更密切勾结在一起，与八国联军在北方疯狂屠杀义和团相呼应，共同镇压中国人民的反帝斗争。"②

四版都描述了义和团对八国联军的英勇作战。如北方义和团与八国联军在天津老龙头火车站与紫竹林租界进行激战，1977年版称这两场战斗"具有战略意义"。义和团在保卫天津的战斗中，红灯照是一支重要的力量，首领林黑儿，即"黄莲圣母"。该版生动描述"红灯照"的战斗表现：在争夺火车站和围攻租界的多次战斗中，她们和义和团战士一起，前仆后继，英勇杀敌。当时一个亲眼看见她们战斗的人说："红灯女儿，一入兵阵，视死如归"，"于枪林弹雨中"，"惟恐落后"，她们这种英勇战斗的精神"不特寒众国之心，且壮中原之气"③。

---

① 故宫博物院明清档案部编：《义和团档案史料》（上册），北京：中华书局1959年版，第163页。

② 《中国近代史》编写小组：《中国近代史》，北京：中华书局1977年版，第354、356页。

③ 《中国近代史》编写小组：《中国近代史》，北京：中华书局1977年版，第358页。

八国联军侵入北京后，继续派兵四处扩大侵略，"这些披着'文明'外衣的帝国主义侵略强盗，从一踏上中国的土地就疯狂地烧杀抢掠，无恶不作，犯下了滔天罪行"①。四版都利用大量史料揭露八国联军在京津一带所犯下的诸种暴行。

慈禧从北京出逃后，要求对义和团"严行查办、务净根诛"，清政府同帝国主义公开合流，共同镇压义和团，李鸿章受命与庆亲王奕劻与列强接洽"善后"事宜。1901 年 9 月 7 日，俄、英、美、日、德、法、意、奥、西、比、荷十一国与清政府签订《辛丑条约》。1977 年版评价该条约及清政府的腐朽："《辛丑条约》是帝国主义对中国进行穷凶极恶勒索的又一个不平等条约，也是清政府出卖国家主权的新罪证。这个条约像沉重的枷锁一样套在中国人民的身上，造成人民生活更加痛苦，民族危难加深。但是，腐朽的清朝统治者慈禧，却感激涕零地说什么：'今兹议约，不侵我主权，不割我土地。念列邦之见谅，疾愚暴之无知，事后追思，惭愤交集。'她还无耻地扬言要'**量中华之物力，结与国之欢心**'，彻底暴露了清政府死心塌地效忠帝国主义主子的丑恶嘴脸。**从此，清朝统治者完全投入了帝国主义怀抱，成为帝国主义统治中国人民的忠实走狗。**"②1994 年版则简述改为"从此，清政府完全成为'洋人的朝廷'"③。

义和团运动虽然在"中外反动派的联合绞杀"下失败，但"在近代中国人民革命斗争史"上却具有深远的历史意义，如 1977 年版《中国近代史》这样评价：

> **义和团反帝爱国运动显示了中国人民无比巨大的革命力量，表现了中国人民敢于同帝国主义侵略者血战到底的英雄气概。**义和团英勇的反帝斗争，给予帝国主义侵略者以沉重的打击和教训，使帝国主义明白那种"只要近代军队一万人，就可以横行中国的想法已经失败"。正是在义和团英雄们铁拳的打击下，粉碎了帝国主义阴谋瓜分中国的迷梦……义和团的英勇奋战，粉碎了帝国主义瓜分中国的阴谋，再一次证明了中国人民不屈不挠的斗争使得

①　《中国近代史》编写小组：《中国近代史》，北京：中华书局 1977 年版，第 368、269 页。

②　《中国近代史》编写小组：《中国近代史》，北京：中华书局 1977 年版，第 373 页。

③　李侃、李时岳、李德征、杨策、龚书铎：《中国近代史》(第四版)，北京：中华书局 1994 年版，第 305 页。

帝国主义不能灭亡中国，也永远不能灭亡中国。

义和团运动也沉重打击了帝国主义的走狗清政府，进一步暴露了它的对外投降卖国、对内镇压人民的反动本质，促进了人民的觉醒，推动了革命的发展，加速了反动的清王朝的崩溃。

义和团运动发生在十九世纪末、二十世纪初世界革命风雷激荡的时代，它对世界人民的革命斗争，特别是亚洲人民的民族解放运动，产生了重大影响。

义和团运动充分表明：只有人民的革命斗争，才是推动中国近代历史向前发展的强大动力。同时，它还表明：农民不仅是反封建的主力军，也是反帝斗争的主力军。

义和团运动是农民阶级自发的反帝爱国运动，因而提不出科学的战斗纲领和口号，这就充分说明**单靠农民的力量，是不可能最终完成反帝反封建的革命任务的**。只有在无产阶级的领导下，结成巩固的工农联盟，才能取得反帝反封建革命的彻底胜利。①

1983 年版、1984 年版大大简化了此段评述，不再涉及对农民阶级的相关评价。

第六节　关于"辛亥革命"的话语表述

1977 年版《中国近代史》将辛亥革命视为近代中国"第三次革命高潮"，也即旧民主主义革命时期的最后一次革命高潮，与其他两次革命的叙述体例类似，辛亥革命发生的历史背景、过程、意义等，该版专成一章详细叙述。

经历庚子事变，流亡在西安的慈禧表示要参照"西法"，改弦易张，切实整顿政事，"以期渐致富强"。1901 年 4 月，清政府成立督办政务处，作为推行"新政"的主持机关。对于清末新政，1977 年版《中国近代史》评价道："清政府在推

---

① 《中国近代史》编写小组：《中国近代史》，北京：中华书局 1977 年版，第 375~377 页。

行'新政'的名义下，陆续颁布了一些目的在于稳定清朝统治的法令，如调整官制、整顿吏治、改定刑律、编练新军、奖励实业、废除科举、兴办学校以及准许满汉通婚、劝止妇女缠足之类。这些'新政'，正如当时舆论揭露的那样，只不过是'掩人耳目'和'取媚外人'的一种手段。"①1983年版则有所补充："有些措施多少也有利于资本主义经济、文化的发展。"②1994年版就清末"新政"单列一小节，对其成效进行更为客观与深入的分析："纵观'新政'，虽然在某些方面取得了一定的成效，但显得支离、敷衍、拖沓，缺乏总体目标和实施规划。根本问题在于政治制度改革的滞后……'新政'的支离、敷衍、拖沓，使人们对清政府推行'新政'的诚意产生怀疑，政治制度改革的呼声于是日益强烈。"③

　　四版《中国近代史》都详述《辛丑条约》订立后清政府所遭遇的严重危机。如1977年版提到，列强加紧侵略中国，中国矿山、铁路等利权成为帝国主义掠夺的重要目标，其中铁路利权尤为列强所垂涎，"路矿利权的不断丧失是二十世纪初年极为严重的问题。它是帝国主义操纵中国经济命脉，进而操纵中国政治和军事力量的一个重要方面。帝国主义对中国的控制权，伸展到了内政外交、财政金融、交通贸易、工矿企业、文化教育，乃至军事国防等各个领域"④。文中还提到清朝面对俄、日两强在中国东北相争时的应对之策。20世纪初年，中国东北成为列强激烈争夺的焦点，沙俄的"黄俄罗斯"计划和日本对我国东北的侵略政策发生严重冲突，英国在中东、远东各地和沙俄争夺霸权，因此与日本结成同盟，大力支持日本对抗沙俄。1904年2月日俄战争爆发，"日俄两个帝国主义强盗为争夺中国领土并在中国领土上厮杀，清政府竟宣称'彼此均系友邦'，甚至将辽河以东划为'交战区'，而自守什么'**局外中立**'。清朝统治者媚外卖国的反动实质，更加暴露无遗"⑤。

　　列强对中国的侵略，进一步加深了中国的民族危机，面对严峻局势，清朝内

　　① 《中国近代史》编写小组：《中国近代史》，北京：中华书局1977年版，第380页。
　　② 《中国近代史》编写组：《中国近代史》，北京：中华书局1983年版，第389页。
　　③ 李侃、李时岳、李德征、杨策、龚书铎：《中国近代史》（第四版），北京：中华书局1994年版，第318页。
　　④ 《中国近代史》编写小组：《中国近代史》，北京：中华书局1977年版，第383页。
　　⑤ 《中国近代史》编写小组：《中国近代史》，北京：中华书局1977年版，第385页。

部正酝酿一场更大规模的改革运动。1901 年以后，伴随废科举、办学堂、派留学，中国出现了不同于旧式文人或封建士大夫的新式知识分子群。1977 年版《中国近代史》援引毛泽东的论述来说明此群体的特征，"他们有很大的革命性。他们或多或少地有了资本主义的科学知识，富于政治感觉，他们在现阶段的中国革命中常常起着先锋的和桥梁的作用。辛亥革命前的留学生运动……就是显明的例证"①。当时，上海和东京是青年知识分子与留学生最为集中的两个地方，1903 年前后在他们中间兴起了办刊的热潮。

同年，驻屯东北的沙俄军队拒绝按期撤退，北京、武昌等地学生罢课集会抗议，留日学生组织抗俄大会，要求清朝出兵抗俄，是为"拒俄运动"。此时各阶层民众反对列强控制铁路、矿山的收回利权运动，在全国诸多省区开展起来。湖北、湖南、广西三省人民一致主张废除由美国借款给清政府修筑粤汉铁路的合同并取得成功。粤汉铁路的收回，开创了"赎路自办"的先例。1905 年爆发的抵制美货运动，是广大民众抗议美国虐待华工、迫害华侨、拒不废除期满的限制华工政策而发动的一次规模较大的群众运动，这场运动由民族资产阶级领导，斗争直至 1906 年才逐渐平息，四版《中国近代史》对这些运动的评论是完全一致的："二十世纪初年的**拒俄运动、收回利权运动、抵制美货运动**等，显示了广大人民激昂的爱国热情，也反映了民族资产阶级及其知识分子的政治积极性。但'爱国有罪'，运动无不遭到清朝统治者的镇压和破坏。许多人通过爱国运动的实践，得出了要救亡必先推翻清朝统治者的结论。于是，资产阶级领导的民主革命运动迅速地广泛发展起来。"②

孙中山，广东香山人，青年时代读过三年私塾，1878 年前往美国檀香山。1892 年，孙中山毕业于香港西医书院。孙中山在学生时代便关心国家大事，甲午战争后，中国面临被帝国主义国家瓜分的狂潮，这一形势使孙中山认清了清朝统治者的腐朽，得出必须以暴力推翻清朝统治的结论，此后他走上革命的道路。毛泽东给予孙中山的革命活动很高评价："中国反帝反封建的资产阶级民主革命，

---

① 《毛泽东选集》(第二卷)，北京：人民出版社 1991 年版，第 641 页。
② 如《中国近代史》编写小组：《中国近代史》，北京：中华书局 1977 年版，第 398~399 页。

正规地说起来，是从孙中山先生开始的。"①

　　1894年冬，孙中山在檀香山组织中国最早的资产阶级革命团体兴中会，在会员入会的秘密誓词中提出"驱逐鞑虏，恢复中华，创立合众政府"的革命纲领，"孙中山从建立兴中会开始，就把武装夺取政权作为革命的首要任务，这是很珍贵的思想，也是完全符合半殖民地半封建中国的需要的"②。这一评价，为1979年版、1983年版所保留，但1994年版则予以删去。

　　戊戌变法失败后，康有为、梁启超等维新派人士流亡海外后坚持改良主义路线，1977年版《中国近代史》对此批判道："他们凭借着在戊戌变法时期获得的政治声望，披着爱国志士的外衣……公开鼓吹'保皇'，在群众中起了很恶劣的影响。他们已经堕落为反动的保皇派"；该书对于梁启超的活动给予恶评，"梁启超比康有为狡猾得多，他大耍两面派手法，在康有为离开日本后，他表面上伪装一副同情革命的姿态，表示愿意'合作'，甚至同意两派合并后，由孙中山担任会长，他自己当副会长。在梁启超'名为保皇、实则革命'的欺骗下，横滨的兴中会会员大多转到保皇会方面，支持保皇会的活动……他到檀香山后，拿着孙中山的介绍信到处招摇撞骗，大挖革命墙脚，檀香山兴中会几乎趋于解体"③。1983年版对梁启超的评价大为缓和，认为"梁启超虽然对民主革命表示怀疑，但又认为要救中国，不经过一次'破坏'是不行的。康有为离开日本后，他和孙中山等往来密切，一度有联合立会的计划，拟以孙中山为会长，梁启超为副会长。因康有为强烈反对，计划未能实现"④。

　　革命书刊如雨后春笋般涌现，使资产阶级民主革命思想得到广泛的传播，由此与康、梁等保皇势力形成论战。1977年版《中国近代史》如此叙述这一论战："梁启超继续玩弄两面派手法，大唱'变革'、'破坏'的高调，实际上却竭力兜售已经破产的君主立宪的政治主张，用来抵制民主革命思想的传播"，"康、梁一伙在宣扬保皇的同时，掀起了一股尊孔逆流，与清朝统治者所提倡的尊孔读经紧

---

　　① 《毛泽东选集》(第二卷)，北京：人民出版社1991年版，第563页。
　　② 《中国近代史》编写小组：《中国近代史》，北京：中华书局1977年版，第400页。
　　③ 《中国近代史》编写小组：《中国近代史》，北京：中华书局1977年版，第401、402页。
　　④ 《中国近代史》编写组：《中国近代史》，北京：中华书局1983年版，第352页。

密配合，遥相呼应"。以孙中山为首的资产阶级革命派对保皇派进行了有力的反击，1904年孙中山发表《敬告同乡书》等重要文章，对保皇派散布的言论进行批判，"他强调革命与保皇是两条互相对立的政治路线的斗争，绝无折衷调和的余地"①。该版还提到资产阶级革命派与保皇党人论战中取得的胜利，"革命派与保皇派形成两个对立的政治堡垒，代表着两条对立的政治路线。通过革命与保皇的争论，革命派打击了保皇派的气焰，扩大了革命思想的阵地，为1905年中国革命同盟会的成立奠定了思想基础"②。

四版《中国近代史》都提到一批思想家和宣传家，如**章炳麟、邹容、陈天华、秋瑾**等人的经历与学说主张。章炳麟，即章太炎，浙江余姚人，早年曾受改良主义思想的影响，参与维新变法的宣传活动，后转变政治立场，走上民主革命道路，"他揭露保皇派大肆吹捧的光绪不过是一个'未辨菽麦'的'小丑'，而康有为则是一个利禄熏心、甘当奴才的市侩……相信在革命之后中国人民完全有能力建立民主共和制度"；邹容，四川巴县人，1903年从日本回国后发表了脍炙人口的《革命军》，"他以满腔的热情歌颂革命，歌颂民主，论述中国进行民主革命的必要性和正义性。他认为革命不仅可以使中国人民摆脱奴隶的地位，而且可以使中国与世界列强并驾齐驱，独立于20世纪的新时代。他大力赞扬和鼓吹西方资产阶级革命时代的天赋人权、自由平等的学说，主张用革命手段'扫除数千年种种之专制政体'，恢复人民应当享有的民主权利。他提出了建立'中华共和国'的口号，反对帝国主义干涉中国的革命和独立"；陈天华，湖南新化人，1903年他写成《警世钟》《猛回头》两本小册子，阐述民主革命的道理，"他认识到清政府……帝国主义统治中国的驯服工具……强调，要抵抗帝国主义侵略，挽救民族危亡，必须进行革命，推翻清政府这个'洋人的朝廷'。……认为'要想拒洋人，只有讲革命独立，不能讲勤王'。他还指出保皇派所鼓吹的'维新'、'立宪'，都是自欺欺人的鬼话"③；秋瑾，浙江绍兴人，她亲身遭受封建家庭和买卖婚姻的迫害，对广大妇女所受的痛苦深有感受，"她为革命献出了自己的生命，成为近代中国

① 《中国近代史》编写小组：《中国近代史》，北京：中华书局1977年版，第406~407页。
② 《中国近代史》编写小组：《中国近代史》，北京：中华书局1977年版，第412页。
③ 《中国近代史》编写小组：《中国近代史》，北京：中华书局1977年版，第408~409页。

妇女解放的先驱者"①。

黄兴，湖南善化人，1902 年被选派赴日留学，就读于东京弘文书院，受到革命思想的影响。1903 年夏，陈天华、宋教仁、谭人凤等人以庆祝黄兴生日为名，成立**华兴会**，黄兴被推举为会长。1904 年 10 月，陶成章、龚保铨等联合江浙一带革命分子四五十人，在上海成立**光复会**。1904 年 6 月湖北革命志士刘敬安、张难先等在武昌成立科学补习所，后该所被迫停止活动，刘敬安等继续进行革命宣传，于 1906 年春重新组织秘密革命团体**日知会**。

1903 年，孙中山在东京青山建立革命军事学校时，首次提出："驱逐鞑虏，恢复中华，创立民国，平均地权"十六字纲领。1905 年夏，孙中山倡议联合兴中会、华兴会、光复会以及其他革命团体，成立一个全国规模的统一革命组织。8月，**同盟会**在东京正式成立，四版《中国近代史》对同盟会成立这一重要事件均给予赞誉："同盟会成立以前的各革命团体，基本上没有脱离旧式会党的组织形式和活动方式，而且带有浓厚的地域色彩。**同盟会开始建立了近代资产阶级革命政党的规模，并成为当时领导全国革命运动的中心**"②。

同盟会的主要成员是中小资产阶级及其知识分子。以孙中山为首的同盟会所制定的革命纲领，乃"比较完整的资产阶级民主革命的纲领"。1905 年 10 月，同盟会创办机关刊物《民报》，孙中山在《发刊词》中，将同盟会的十六字革命纲领归结为民族、民权、民生三大主义，即**三民主义**。四版《中国近代史》除个别字句表述上存在差异外，都认为"孙中山与当时一些激进的资产阶级革命分子认识到，中国社会之所以陷入'外邦逼之'的境地，主要原因就在于反动腐朽的清政府是帝国主义统治中国的工具。中国人民与清朝统治者之间的矛盾，成为帝国主义与中华民族的矛盾、封建主义与人民大众的矛盾的焦点……同盟会民族主义纲领的提出，最大限度地孤立了清朝统治者，大大加速了清王朝土崩瓦解的过程"③。

四版《中国近代史》对于同盟会十六字纲领评价也较为统一，仅有一些字句

---

①　《中国近代史》编写小组：《中国近代史》，北京：中华书局 1977 年版，第 411 页。

②　《中国近代史》编写小组：《中国近代史》，北京：中华书局 1977 年版，第 415 页。

③　《中国近代史》编写小组：《中国近代史》，北京：中华书局 1977 年版，第 417~418 页。

上的差别，如 1977 年版所述：

　　在当时的历史条件下，确实是一个比较完整的资产阶级民主主义革命的纲领。它在与改良派的斗争中，在动员和组织群众推翻封建帝制，建立共和国的斗争中，起了巨大的作用。但是，它又是一个不彻底的民主主义革命纲领。它主张民族主义，但没有明确提出反帝反封建的口号；它主张民权主义，但又不敢依靠广大工农群众；它主张民生主义，但不敢发动广大贫苦农民，通过自下而上的斗争，改革封建土地制度。同盟会纲领中的这些弱点，反映了**中国民族资产阶级的软弱性和妥协性**。①

　　1905—1907 年，革命派与保皇派在政治思想领域内的论战"达到高潮"，同盟会的机关报《民报》和保皇派的喉舌《新民丛报》是双方论战的主要阵地，"这次论战的规模之大，时间之长，斗争之激烈，影响之深远，在中国近代史上是前所未有的"，关于要不要"反清"和用暴力推翻清王朝的问题，是整个论战的中心；要不要建立资产阶级共和国、要不要改变封建土地制度，是革命派与保皇派激烈争论的另两个重要问题。1994 年版对其他诸版关于这场论战本质和意义的评价有所修订，最后总结道："论战表明，革命派和改良派代表着同一阶级——资产阶级的利益，是这个阶级在政治上的两翼……两派的分裂和对立，正是中国资产阶级尚不成熟的表现。尽管革命派本身存在着许多严重的缺点，但他们以高昂的革命精神，决心通过暴力推翻清王朝，建立资产阶级的共和国，这个主张，受到了当时人们的普遍拥护。"②

　　同盟会在孙中山的领导下，发动数次武装起义。1977 年版《中国近代史》详列 1906 年萍浏醴起义，以及 1907 年 5 月至 1908 年 4 月同盟会在华南沿海和沿边地区连续发动的六次武装起义的始末。除熊成基安庆起义外，历次起义基本上都依靠会党发动。会党的主要成分是破产的农民和失业的手工业工人，"联系会党，

---

　　① 《中国近代史》编写小组：《中国近代史》，北京：中华书局 1977 年版，第 419 页。
　　② 李侃、李时岳、李德征、杨策、龚书铎：《中国近代史》（第四版），北京：中华书局 1994 年版，第 354 页。

客观上可以说是资产阶级革命派发动农民的一种特殊形式，但这并不意味着革命派与农民阶级建立了革命的联盟"，书中认为，"革命党人联络会党的工作存在着严重的缺陷；一般只是联络会党首领借以发动起义，不注意对会党群众进行民主革命的教育；重视利用会党勇于斗争的精神，但无法克服会党纪律松弛的现象"①。在历次起义失败之后，革命党人将工作重点逐渐转移到新军方面。新军的主要成分和会党相同，是"穿上了军装的游民无产者"，他们较有组织性，新军的中下级官兵中有一些知识分子，从而为革命党人的活动提供了便利条件。

辛亥革命前十年间，民族资本主义近代工业获得初步发展。1977年版《中国近代史》归纳民族资本主义近代工业发展的几个特点：第一，民族资本主义近代工业发展的速度，是和当时国内外政治形势以及阶级斗争情况息息相关的；第二，民族资产阶级上层的经济力量发展较快，社会地位也获得显著提高，如张謇是甲午科状元，他创办大生纱厂，获利甚丰，清政府赏予三品衔和商部头等顾问官，成为"东南实业领袖"；第三，民族资产阶级中下层的经济力量也有所增长，但增长的幅度较小。四版《中国近代史》都将民族资产阶级分为两类考察，指出民族资产阶级上层在经济和政治上同帝国主义、封建主义具有相当密切的联系，因而软弱性和妥协性也最大；民族资产阶级中下层由于受到帝国主义和封建主义的压迫，具有比较强烈的反帝反封建的革命要求，希望为民族资本主义的发展开辟一条广阔的道路，不过民族资产阶级中下层和帝国主义、封建主义有或多或少的联系，不可能彻底地反对帝国主义和封建主义。② 1994年版特别补充，指出民主革命的倡导者主要是资产阶级知识分子。③

清朝为了分化民族资产阶级，拉拢其上层，从1905年起开始炮制"**预备立宪**"的骗局。1905年末，清政府派载泽、端方等五大臣前往欧美及日本等国考察政治，是为"**五大臣出洋**"。清朝统治者"预备立宪"的做法，受到民族资产阶级上层的欢迎。1906年，张謇、汤寿潜、郑孝胥等联合江苏、浙江、福建三省商

---

① 《中国近代史》编写小组：《中国近代史》，北京：中华书局1977年版，第432页。
② 《中国近代史》编写小组：《中国近代史》，北京：中华书局1977年版，第439、440页。
③ 李侃、李时岳、李德征、杨策、龚书铎：《中国近代史》（第四版），北京：中华书局1994年版，第325页。

学两界二百多人在上海成立预备立宪工会；1907 年，康有为将保皇会改组为中华帝国宪政会，梁启超在日本东京组织具有资产阶级政党规模的政闻社，他还发表《开明专制论》，为清政府的"预备立宪"提供理论根据。1911 年 4 月，清政府宣布以奕劻为首的第一届内阁，大权集中在皇亲贵戚手中。

以孙中山为首的资产阶级革命派经历 1907—1908 年多次起义失败之后，继续坚持武装斗争。黄花岗起义虽然失败，但这次起义使清朝统治受到一次沉重打击，烈士们英勇战斗、视死如归的革命精神，振奋了全国人民的斗争意志，鼓舞着人们踏着他们的鲜血奋勇前进。1977 年版《中国近代史》引用孙中山对此次起义的总结："是役也，集各省革命党之精英，与彼虏为最后之一搏，事虽不成，而黄花岗七十二烈士轰轰烈烈之概已震动全球，而国内革命之时势实以之造成矣。"①

帝国主义对中国路权的激烈争夺，从另一方面不断促进各阶层人民的革命化，斗争焦点集中于路权问题。清政府在粤汉、川汉铁路问题上出卖路权和广大爱国群众收回路权的要求形成尖锐对立。1911 年 5 月，皇族内阁宣布"铁路干线国有"政策，一面派端方为督办粤汉、川汉铁路大臣，派他南下强行接收湖北、湖南、广东、四川四省的商办铁路公司；一面和四国银行团正式签订借款筑路的合同。1977 年版为此指出，清政府"铁路国有"政策的实质，是借"国有"名义把铁路利权出卖给帝国主义……这种出卖民族利益的政策，不能不激起全国人民的坚决反对。② 四川的反抗风潮尤为炽烈，当地革命党人联合会党把保路运动引向革命，准备发动起义。在清政府命令端方自湖北带兵前往镇压时，湖北方面响起**武昌起义**的枪声。

四版《中国近代史》都详述武昌起义的经过，1977 年版在第五章第四节起首即强调这次起义"是国内阶级矛盾十分尖锐、人民反抗怒潮不断高涨的必然产物"③。1979 年版、1983 年版的定义均与 1977 年版相同。1911 年 10 月 10 日晚，湖北新军工程第八营革命党人打响起义第一枪，起义军一夜之间占领武昌城，取

---

① 《孙中山选集》(上卷)，北京：人民出版社 2011 年版，第 216 页。
② 《中国近代史》编写小组：《中国近代史》，北京：中华书局 1977 年版，第 461 页。
③ 《中国近代史》编写小组：《中国近代史》，北京：中华书局 1977 年版，第 462 页。

得首义胜利。11 日晚和 12 日晨，驻汉阳、汉口的新军先后起义，武汉三镇完全为革命党人所控制。因孙中山远在海外，黄兴和同盟会其他重要领导人分别在香港、上海等地，起义士兵遂邀请咨议局议员和地方绅商举行会议，由此推举二十一混成协协统黎元洪为军政府都督。对于黎元洪，1977 年版称他为"顽固守旧的封建军阀官僚"，并讽刺道："黎元洪并不愿意顺从革命，又不敢公然反对，他被革命党人用手枪逼上都督席位，一言不发，活像'泥菩萨'。"①此后三版皆删除黎氏"泥菩萨"之比喻。武昌起义在全国范围内产生巨大影响，推动资产阶级领导的民主革命运动迅猛发展。散布在各地区的革命党人纷纷发动新军和会党起义响应，广大民众到处掀起自发的反抗斗争，革命浪潮激荡全国。1977 年版对此评价道，"这是继太平天国革命、义和团运动之后，近代中国人民的第三次革命高潮。在这个革命高潮中，反动的清王朝土崩瓦解了"；但另一方面，"面临着如此广泛和迅猛的革命高潮，资产阶级革命派却没有一个统一的坚强的领导核心，同盟会自治很不健全，缺乏一个彻底反帝反封建的斗争纲领和把革命推向前进的统一革命步骤。他们十分害怕各帝国出面干涉，又非常恐惧农民群众把封建斗争深入开展下去，希望赶快推翻清朝政府，建立共和制度，尽量缩短革命的历程，取得'廉价的胜利'"②。这一评价基本为 1994 年版所继承。

武昌起义爆发后，湖北和上海两地几乎同时发出建议成立临时中央政府的通知。当湖北、江浙两集团为代表会议地点而争论不休后，武昌革命军正与清军处于紧张对峙状态中。重新被清政府起用的袁世凯，通过英驻汉口领事于 11 月 30 日向革命党方面提出停战及和谈要求。12 月 25 日，孙中山自海外回国，到达上海。29 日，孙中山当选为临时大总统，次年 1 月 1 日，孙中山在南京就任临时大总统，宣告中华民国临时政府成立。孙中山领导的南京临时政府，在短短三个月时间内，颁布了不少有利于发展民族资本主义经济、资产阶级民主政治和文化教育的法律。1977 年版对此评价道："南京临时政府的各项政令，对资产阶级的利益表现了热忱关切的态度，对地主阶级利益没有根本触动，对广大农民的要求缺乏任何积极的反映。这是这个政权的阶级性质所决定的。孙中山提出的'平均地

---

① 《中国近代史》编写小组：《中国近代史》，北京：中华书局 1977 年版，第 465 页。
② 《中国近代史》编写小组：《中国近代史》，北京：中华书局 1977 年版，第 470~471 页。

权’的革命纲领，没有而且也不可能真正付诸实践。”南京临时政府成立后，革命党人希望通过南北议和，争取袁世凯的支持和清帝退位，以及获得列强的承认，尽管“存在着这样那样的缺点”，1977 年版仍给予孙中山为首的南京临时政府较高评价，认为“它的成立，仍是中国近代史上具有重要意义的大事”①。1994 年版则进一步升华，“它坚持了民主共和的立场，在促成清朝覆灭和民国成立的革命大业上，仍有不可磨灭的历史功绩”②。

1911 年 12 月 18 日，南北双方代表开始在上海进行会谈。在南北议和的过程中，革命派不仅遭到列强的直接干涉，而且受到混进革命内部立宪派施加的巨大压力。尽管孙中山并不愿向袁世凯妥协，反对南北议和，但同盟会内部意见却有分歧，主张对袁世凯妥协的思想已占上风。四版都提到一个历史细节，“早年混入革命，后来投降清王朝的汪精卫，在北京出狱后，立即投靠了袁世凯，配合袁世凯推行的‘南抚北剿’的反革命政策，一面出卖北方革命组织，向袁世凯告密，一面为南北议和穿针引线，力劝南方革命党人对袁妥协……他是袁世凯安插在革命队伍中的内奸”③。袁世凯也对南方革命势力进行赤裸裸的武力威胁，在北洋军阀咄咄逼人的形势下，前线又趋紧张，列强公开出面支持袁世凯，对革命大肆恫吓。南北双方最终达成协议：革命党人同意让出政府，袁世凯同意宣布赞成“共和”，并逼迫清帝退位。

1912 年 2 月 12 日，清帝宣布接受优待条件，正式退位。次日，袁世凯声明赞成“共和”，孙中山向临时参议院提出辞职。2 月 15 日，临时参议院选举袁世凯为临时大总统，不久又选举黎元洪为副总统。

孙中山的解职和临时政府的北迁，“标志着辛亥革命的失败”。1977 年版《中国近代史》提到，袁世凯在国内外反革命势力的支持下窃取了辛亥革命的果实，建立了大地主大资产阶级的反动统治。资产阶级革命派交出政权后，企图依靠一纸约法，推行资产阶级议会政治，使中国走上民主共和的轨道，“历史证明，这

---

① 《中国近代史》编写小组：《中国近代史》，北京：中华书局 1977 年版，第 481 页。
② 李侃、李时岳、李德征、杨策、龚书铎：《中国近代史》(第四版)，北京：中华书局 1994 年版，第 398 页。
③ 《中国近代史》编写小组：《中国近代史》，北京：中华书局 1977 年版，第 487 页。

是一个多么幼稚的幻想"①。如该版所述，辛亥革命是资产阶级领导的旧民主主义革命，是近代中国人民反帝反封建革命斗争的第三次高潮。1977年版、1979年版均以一节篇幅评价这场革命的重要历史意义：

辛亥革命推翻了统治中国二百六十多年的清王朝，打倒了持续两千多年的中国君主专制制度。这是辛亥革命取得的最主要的成就。辛亥革命结束了君主专制制度在中国的统治，解放了人民的思想，使民主主义思潮成为不可抗拒的潮流。虽然辛亥革命后还存在着复辟与反复辟的严重斗争，但是，不管哪一个独夫民贼敢恢复君主专制制度，都必然要在滚滚向前的历史车轮面前碰得头破血流，最后被人民扫入历史的垃圾堆。

辛亥革命是革帝国主义的命。辛亥革命推翻了帝国主义的走狗清王朝，也就还打击了清王朝背后的帝国主义。辛亥革命的爆发，对整个亚洲和全世界都产生重大的影响。在中国人民革命斗争的鼓舞下，越南、印度尼西亚、菲律宾等国人民都掀起了争取民族解放的斗争。辛亥革命时期，亚洲出现了一次民族解放运动的高潮，沉重打击了帝国主义在亚洲的殖民统治。

革命就是解放生产力。辛亥革命推动了中国民族资产阶级经济的发展。南京临时政府存在的短短几个月中，颁布了一些保护民族工商业的法令，鼓励人们兴办实业，并实际协助一些有困难的企业公司。民族资本主义近代工业获得了显著的增长。

领导辛亥革命的民族资产阶级，是一个在经济上和政治上都十分软弱的阶级。他们由于受到帝国主义和封建主义的压迫，所以具有反帝反封建的要求。以孙中山为首的资产阶级革命派，提出了一条通过武装起义推翻清王朝，建立共和国的资产阶级革命路线，这条路线在当时的社会历史条件下是具有很大的进步意义的。但是，由于他们本身所具有的软弱性和妥协性，他们没有而且也不可能提出一个彻底反帝反封建的革命纲领，幻想在不正面反对帝国主义的条件下获得国家的独立和民族的解放，在不彻底推翻封建地主制度

---

① 《中国近代史》编写小组：《中国近代史》，北京：中华书局1977年版，第491页。

的基础上发展资本主义，从而决定了他们领导的革命斗争必然遭到失败。

敢不敢放手发动工农群众，特别是发动占全国人口绝大多数的农民，这是辛亥革命时期民族资产阶级所面临的一个重要考验……武昌起义前，以孙中山为首的资产阶级革命派曾在会党和新军中做了一定的工作，但是，他们所愿意和利用的群众，只限于会党和新军这样狭小的范围，而没有深入广大农村，把整个农民阶级发动起来。武昌起义后，当农民群众纷纷掀起自发的反抗斗争时，资产阶级革命派反而站在农民的对立面，解散农民武装，制止农民反封建斗争的深入开展。因此，**他们在反对国内外反动势力的斗争中，得不到农民群众的支持，使自己处于孤立无援的地位，最后不得不陷于悲惨的失败。**①

第七节　关于"旧民主主义革命走向终结"的话语表述

四版《中国近代史》都对北洋政府的统治时代给予负面评价。1977 年版将袁世凯定义为"大地主、大买办阶级的代表，帝国主义的走狗"，"他在帝国主义和封建主义支持下篡夺了临时大总统的职位，建立起北洋军阀反革命政权"。该版还用戏谑的笔法描写袁氏上台后曾经遭受辛亥革命打击的旧势力活跃起来的丑态："他们或则公开叫嚷，反对革命；或则躲在阴暗角落里吹阴风，大造反革命舆论。他们攻击辛亥革命，反对资产阶级的民主共和，鼓吹复古倒退、复辟帝制。这些反动派把共和民国看得漆黑一团，把腐朽的旧事物视同珍宝，对革命后出现的一些气象大加非难。南京临时政府下令剪辫子，张勋气急败坏地叫嚷'可死不可从'。民国实行币制改革，改用纸币，他们恶毒地把它比作阴间的'纸钱'。甚至连废跪拜、禁妓院、禁迷信鬼神，也遭到他们的攻击。最使他们感到痛心疾首的，是他们的祖师爷'孔圣人'在革命的冲击下，失去了往日的'尊严'……总之，在反动派的心目中，革命简直糟得很。"②

---

① 《中国近代史》编写小组：《中国近代史》，北京：中华书局1977年版，第491~493页。
② 《中国近代史》编写小组：《中国近代史》，北京：中华书局1977年版，第494~495页。

北洋时期，史事纷繁复杂。袁世凯在民国的招牌下，逐步实现他的独裁统治。1912 年 3 月，袁世凯就任临时大总统时，任命唐绍仪为国务总理，组成第一届内阁。此届内阁成立后才三个月，唐绍仪就被迫辞职，袁世凯任用其亲信赵秉钧为国务总理，"从此，所谓内阁便成为他的御用机关"。袁世凯这种违反《临时约法》，破坏"责任内阁"制度的行为之所以能够轻易得逞，乃"和资产阶级的软弱性以及革命党人急剧分化分不开的……辛亥革命的失败，袁世凯篡夺阴谋的得逞，使得资产阶级各派系和各种政治集团，为争夺政治权力，纷纷登台表演，并且不断地分化、组合。但总的说来，基本上还是原来的革命派和立宪派的演变和改组"①。

1912 年同盟会改组为国民党后，成为临时参议院中的第一大党。宋教仁等人头脑里充满了搞资产阶级议会政治、政党内阁的一套幻想，1977 年版《中国近代史》评价道："国民党的实际主持人宋教仁，是一个'议会迷'，他幻想在袁世凯统治下实行资产阶级政党政治，并为此大肆活动，把大批投机政客、封建余孽拉入党内，在各省设支部，企图用多数选票去谋取国会选举的胜利。"1913 年 3 月，宋教仁从上海搭车北上，在车站被人开枪刺杀。关于宋教仁遇刺案，袁世凯对此表示"愕然"，并下令"迅缉凶犯，穷究主名，务得确情，按法严办"。书中揭示，"然而'穷究'的结果，主使行刺的不是别人，正是袁世凯自己；而直接布置暗杀的则是国务总理赵秉钧"②。其他三版中均删除此段中关于宋教仁的负面评价。

宋案公布后舆论大哗。孙中山认为"非去袁不可"，主张立即兴师讨袁。为了筹集反对革命党的经费，袁世凯指派赵秉钧等同英、法、德、日、俄五国银行团，交涉签订"善后大借款"。袁世凯以江西、南京为重点，发动蓄谋已久的军事进攻，在北洋军的进攻下，湖口、南昌、南京先后陷落，讨袁军很快失败。不到两个月，残存在南京各省的国民党军队，全被袁世凯打垮，**"二次革命"**失败。1983 年版、1994 年版将"二次革命"归入"辛亥革命"一章，认为"二次革命"是辛亥革命的最后一战。"二次革命"失败，标志着辛亥革命无可挽回地最终失败。在袁世凯执政的数年间，民间反袁规模最大、坚持最久的是白朗起义。白朗起义

① 《中国近代史》编写小组：《中国近代史》，北京：中华书局 1977 年版，第 496、497 页。

② 《中国近代史》编写小组：《中国近代史》，北京：中华书局 1977 年版，第 499 页。

军声讨袁世凯"虽托名共和，实厉行专制"，后因长期流动作战，白朗起义军耗损过大，白朗病故后部众溃散，起义遂告失败。

袁世凯为进一步扫清复辟帝制的障碍，决心把政党和国会驱逐或解散。他以国民党议员和李烈钧有联系为借口，下令解散国民党，撤销国民党议员的资格，从而使国会不足法定人数，无法开会。1914 年 1 月 10 日，袁世凯下令取消国会。此后，他立即请求修改《临时约法》，制定新《约法》，使大总统实际上拥有封建皇帝般至高无上的权力。

1914 年 8 月，第一次世界大战爆发。袁世凯为称帝而寻求帝国主义的支持。日本乘机向袁世凯提出"**廿一条**"，表示袁世凯若承认"廿一条"，就支持他当皇帝。结果，"为了早日实现他做皇帝的美梦"，袁世凯不顾全国人民的坚决反对，竟于 5 月 9 日答应日本除第五号各条日后协商外，其余各条全部接受。"廿一条"的签订，在全国激起强烈的愤慨和反抗，"由于中国人民轰轰烈烈的爱国斗争，使得'廿一条'并未能付诸事项，不得不宣告无效"①。袁世凯则加紧复辟帝制，他的宪法顾问美国人古德诺发表《共和与君主论》，为其称帝造势，称"中国如用君主制，较共和制为宜"。在袁世凯的授意下，刘师培等人成立"筹安会"，援引古德诺的主张，为袁氏称帝制造舆论。1915 年 12 月 12 日，袁世凯正式宣布恢复帝制，自称"中华帝国皇帝"，拟于 1916 年元旦举行"登基"大典，改民国纪元为洪宪元年，史称"**洪宪帝制**"。

袁世凯的称帝行径激起全国声讨。1915 年 12 月 25 日，云南爆发了蔡锷领导的反袁称帝起义。蔡锷组成"护国军"，分路出击，"点燃了武装讨袁的烽火"；梁启超也表明反袁态度，1977 年版《中国近代史》对此叙述道："梁启超及其进步党是大地主、大资产阶级的代表，是一伙善于政治投机的'变色龙'。他们本来是依附于袁世凯的，此时看到全国人民猛烈反对袁世凯称帝复辟，梁启超认为称帝条件不成熟，抛出了《异哉所谓国体问题者》一文，一方面装出要维护共和国体的姿态，哗众取宠，一方面又劝告袁世凯，称帝尚非其时，若操之过急，将招致失败。"②1994 年版评述梁启超期间活动并不涉及"投机"，认为"以梁启超为首

---

① 《中国近代史》编写小组：《中国近代史》，北京：中华书局 1977 年版，第 508 页。
② 《中国近代史》编写小组：《中国近代史》，北京：中华书局 1977 年版，第 514 页。

的进步党，先是袁世凯的追随者，后来遭到袁的遗弃。他们不满意袁世凯复辟帝制，同时看到全国人民猛烈反对复辟帝制，袁世凯的垮台在所难免，看到革命党在西南策动武装反袁，深恐在袁世凯倒台以后的中国政局中'我为牛后，何以自存'时，他们便转而走上反袁的道路"，该版还肯定梁启超的转向，"对他的弟子蔡锷有相当影响"①。

列强对待袁世凯的态度，也因形势变化而变化。因已预料袁世凯即将失败，日本政府不仅拒绝赠送日皇勋章，而且在通知中责备袁世凯"断行帝制，无视友邦劝告"。袁世凯在众叛亲离中被迫于 3 月 22 日撤销帝制，废除"洪宪"年号，6 月 6 日病死，四版《中国近代史》给予其"盖棺定论"式的评价："这个大独裁者、大卖国贼在全国人民的唾骂声中，可耻地结束了他的罪恶的一生。"②

围绕 1917 年中国参加欧战问题，"**府院之争**"出现表面化。1977 年版对此做出简评，认为其实质上就是亲美派军阀黎元洪集团和亲日派军阀段祺瑞集团之间的争权夺利的斗争，"两方斗争的关键并不在于是否参战，而在于由谁主持参战，以便从中捞到一笔帝国主义的借款，扩大自己的政治军事势力"③。1994 年版对"府院之争"相较前三版有更全面的说明，认为"'府'即总统府，指黎元洪为代表的政治集团；'院'即国务院，指段祺瑞为代表的军阀政治集团。支持黎元洪的力量是国民党人和南方地方势力，支持段祺瑞的基本力量是研究系和亲段的北洋督军。因为，这场斗争不仅反映了黎元洪和段祺瑞两个人争权夺利的矛盾，也反映了研究系与国民党的矛盾、国民党与皖系军阀的矛盾等"④。

段祺瑞效法袁世凯，指示军警数千人组成"公民请愿团"包围国会，胁迫议员通过参战案，此举为议员们所抵制。黎元洪看到段祺瑞的图谋未能得逞，在美国公使的支持下下令将段祺瑞免职。段氏赴天津后，指使各省军阀纷纷宣布脱离中央，准备以武力倒黎。张勋向黎元洪提出进京调停，黎邀张进京，张勋乘机拥

---

① 李侃、李时岳、李德征、杨策、龚书铎：《中国近代史》(第四版)，北京：中华书局1994年版，第438页。

② 《中国近代史》编写小组：《中国近代史》，北京：中华书局1977年版，第517页。

③ 《中国近代史》编写小组：《中国近代史》，北京：中华书局1977年版，第520页。

④ 李侃、李时岳、李德征、杨策、龚书铎：《中国近代史》(第四版)，北京：中华书局1994年版，第444页。

立溥仪复辟。6 月 14 日，张勋带着辫子兵进入北京。7 月 1 日，把 12 岁的溥仪抬出来宣布复辟，通电全国，改挂龙旗，他自任所谓首席内阁议政大臣兼直隶总督、北洋大臣，大权独揽，史称"**张勋复辟**"。复辟消息传出，立即遭到全国人民的猛烈反对。孙中山发表《讨逆宣言》，7 月 10 日，孙中山同章炳麟等南下广州，准备在南京建立与北洋军阀进行斗争的根据地。段祺瑞看到全国人民猛烈反对复辟，亦组织"讨逆军"，宣布讨伐张勋。7 月 2 日，段祺瑞在马厂"誓师"，不久"讨逆军"攻入北京，辫子军瓦解，张勋逃到东交民巷荷兰使馆，溥仪再次宣布退位，"这次复辟丑剧，在全国人民的坚决反对下，才十二天就迅速破产了"①。

段祺瑞重任国务总理后，以参战练兵名义，向日本大量借款，从 1917 年至 1918 年，他通过日本政客西原龟三经办借款事宜，是为"**西原借款**"。段祺瑞重新上台后，拒绝恢复《临时约法》和国会，孙中山号召拥护《临时约法》，恢复国会。1917 年 8 月，孙中山召集原国会议员 150 多人讨论国会开会问题，因不足法定人数，遂召开"非常国会"，决定成立军政府。9 月 1 日，非常国会选举孙中山为大元帅，孙中山出兵北伐，开始"**护法战争**"。因孙中山在军政府的实际权力被西南军阀剥夺，已无可能贯彻其"护法"主张，不久宣告"护法"运动失败。对于这场运动的失败，四版一致认为："表明中国资产阶级旧民主主义革命已经陷入绝境，民族资产阶级再也不能领导中国革命了。"②对于孙中山愤懑地指出"南与北如一丘之貉"，1977 年版则评价道："北洋军阀的反动统治，就是帝国主义、地主阶级和买办阶级的反动统治。各派军阀本身就是大地主和买办资产阶级，他们是一切反动势力的代表。"③1994 年版亦持"在军阀反动统治和混战下，中国人民陷于水深火热之中"等近似之论。

第六章第三节是 1977 年版《中国近代史》的最后部分，该节题为"新民主主义革命的酝酿"。书中罗列民族工业发展之数据，"中国近代民族工业从产生到辛亥革命为止的约半个世纪内，开办资本在万元以上的厂矿约七百个，总资产仅

---

① 《中国近代史》编写小组：《中国近代史》，北京：中华书局 1977 年版，第 525 页。
② 《中国近代史》编写小组：《中国近代史》，北京：中华书局 1977 年版，第 528 页。
③ 《中国近代史》编写小组：《中国近代史》，北京：中华书局 1977 年版，第 521 页。

一亿三千多万元。在帝国主义和封建主义的压迫下，民族工业的发展是十分缓慢的"①。至第一次世界大战期间，"帝国主义暂时放松了对中国的压迫，中国民族工业趁隙取得了较大的发展，但它不仅在整个国民经济中所占比重很小，而且仍然带有半殖民地半封建的特征"②。书中还表示，在帝国主义的严重控制下，中国民族工业是不可能得到正常发展的，民族资产阶级同帝国主义和中国封建势力的矛盾加深了，他们虽然在一定程度上也反对帝国主义和封建军阀，但是，这并没有也不可能改变民族资产阶级的软弱性，书中引用毛泽东的论断："在帝国主义时代，任何国家的任何别的阶级，都不能领导任何真正的革命达到胜利。中国的小资产阶级和民族资产阶级曾经多次领导过革命，都失败了。"③

相对资产阶级的孱弱，中国工人阶级开始崛起。工人阶级深受帝国主义、封建主义和资本主义的"三重压迫剥削"。1977 年版《中国近代史》提到，工人不仅在经济上遭受残酷的剥削，在政治上也毫无权利，人身自由受到野蛮的侵犯。然而"中外反动派的镇压，丝毫未使中国工人阶级屈服，他们的反抗斗争不但没有停止和减弱，而且更加坚决、更加猛烈地开展起来，并在斗争中不断提高自己的政治觉悟和加强组织程度"，"在反对帝国主义和军阀卖国的政治斗争中，旗帜鲜明，坚决彻底，作用日益显著"，"工人在罢工中互相支援和举行同盟罢工，标志着中国工人运动已经由分散的、自发的、要求改善生活待遇的经济斗争，很快发展到联合的、有领导的反帝反封建的政治斗争"④。

1977 年版《中国近代史》第六章的最后部分，题为"马克思列宁主义开始在中国的传播"。1921 年中国共产党诞生，"中国革命从此开始了一个新的历史阶段"。"**五四运动**"，标志着资产阶级领导的旧民主主义革命的终结和无产阶级领导的新民主主义的开始。书中结尾引用了毛泽东对旧民主主义的深邃思考："灾难深重的中华民族，一百年来，其优秀人物奋斗牺牲，前仆后继，摸索救国救民的真理，是可歌可泣的。但是直到第一次世界大战和俄国十月革命之后，才找到

---

① 《中国近代史》编写小组：《中国近代史》，北京：中华书局 1977 年版，第 558 页。
② 《中国近代史》编写小组：《中国近代史》，北京：中华书局 1977 年版，第 561 页。
③ 《毛泽东选集》(第四卷)，北京：人民出版社 1991 年版，第 1479 页。
④ 《中国近代史》编写小组：《中国近代史》，北京：中华书局 1977 年版，第 564~565 页。

马克思列宁主义这个最好的真理，作为解放我们民族的最好的武器，而中国共产党则是拿起这个武器的倡导者、宣传者和组织者。马克思列宁主义的普遍真理一经和中国革命的具体实践相结合，就使中国革命的面目为之一新。"①不同于1977年版的简略书写，1979年版、1983年版更为详细地介绍新文化运动的兴起；1994年版更以两节篇幅说明"辛亥革命后的中国社会"与"新文化运动"的情况，揭示"马克思列宁主义开始在中国的传播"的社会背景与思想基础，这些写法使读者更易理解中国共产党作为新力量走上时代舞台的历史必然性。

小　　结

概念与对概念的诠释构建出话语体系。1977年版《中国近代史》在把握旧民主主义革命主线索的前提下，将历史叙事与毛泽东对旧民主主义革命的论断紧密结合，为我们提供了理解中国近代史发展脉络的核心概念，通过对这些概念进行相应的诠释，形成一个较为完整的话语体系。1977年版《中国近代史》提出的核心概念，在1979年、1983年、1994年版中基本没有增删，通过了解这些概念，我们头脑中能够形成关于中国近代史较为完整的知识谱系；通过理解关于这些概念的诠释，我们得以从中发现中国近代史演进的历史轨迹。

鸦片战争是中国近代史的开端。在"鸦片战争"的话语表述中，读者通过解读龚自珍的诗文及思想，了解鸦片战争之前中国社会所遭遇的危机；通过分析"银贵钱贱"的成因，理解鸦片流布中国、祸害朝野的事实。禁烟成为当时清廷面对的最为迫切的问题，朝中出现弛禁、严禁两论。林则徐虎门销烟，英国借机挑起战端。在鸦片战争期间，林则徐等人主战、琦善、耆英等人主和，清朝在军事上的失败，使魏源等知识分子"开眼看世界"，提出"师夷长技以制夷"的主张；英国的侵略使中国人民觉醒和奋起，三元里抗英斗争显示中国人民敢于斗争的气概。清朝面对列强的船坚炮利，被迫签订中英《南京条约》、中美《望厦条约》、中法《黄埔条约》等一系列不平等条约，上海等地出现租界，买办商人开始活跃。

① 《毛泽东选集》(第三卷)，北京：人民出版社1991年版，第796页。

1977 年版《中国近代史》通过提出以上"鸦片战争"史实核心概念并对之加以诠释，揭示了鸦片战争导致中国社会的性质及主要矛盾发生巨大变化，即中国逐步沦为半殖民地半封建社会，而外国资本主义和中华民族的矛盾成为中国社会的最主要矛盾，鸦片战争作为中国近代史开端的意义由此凸显。尽管在具体史实表述上存在一些差异，但"鸦片战争是中国近代史的开端"这一重要定义为 1979 年、1983 年、1994 年版《中国近代史》所继承，2012 年出版的"马工程"重点教材《中国近代史》也遵从此说，① 体现这一定义的强大生命力。

通过细致考察四版《中国近代史》，我们发现中国近代史核心概念在数量上变化不大，然而各版对之诠释却存在不小的差异。在人物方面，相较 1977 年、1979 年版，1983 年、1994 年版《中国近代史》对林则徐、琦善、杨芳等人的评价更为客观、平实、公允；在关于太平天国运动的话语表述中，1977 年、1979 年版与 1983 年、1994 年版关于洪秀全的史事描写与评价有不小的改动，后两版关于洪秀全活动、思想与形象的表述更贴近史实，反映编写者避免将历史人物"脸谱化"的意图；在一些重要历史事件、活动方面，如对洋务运动的评价，相较 1977 年、1979 年版，1983 年、1994 年版更多肯定其带给中国社会"新变化"，对于清末革命派与改良派的论战，相较前三版，1994 年版给予很高的赞誉，认为革命派以高昂的革命精神，决心通过暴力推翻清王朝、建立资产阶级共和国的主张，得到当时人们的普遍拥护。1977 年版对一些核心概念的诠释，如民族资产阶级的软弱性和妥协性等，作为"经典"而保留下来；一些诠释则得到修订或完善，如关于《马关条约》的性质等，反映编写者历史观念的变化。总体来看，1983 年、1994 年版《中国近代史》在叙事上更为精炼，历史脉络也变得更为明晰。

核心概念是"点"，诠释乃"线"，章节布局为"面"。三者的有机结合，使话语体系具象化与立体化。在 1977 年版《中国近代史》中，太平天国、义和团运动、辛亥革命被视作近代中国的"三次革命高潮"，书中分别以专章讨论这三场"革命"的始末、意义与历史局限，通过章节布局构建的"革命史"话语体系，与胡绳先生《从鸦片战争到五四运动》所构建的"革命史"脉络无甚差别。从后附四版《中

---

① 《中国近代史》编写组：《中国近代史》，北京：高等教育出版社、人民出版社 2012 年版，第 14 页。

国近代史》章节对比表中可见，1983 年版及 1994 年版不再使用"革命史"的框架来设计章节，章节名称多以重大历史事件、活动与社会性质变迁来体现历史演进的方向，如 1983 年版及 1994 年版单列"边疆危机"一节，将之视为同光时期清廷面对的重要问题，专门讨论当时列强对中国边疆的侵略与清廷的应对与人民的反抗，体现中国近代史的重要主线——侵略与反侵略、压迫与反抗之间的因应关系。四版《中国近代史》在章节布局上的变化，反映"文革"之后不同时期我国史学界对于中国近代史主线的认知变迁。

附　　录

四版《中国近代史》章节标题对照表

第一版(1977年版)	第二版(1979年版)	第三版(1983年版)	第四版(1994年版)
第一章　鸦片战争——中国近代史的开端 第一节　可耻的鸦片贸易和正义的禁烟运动 一、鸦片战争前的国内外形势 二、鸦片泛滥和中国人民的禁烟斗争 第二节　中国人民反对英国鸦片侵略的战争 一、英国发动侵略中国的战争和清政府的屈膝投降 二、中国东南沿海各省人民反对英国侵略者的斗争 第三节　中国开始沦为半殖民地半封建社会	**第一章　鸦片战争** 第一节　可耻的鸦片贸易和正义的禁烟运动 一、鸦片战争前的国内外形势 二、鸦片泛滥和中国人民的禁烟斗争 第二节　中国人民反对英国鸦片侵略的战争 一、英国发动侵略中国的战争和清政府的屈膝投降 二、中国东南沿海各省人民反对英国侵略者的斗争 第三节　中国开始沦为半殖民地半封建社会	**第一章　鸦片战争** 第一节　鸦片贸易和禁烟运动 一、战前的国内外形势 二、鸦片泛滥和中国禁烟 第二节　反对英国侵略的战争 一、英国发动侵略中国的战争 二、战争的三个阶段 第三节　中国开始变为半殖民地半封建社会 一、第一批不平等条约的订立 二、中国社会经济和思想领域内的变化 三、反侵略斗争的继续	**第一章　鸦片战争和中国近代史的开端** 第一节　鸦片战争前的中国和世界 一、清朝统治的衰落 二、西方资本主义的发展和殖民扩张 第二节　反对英国侵略的战争 一、鸦片泛滥和中国的禁烟 二、英国发动侵略中国的战争 三、战争的三个阶段 四、第一批不平等条约的订立 第三节　战后十年间的中国社会 一、社会经济的变化 二、思想与学风的转变

第一版(1977年版)	第二版(1979年版)	第三版(1983年版)	第四版(1994年版)
一、第一批不平等条约的订立 二、中国社会经济的变化和人民群众反侵略斗争的继续 三、反侵略思想和反侵略文学	一、第一批不平等条约的订立 二、中国社会经济和思想文化领域内的变化 三、人民群众反侵略斗争的继续		
第二章　太平天国革命——近代中国第一次革命高潮 第一节　太平天国革命的发动和胜利发展 一、洪秀全为发动革命而斗争 二、金田起义和革命运动的胜利发展 第二节　太平天国的革命纲领和政策 一、伟大的农民革命纲领——《天朝田亩制度》 二、政权建设和各项政策 三、思想文化领域的反孔斗争 第三节　第二次鸦片战争和沙俄侵占我国北方大片领土 一、英法发动第二次鸦片战争 二、沙俄武装入侵黑龙江领域和逼签《瑷珲条约》	**第二章　太平天国革命** 第一节　太平天国革命的发动和胜利发展 一、洪秀全为发动革命而斗争 二、金田起义和革命运动的胜利发展 第二节　太平天国的革命纲领和政策 一、《天朝田亩制度》 二、各项制度和政策 第三节　第二次鸦片战争和沙俄侵占我国北方大片领土 一、英法发动第二次鸦片战争 二、沙俄武装入侵黑龙江流域和逼签《瑷珲条约》 三、英法侵略战争的再起和清政府的妥协投降 四、沙俄强占我国北方大片领土和各族人民英勇的抗俄斗争	**第二章　太平天国农民战争** 第一节　太平天国起义 一、洪秀全和金田起义 二、定都南京和北伐、西征 第二节　太平天国的政权和政策 一、《天朝田亩制度》 二、各项制度和措施 第三节　第二次鸦片战争和沙俄侵占我国北方大片领土 一、英法发动第二次鸦片战争和《天津条约》 二、英法侵略战争的再起和《北京条约》 三、沙俄侵占我国北方大片领土 第四节　太平天国后期及其失败 一、太平天国领导集团的分裂	**第二章　太平天国及第二次鸦片战争** 第一节　太平天国起义 一、洪秀全和金田起义 二、定都南京和北伐、西征 第二节　太平天国的制度和政策 一、《天朝田亩制度》 二、各项制度和措施 第三节　第二次鸦片战争 一、英、法发动第二次鸦片战争和《天津条约》 二、英、法侵略战争的再起和《北京条约》 三、沙俄侵占我国北方大片领土 第四节　辛酉政变及其以后的政治格局 一、辛酉政变 二、政变后的政治格局

第一版(1977年版)	第二版(1979年版)	第三版(1983年版)	第四版(1994年版)
三、英法侵略战争的再起和清政府的妥协投降	第四节　太平天国反抗中外反动派联合绞杀革命的斗争	二、分裂后的形势和《资政新篇》的提出	第五节　太平天国后期及其失败
四、沙俄强占我国北方大片领土和各族人民英勇的抗俄斗争	一、太平天国领导集团的分裂	三、保卫安庆和经营江浙	一、太平天国领导集团的分裂
第四节　太平天国反抗中外反动派联合绞杀革命的斗争	二、革命形势一度好转和《资政新篇》的提出	四、辛酉政变和中外反动势力的勾结	二、分裂后的形势和《资政新篇》的提出
一、洪秀全粉碎反革命政变和反对分裂的斗争	三、保卫安庆和经营江浙	五、太平天国的失败	三、保卫安庆和经营江浙
二、洪秀全为争取革命形势好转而斗争	四、中外反动派联合绞杀太平天国革命	六、太平军余部和捻军的英勇斗争	四、太平天国的失败
三、反对李秀成的投降主义路线	五、太平军余部和捻军的英勇斗争	第五节　太平天国时期各族人民的反清起义	五、太平军余部和捻军的英勇斗争
四、太平军抗击中外反动派的联合进攻	六、太平天国革命的历史意义	一、广西壮、汉各族的继起斗争	第六节　太平天国时期西南、西北各族人民起义
五、太平军余部和捻军的英勇斗争	第五节　太平天国革命时期各族人民的反封建斗争	二、贵州苗、教、号军起义	一、广西壮、汉各族的继起斗争
六、太平天国革命的历史意义	一、广西壮族和其他各族人民的斗争	三、云南回民起义	二、贵州苗、教、号军起义
第五节　太平天国革命时期各族人民的反封建斗争	二、贵州苗、教、号军的斗争	四、陕、甘回族的斗争	三、云南回民起义
一、广西各族人民的革命斗争	三、云南回、彝各族的斗争		四、陕、甘、宁、夏回民起义
二、贵州各族人民的革命斗争	四、陕甘回族的斗争		
三、云南各族人民的革命斗争			
四、西北各族人民的革命斗争			

续表

第一版(1977年版)	第二版(1979年版)	第三版(1983年版)	第四版(1994年版)
第三章　半殖民地的逐步加深和中国人民反对外国侵略的斗争	第三章　半殖民地的逐步加深和中国人民反对外国侵略的斗争	第三章　中国资本主义的产生和外国侵略势力的加深	第三章　洋务运动和中国资本主义的产生
第一节　半殖民地统治秩序的建立	第一节　半殖民地统治秩序的建立	第一节　太平天国失败后的形势	第一节　太平天国失败后的社会经济
一、清朝封建统治阶级的反攻倒算	一、中外反动派加紧勾结	一、外国在华政治经济势力的扩大	一、外国在华政治经济势力的扩大
二、中外反动派加紧勾结	二、洋务派兴办军事工业	二、农村经济的凋敝	二、农村经济的凋敝
三、洋务派在"求强"幌子下兴办的军事工业	三、洋务派兴办民营企业	三、洋务派与顽固派	第二节　统治集团内部对举办洋务的不同态度
第二节　资本主义近代工业的出现和无产阶级的诞生	第二节　民族资本主义工业的出现和无产阶级的诞生	第二节　军事工业和新式陆海军的建立	一、洋务宗旨的提出和洋务派的形成
一、洋务派在"求富"幌子下兴办的民用企业	一、民族资本主义工业的出现	一、军事工业	二、洋务派与顽固派的争论
二、近代民族资本主义工业的出现	二、中国无产阶级的诞生及其特点	二、新式海陆军	第三节　军事工业和新式陆海军的建立
三、中国无产阶级的诞生及其特点	第三节　各族人民保卫祖国边疆的斗争	第三节　民营资本主义企业的出现	一、军事工业
第三节　各族人民保卫祖国边疆的斗争	一、新疆各族人民的反侵略斗争	一、官督商办企业	二、新式陆海军
一、新疆各族人民的反侵略斗争	二、台湾、云南、西藏各族人民的反侵略斗争	二、商办企业	第四节　近代民营企业的出现
二、台湾、云南、西藏各族人民的反侵略斗争	第四节　中法战争	三、新的阶级力量的出现	一、官督商办企业
第四节　中法战争	一、法国发动侵华战争和中国军民的抗法斗争	第四节　边疆危机	二、商办企业
一、法国发动侵略战争和中国人民的抗法的斗争	二、镇南关大捷和清政府妥协投降	一、左宗棠收复新疆和《伊犁条约》	第五节　新阶级的出现和思想文化的演变
	三、反对外国教会侵略斗争的高涨	二、日美侵犯台湾、《烟台条约》和英俄进窥西藏	一、新阶级的产生
		第五节　中法战争	二、思想文化的演变
		一、法国发动侵华战争	第四章　中法战争和中日战争
		二、中国不败而败	第一节　中国边疆地区的危机
		第六节　中日战争	一、新疆的收复和《伊犁条约》的订立
		一、日本不宣而战	
		二、辽东失陷和北洋海军的覆灭	

209

第一版(1977年版)	第二版(1979年版)	第三版(1983年版)	第四版(1994年版)
二、镇南关大捷和清政府妥协投降 三、反对外国教会侵略斗争的高涨 第五节　中日战争 一、日本发动侵华战争和中国人民的抗日斗争 二、清政府卖国投降和《马关条约》的签订 三、台湾人民的浴血抗战	第五节　中日战争 一、日本发动侵华战争和中国军民的抗日斗争 二、清政府卖国投降和《马关条约》的签订 三、台湾人民的浴血抗战	三、《马关条约》的签订 四、台湾人民的浴血抗战	二、日美侵犯台湾、《烟台条约》和英俄进窥西藏 第二节　中法战争 一、法国发动侵华战争 二、中国不败而败 第三节　中日战争 一、战前的朝鲜问题和清政府内部的矛盾 二、日本不宣而战和清政府的外交活动 三、辽东失陷和北洋海军的覆灭 四、《马关条约》的签订 五、台湾人民的浴血抗战
第四章　义和团反帝爱国运动——近代中国第二次革命高潮 第一节　帝国主义瓜分中国的狂潮 一、沙俄在瓜分狂潮中最先伸出魔掌 二、中国社会经济的进一步半殖民地化 第二节　资产阶级的维新运动 一、康有为的变法维新思想 二、维新运动的高涨 三、变法维新与顽固守旧的斗争	**第四章　戊戌变法和义和团反帝爱国运动** 第一节　帝国主义瓜分中国的狂潮和中国资本主义的发展 一、帝国主义列强掀起瓜分中国的狂潮 二、中国社会经济的进一步半殖民地化 三、民族资本主义的初步发展 第二节　资产阶级的维新运动 一、康有为的变法维新思想 二、维新运动的高涨	**第四章　戊戌变法和义和团运动** 第一节　帝国主义瓜分中国的严重危机 一、帝国主义在华强租海港和划分势力范围 二、帝国主义对华的资本输出 三、清政府的军事财政措施 第二节　资产阶级的维新运动 一、维新运动的发端和康有为的变法理论 二、维新运动高涨	**第五章　戊戌变法和义和团运动** 第一节　帝国主义瓜分中国的严重危机 一、帝国主义在华强租海港和划分势力范围 二、帝国主义对华的资本输出 三、清政府的统治危机 第二节　资产阶级的维新运动 一、民族资本主义的初步发展 二、维新运动的发端

第一版(1977年版)	第二版(1979年版)	第三版(1983年版)	第四版(1994年版)
四、"百日维新"及其失败	三、变法维新与顽固守旧的斗争	三、变法维新和顽固守旧的争论	和康有为的变法理论
第三节　义和团运动的兴起和发展	四、"百日维新"及其失败	四、百日维新及其失败	三、维新运动的高涨
一、义和团在山东的兴起和壮大	第三节　义和团运动兴起和发展	第三节　义和团运动的兴起和发展	四、变法维新与顽固守旧的争论
二、席卷全国的反帝斗争怒潮	一、义和团在山东的兴起	一、反对外国教会侵略斗争的新高涨	五、百日维新及其失败
第四节　反对八国联军侵略的斗争	二、直隶、京津和北方其他地区义和团的蓬勃发展	二、义和团在山东的兴起	六、思想文化的更新及社会风气的转变
一、义和团抗击八国联军的英勇战斗	第四节　反对八国联军侵略的战争	三、直隶、京津地区义和团的蓬勃发展	第三节　义和团运动和八国联军侵华战争
二、东北地区义和团和广大群众抗击沙俄侵略的斗争	一、义和团抗击八国联军的英勇战斗	四、义和团的组织和"扶清灭洋"口号	一、反对外国教会侵略斗争的新高涨
三、中外反动派联合镇压义和团和《辛丑条约》的订立	二、东北地区义和团和广大群众抗击沙俄侵略的斗争	第四节　反对八国联军侵略的战争	二、义和团在山东的兴起及其在北部中国的发展
四、义和团继续坚持战斗	三、中外反动派联合镇压义和团和《辛丑条约》的订立	一、八国联军侵华和清政府宣战	三、八国联军侵华和清政府宣战
五、义和团运动的历史意义	四、义和团继续坚持战斗	二、京津军民抗击八国联军	四、京津军民抗击八国联军
	五、义和团运动的历史意义	三、宣战后北部中国的斗争和《东南互保》	五、宣战后北部中国的斗争和"东南互保"
		四、中外反动派联合镇压义和团和《辛丑条约》的订立	六、义和团运动的失败和《辛丑条约》的订立
第五章　辛亥革命——近代中国第三次革命高潮	**第五章　辛亥革命**	**第五章　辛亥革命**	**第六章　辛亥革命**
第一节　民族危难的加深和资产阶级领导的民主革命的酝酿	第一节　民族危难的加深和资产阶级领导的民主革命的酝酿	第一节　民族灾难的深重和群众斗争的持续高涨	第一节　民族灾难的深重和清末"新政"
一、清政府成为"洋人的朝廷"和民族危难的加深	一、清政府成为"洋人的朝廷"和民族危难的加深	一、日俄战争和英军入侵西藏	一、帝国主义对中国侵略的加深
	二、各族人民反抗斗争的发展	二、帝国主义对中国经济命脉的垄断和争夺	二、清末"新政"
			三、残破的农村经济和民族资本主义发展的艰难

第一版(1977年版)	第二版(1979年版)	第三版(1983年版)	第四版(1994年版)
二、各族人民反抗斗争的发展 三、资产阶级领导的爱国运动的兴起 第二节　资产阶级革命政党同盟会的成立 一、孙中山革命思想的形成和兴中会的成立 二、民主革命思想的传播和对保皇派的批判 三、中国革命同盟会的成立及其政纲 第三节　革命形势的飞跃发展 一、革命派和保皇派的大论战 二、同盟会领导的几次武装起义 三、民族资本主义的发展和清政府"预备立宪"骗局的破产 四、革命时机的成熟 五、帝国主义对中国利权的争夺和革命力量大汇合 第四节　辛亥革命的胜利和失败 一、武昌起义与全国各地区的响应 二、南京临时政府的成立 三、帝国主义破坏中	三、孙中山革命思想的形成和兴中会的成立 四、资产阶级领导的爱国运动的兴起和民主革命思想的传播 第二节　资产阶级革命政党同盟会的成立及其革命活动 一、中国革命同盟会的成立及其政纲 二、革命派和保皇派的大论战 三、同盟会领导的几次武装斗争 第三节　革命形势的飞跃发展 一、民族资本主义的发展和清政府"预备立宪"骗局的破产 二、革命时机的成熟 三、帝国主义对中国利权的争夺和革命力量大汇合 第四节　辛亥革命的胜利和失败 一、武昌起义与全国各地区的响应 二、南京临时政府的成立 三、帝国主义破坏中国革命与袁世凯窃夺政权 四、辛亥革命的历史意义	三、残破的农村经济和民族资本主义发展的艰难 四、群众抗暴斗争和资产阶级领导的爱国运动 第二节　资产阶级民主革命运动的兴起 一、孙中山和兴中会 二、民族革命思想的传播和革命团体的纷纷出现 三、中国同盟会的成立及其政治纲领 第三节　革命运动的开展和革命时机的成熟 一、革命派和改良派的论战 二、同盟会领导的武装起义及其他革命活动 三、立宪运动及其失败和革命力量大汇合 第四节　辛亥革命的胜利和失败 一、武昌起义与全国各地区的响应 二、南京临时政府的成立 三、帝国主义破坏中国革命与袁世凯窃夺政权 四、临时政府北迁后的局势和二次革命	第二节　资产阶级民主革命运动的兴起 一、孙中山和兴中会 二、民主革命思想的传播和革命团体的出现 三、蓬勃发展的反帝爱国运动 四、中国同盟会的成立及其政治纲领 第三节　革命运动的发展 一、革命派与改良派的论战 二、同盟会领导的武装起义及其他革命活动 三、群众性的反抗斗争 第四节　清政府的"预备立宪"和立宪运动 一、"仿行宪政"的"预备"措施 二、"国会请愿运动"和保路风潮 第五节　辛亥革命的胜利和失败 一、武昌起义与全国各地的响应 二、南京临时政府的成立 三、袁世凯窃夺政权 四、临时政府北迁后的政局和"二次革命" 第六节　辛亥革命时

第一版(1977年版)	第二版(1979年版)	第三版(1983年版)	第四版(1994年版)
国革命与袁世凯窃取政权 四、辛亥革命的历史意义和经验教训			期的文化 一、社会变动中各种思潮的涌现 二、史学、文学艺术和新闻出版的新面貌 三、新式教育的推广和科学技术新成就
第六章　旧民主主义革命的终结和新民主主义革命的酝酿 第一节　中国人民反对袁世凯和南北军阀的反动统治 一、袁世凯的独裁统治和资产阶级软弱无力的反抗 二、袁世凯复辟帝制 三、中国人民反对复辟的斗争和洪宪帝制的覆灭 四、帝国主义支持下的军阀割据和短命的张勋复辟 五、段祺瑞疯狂卖国与中国人民深重的灾难 第二节　各族人民维护祖国统一的斗争 一、各族人民反对沙俄侵略我国北部边疆的斗争 二、各族军民抗击沙俄侵略新疆的斗争	**第六章　旧民主主义革命的终结和新民主主义革命的酝酿** 第一节　中国人民反对袁世凯和南北军阀的反动统治 一、袁世凯的独裁统治和资产阶级软弱无力的反抗 二、袁世凯复辟帝制 三、人民的反袁斗争和洪宪帝制的覆灭 四、帝国主义操纵下的军阀割据和短命的张勋复辟 五、段祺瑞卖国独裁与中国人民深重的灾难 第二节　各族人民维护祖国统一的斗争 一、各族人民反对沙俄侵略我国北部边疆的斗争 二、各族军民抗击沙俄侵略新疆的斗争 三、西藏各族人民反	**第六章　旧民主主义革命的终结** 第一节　袁世凯的反动统治与洪宪帝制 一、北洋军阀黑暗统治与孙中山组织中华革命党 二、日本提出"二十一条"与袁世凯复辟帝制 三、护国运动与洪宪帝制的覆灭 第二节　段祺瑞卖国独裁与中国人民深重的灾难 一、帝国主义操纵下的军阀割据与张勋复辟 二、段祺瑞的卖国独裁和护法运动 三、军阀割据混战下中国人民的深重灾难 第三节　蒙古新疆西藏的严重危机 一、沙俄策动蒙古封建主的分裂活动 二、沙俄在新疆的侵	**第七章　北洋军阀的黑暗统治和近代中国历史的新趋向** 第一节　袁世凯的反动统治与护国运动 一、袁世凯的专制统治与反袁斗争的继续开展 二、洪宪帝制和护国运动 第二节　北洋军阀的权力争夺与护法运动 一、军阀割据与张勋复辟 二、段祺瑞的统治和护法运动 第三节　帝国主义分裂中国的活动 一、沙俄在蒙古的分裂活动 二、沙俄在新疆的分裂活动 三、英国制造西藏"独立" 第四节　辛亥革命后的中国社会

续表

第一版(1977年版)	第二版(1979年版)	第三版(1983年版)	第四版(1994年版)
三、西藏各族人民反对沙俄和英国侵略西藏的斗争 第三节　新民主主义革命的酝酿 一、中国民族工业的进一步发展 二、中国工人阶级的成长壮大 三、马克思列宁主义开始在中国的传播	对英国和沙俄侵略的斗争 第三节　新民主主义革命的酝酿 一、中国民族工业的进一步发展和工人阶级的成长壮大 二、新文化运动的兴起和马克思主义开始在中国传播	略和分裂活动 三、英国制造西藏"独立" 第四节　中国革命的曙光 一、中国民族工业的进一步发展和工人阶级的成长壮大 二、新文化运动的兴起和马克思主义开始在中国传播	一、农村经济和农民生活 二、民族工业的进一步发展 三、工人阶级的成长 第五节　新文化运动 一、新文化运动的兴起和中西文化问题的论争 二、思想文化发展的新局面 三、马克思主义开始在中国传播

参 考 资 料

著作：

[1] 梁启超：《支那开化四千年史》，上海：上海广智书局 1904 年版。

[2] 傅运森：《共和国教科书·世界史》，上海：商务印书馆 1920 年版。

[3] 陆光宇：《本国史》，上海：商务印书馆 1924 年版。

[4] 顾颉刚：《本国史》，上海：商务印书馆 1924 年版。

[5] 吕思勉：《白话本国史》，上海：商务印书馆 1924 年版。

[6] 戴季陶：《孙文主义之哲学基础》，上海：民智书局 1925 年版。

[7] 周传儒：《世界史》，上海：商务印书馆 1926 年版。

[8] 陈衡哲：《西洋史》，上海：商务印书馆 1927 年版。

[9] 舒新城：《近代中国教育思想史》，上海：上海中华书局 1928 年版。

[10] 何炳松：《外国史》，上海：商务印书馆 1933 年版。

[11] 李鼎声：《中国近代史》，上海：光明书局 1933 年版。

[12] 朱翊新：《世界史》，上海：世界书局 1933 年版。

[13] 刘师培：《中国历史教科书》，上海：商务印书馆 1937 年版。

[14] 应功九：《本国史》，上海：正中书局 1937 年版。

[15] 罗元鲲：《高中本国史》，上海：开明书局 1946 年版。

[16] 范文澜：《中国近代史》上编第 1 分册，北京：人民出版社 1951 年版。

[17] 胡绳：《从鸦片战争到五四运动》，北京：人民出版社 1981 年版。

[18] 蔡元培：《蔡元培全集》，北京：中华书局 1984 年版。

[19] 李侃等编：《中国近代史(1840—1919)》(第4版)，北京：中华书局1994年版。

[20] 蒋廷黻：《中国近代史(外三种)》，长沙：岳麓书社1987年版。

[21] 胡绳主编：《中国共产党的七十年》，北京：中共党史出版社1991年版。

[22] 罗荣渠：《现代化新论——世界与中国的现代化进程》(增订本)，北京：商务印书馆1993年版。

[23] 胡绳：《胡绳文集(1979—1994)》，北京：中国社会科学出版社1994年版。

[24] 胡绳：《胡绳全书》(第1—6卷)，北京：人民出版社1998年版。

[25] 胡绳：《胡绳全书》(第7卷)，北京：人民出版社1998年版。

[26] 夏曾佑：《中国古代史》(复刊本)，石家庄：河北教育出版社2000年版。

[27] 侯且岸：《当代中国的"显学"》，北京：人民出版社2003年版。

[28] 胡绳：《马克思主义与改革开放》，北京：中国社会科学出版社2000年版。

[29] 胡绳：《胡绳论"从五四运动到新中国成立"》，北京：社科文献出版社2001年版。

[30] 胡绳：《童稚集》，北京：人民出版社2001年版。

[31] 范文澜：《范文澜全集》，石家庄：河北教育出版社2002年版。

[32] 郑惠、姚鸿：《思慕集》，北京：社会科学文献出版社2003年版。

[33] 张海鹏、龚云：《中国近代史研究》，福州：福建人民出版社2005年版。

[34] 马敏、彭南生主编：《中国近现代史(1840—1949)》，北京：高等教育出版社2009年版。

[35] 胡绳：《从鸦片战争到五四运动》，北京：人民出版社2010年版。

[36] 李红岩：《中国近代史学史论》，北京：中国社会科学出版社2011年版。

[37] 郭廷以：《近代中国的变局》，北京：九州出版社2012年版。

[38]《中国近代史》编写组：《中国近代史》，北京：高等教育出版社、人民出版社2012年版。

[39] 李怀印：《重构近代中国：中国历史写作中的想象与真实》，北京：中华书局2013年版。

[40]《中华人民共和国史》编写组：《中华人民共和国史》，北京：高等教育出版

社、人民出版社 2013 年版。

[41] 蒋廷黻：《蒋廷黻回忆录》，北京：中华书局 2014 年版。

[42] 金冲及：《一本书的历史：胡乔木、胡绳谈〈中国共产党的七十年〉》，北京：
中央文献出版社 2014 年版。

[43] 王桧林主编：《中国现代史》(第 4 版)，北京：北京师范大学出版社 2016 年
版。

[44] 陈旭麓：《近代中国社会的新陈代谢》，上海：生活·读书·新知三联书店
2017 年版。

[45] 张海鹏、翟金懿：《简明中国近代史读本》，北京：中国社会科学出版社
2018 年版。

[46] 陈恭禄撰、裘陈江编校：《陈恭禄史学论文集》，上海：上海古籍出版社
2020 年版。

[47] 吕思勉：《中国近代史》，北京：中华书局 2020 年版。

[48] 吴汉全：《话语体系初论》，北京：人民出版社 2020 年版。

[49]《中国共产党两个关于若干历史问题的决议》，北京：人民出版社 2021 年
版。

[50] 石仲泉：《大师是怎样炼成的——石仲泉谈胡绳》，南宁：广西人民出版社
2022 年版。

期刊文章：

[1] 吴文璨：《批判蒋廷黻的反动历史观点对于中国近代史的扭曲和污蔑》，《开
封师院学报》1956 年创刊号。

[2] 戴逸：《中国近代史的分期问题》，《历史研究》1954 年第 1 期。

[3] 金应熙：《批判洋奴买办蒋廷黻的反动史学观点》，《中山大学学报》(社会科
学版)1961 年第 2 期。

[4] 刘凤翰：《蒋廷黻博士对中国近代史上几个问题的见解》，(台湾)《传记文
学》1965 年第 6 期。

[5] 李济：《回忆中的蒋廷黻先生》，(台湾)《传记文学》1966 年第 1 期。

[6] 赵潮钧：《鲁迅前期进化论思想的评价问题——与胡绳等同志商榷》，《江淮论坛》1979 年第 2 期。

[7] 刘大年：《历史与现实》，《近代史研究》1981 年第 4 期。

[8] 祁平：《一部具有重要学术价值的历史著作——读胡绳〈从鸦片战争到五四运动〉》，《社会科学研究》1982 年第 2 期。

[9] 姗亦疾：《从鸦片战争到五四运动》，《社会科学》1982 年第 2 期。

[10] 王震：《学习历史，发扬爱国主义》，《红旗》1982 年第 2 期。

[11] 陈铭康、郑则民：《谈谈对〈从鸦片战争到五四运动〉一书的认识》，《近代史研究》1982 年第 4 期。

[12] 赵失元、李喜所：《评〈从鸦片战争到五四运动〉》，《东北师大学报》(哲学社会科学版) 1982 年第 4 期。

[13] 《学习祖国历史　建设精神文明——史学工作者座谈〈从鸦片战争到五四运动〉》，《读书》1982 年第 11 期。

[14] 张海鹏：《中国近代史的"两个过程"及有关问题》，《历史研究》1984 年第 4 期。

[15] 王来棣：《关于辛亥革命的评价问题——兼与胡绳同志商榷》，《近代史研究》1985 年第 2 期。

[16] 苗作斌：《生动的历史再现、深刻的历史分析——读胡绳〈从鸦片战争到五四运动〉》，《历史教学》1986 年第 4 期。

[17] 韶菩：《中国近代史体系构思中的方法论问题》，《史林》1988 年第 2 期。

[18] 刘耀：《蒋廷黻的文化史观与中国近代史》，《人文杂志》1988 年第 6 期。

[19] 严君：《蒋廷黻生平事略》，《民国档案》1989 年第 1 期。

[20] 刘耀：《蒋廷黻的"全盘西化"说与中国近代史》，《社会科学战线》1989 年第 2 期。

[21] 张海鹏：《中国近代史研究的回顾》，《近代史研究》1989 年第 6 期。

[22] 王仲清整理：《胡绳史学理论的若干观点》，《党史研究与教学》1991 年第 2 期。

[23] 刘桢：《旧籍中的新启示——读蒋廷黻先生的〈中国近代史〉》，《读书》1993

年第 3 期。

[24]陈其泰：《范文澜〈中国近代史〉的开拓意义——纪念范文澜诞生 100 周年》，《中国社会科学院研究生院学报》1993 年第 6 期。

[25]胡绳：《〈从鸦片战争到五四运动〉再版序言》，《近代史研究》1996 年第 2 期。

[26]林冠群：《评蒋廷黻的鸦片战争史观》，《海南大学学报》(社会科学版) 1997 年第 3 期。

[27]张海鹏：《中共党史之前史的巨著——读再版的胡绳著〈从鸦片战争到五四运动〉》，《中共党史研究》1998 年第 1 期。

[28]谢增寿：《中国近现代史断限的标志和分期的有关问题》，《四川师范大学学报》(哲学社会科学版) 1998 年第 6 期。

[29]王梦奎：《我所认识和理解的胡绳》，《中共党史研究》1999 年第 2 期。

[30]沈渭滨：《蒋廷黻与中国近代史研究》，《复旦学报》(社会科学版) 1999 年第 4 期。

[31]张海鹏：《50 年来中国近代史研究的理论和方法评析》，《近代史研究》1999 年第 5 期。

[32]虞和平：《中国近代史研究 50 年》，《文史哲》1999 年第 6 期。

[33]林庭芳：《应当尊重胡绳教授的原意》，《中共党史研究》2000 年第 1 期。

[34]邱路：《请放下你的棍子——质疑沙健孙教授对胡绳先生的批判》，《百年潮》2000 年第 1 期。

[35]章德峰、彭建莆：《不能泛化〈新民主主义论〉中的某些具体论断——与胡绳同志商榷》，《中共党史研究》2000 年第 3 期。

[36]吕希晨：《论胡绳的历史唯物主义文化观》，《哲学研究》2000 年第 7 期。

[37]石仲泉：《胡绳：当今中国学术界一个重要学派的杰出代表》，《中共党史研究》2001 年第 1 期。

[38]欧阳军喜：《蒋廷黻与中国近代史研究二题》，《复旦学报》(社会科学版) 2001 年第 2 期。

[39]蒋大椿：《当代中国史学思潮与马克思主义历史观的发展》，《历史研究》2001年第4期。

[40]石仲泉：《与时俱进：胡绳学术晚年的新辉煌》，《襄樊学院学报》2002年第1期。

[41]张海鹏：《胡绳与近代史研究所——胡绳同志逝世一周年的怀念》，《近代史研究》2002年第1期。

[42]欧阳军喜：《20世纪30年代两种中国近代史话语之比较》，《近代史研究》2002年第2期。

[43]余三定：《为了时代和人民的需要而学术——论胡绳的治学精神》，《学术界》2002年第3期。

[44]徐宗勉：《胡绳史论二题》，《历史研究》2002年第3期。

[45]王文滋：《胡绳晚年关于近代史上的中国国民党的再评价》，《海南大学学报》(人文社会科学版)2003年第1期。

[46]王文滋、吴玢锋：《胡绳晚年论中间势力》，《长白学刊》2003年第1期。

[47]王文滋：《透视"胡绳现象"》，《人文杂志》2003年第3期。

[48]王文滋：《胡绳晚年论近代史上的中国现代化问题》，《湖北行政学院学报》2003年第5期。

[49]周一平：《史学研究创新之作——读〈胡绳论"从五四运动到中华人民共和国成立"〉》，《近代史研究》2003年第5期。

[50]王文滋：《胡绳晚年论建国后党史的分期》，《石油大学学报》(社会科学版)2004年第1期。

[51]徐晓旭：《胡绳晚年历史观的变化》，《南通工学院学报》(社会科学版)2004年第2期。

[52]张玉龙：《蒋廷黻研究述评论》，《云梦学刊》2004年第2期。

[53]王宪明：《蒋廷黻著〈中国近代史〉学术影响源探析——以所受"新史学"及马士的影响为中心》，《河北学刊》2004年第4期。

[54]高华：《略论胡绳晚年的思想变化》，《江西社会科学》2004年第10期。

[55] 王文滋、张志荣：《胡绳晚年论革命与改良》，《上饶师范学院学报》2005 年第 1 期。

[56] 张海鹏：《20 世纪中国近代史学科体系问题的探索》，《近代史研究》2005 年第 1 期。

[57] 周一平：《胡绳中共党史研究的理论和方法》，《中共党史研究》2005 年第 4 期。

[58] 周东华：《正确对待中国近代史研究的"现代化范式"和"革命范式"——与吴剑杰、龚书铎等先生商榷》，《社会科学论坛》2005 年第 5 期。

[59] 徐庆全：《胡绳"回归自我"的历程》，《炎黄春秋》2005 年第 5 期。

[60] 赵庆云：《胡绳研究回顾与展望》，《云梦学刊》2007 年第 6 期。

[61] 唐湘雨、姚顺东：《再议黄兴与近代粤、桂、滇边起义——与〈从鸦片战争到五四运动〉一书有关论断商榷》，《学术论坛》2007 年第 8 期。

[62] 张海鹏、赵庆云：《试论胡绳的中国近代史研究》，《历史研究》2008 年第 2 期。

[63] 蔡乐苏、尹媛萍：《蒋廷黻史学理念释要》，《清华大学学报》(哲学社会科学版)2008 年第 3 期。

[64] 蔡乐苏、尹媛萍：《反抗帝国主义的另一条道路——评蒋廷黻的琦善研究》，《湖南大学学报》(社会科学版)2008 年第 6 期。

[65] 罗志田：《近三十年中国近代史研究的变与不变——几点不系统的反思》，《社会科学研究》2008 年第 6 期。

[66] 于文善：《建国以来中国近代史理论若干问题研究》，《兰州学刊》2009 年第 2 期。

[67] 步平：《改革开放与中国近代史研究》，《近代史研究》2009 年第 5 期。

[68] 张海鹏：《六十年来中国近代史学科的确立与发展》，《历史研究》2009 年第 5 期。

[69] 冀满红、吕霞：《蒋廷黻的选择：从外交史家到外交家》，《历史教学》2009 年第 10 期。

[70]蔡乐苏：《时代精神、主体地位与中国近现代史书写》，《近代史研究》2010年第2期。

[71]夏明方：《中国近代历史研究方法的新陈代谢》，《近代史研究》2010年第2期。

[72]衡朝阳：《试论"胡绳学派"的中共党史学意义》，《党史研究与教学》2010年第3期。

[73]赵庆云：《"三次革命高潮"解析》，《近代史研究》2010年第6期。

[74]衡朝阳：《胡绳和近三十年中共党史学术化论析》，《前沿》2010年第13期。

[75]赵庆云：《"三次革命高潮"再解析》，《读书》2010年第7期。

[76]沈韬：《试论范文澜〈中国近代史〉的学术传承价值》，《世纪桥》2010年第9期。

[77]耿春亮：《胡绳对新民主主义革命时期党史研究的发展》，《北京党史》2011年第4期。

[78]曹培强：《抗战时期胡绳对"学术中国化"运动之贡献》，《首都师范大学学报》(社会科学版)2011年第6期。

[79]徐莹：《刍议胡绳对中共党史研究的贡献》，《世纪桥》2011年第14期。

[80]李怀印：《在传统与革命之间——范文澜与近代中国马克思主义史学的起源》，《现代哲学》2012年第6期。

[81]龚云：《马克思主义学者与中国化——以"半殖民地半封建社会"概念的论证、把握为例》，《马克思主义研究》2013年第9期。

[82]李卫民：《论晚清官员分析教案问题的三个基点——兼评蒋廷黻、朱维铮、吕实强等人的观点》，《河北师范大学学报》(哲学社会科学版)2014年第2期。

[83]刘超：《中国近代史研究的早期开展：以清华学人为中心——兼论新史学的权势网络及治史形态》，《清华大学学报》(哲学社会科学版)2014年第3期。

[84]左玉河：《中国近代史研究的范式之争与超越之路》，《史学月刊》2014年第6期。

[85] 杨天石：《忆胡绳》，《炎黄春秋》2015 年第 1 期。

[86] 马勇：《"革命叙事"中的洋务：1978 年前》，《安徽史学》2015 年第 6 期。

[87] 尹媛萍：《蒋廷黻与中国近代史书写》，《史学史研究》2016 年第 1 期。

[88] 赵庆云：《范文澜续写、重写〈中国近代史〉的构想及实践》，《史学理论研究》2016 年第 2 期。

[89] 马勇：《老辈史家对近代中国历史叙事的调整》，《兰州学刊》2016 年第 3 期。

[90] 刘超：《雷海宗与蒋廷黻——兼论民国"新史学"的发展路径》，《社会科学论坛》2016 年第 8 期。

[91] 汪兵：《"胡绳学派"与中共党史研究述论》，《湖南工业大学学报》(社会科学版)2017 年第 2 期。

[92] 尹媛萍：《中美学界关于甲午战争起因的早期争论——以蒋廷黻与魁特为例》，《史学史研究》2017 年第 4 期。

[93] 石仲泉：《胡绳是怎样成为学界大师的(上)》，《百年潮》2018 年第 1 期。

[94] 陈峰：《"唯物史观"在近代中国的流变》，《近代史研究》2018 年第 5 期。

[95] 汪兵：《中共党史学范式的转换及其理论意义——以胡绳为个案》，《合肥工业大学学报》(社会科学版)2018 年第 5 期。

[96] 石仲泉：《胡绳是怎样成为学界大师的(续一)》，《百年潮》2018 年第 6 期。

[97] 汪兵：《胡绳与中共党史学范式研究论析》，《北京科技大学学报》(社会科学版)2018 年第 5 期。

[98] 兰梁斌：《20 世纪三四十年代历史书写中的康有为——以陈恭禄、蒋廷黻、范文澜为中心》，《杭州师范大学学报》(社会科学版)2018 年第 5 期。

[99] 朱汉国：《70 年来中国近代史学科建设的成就与新使命》，《河北学刊》2019 年第 5 期。

[100] 苗润雨：《蒋廷黻〈中国近代史〉版本流变考》，《图书馆研究与工作》2019 年第 9 期。

[101] 张复：《凡尘多变敢求真——忆念胡绳》，《传记文学》2019 年第 11 期。

［102］崔志海：《中国近代史研究范式与方法再检讨》，《历史研究》2020 年第 3
　　　期。

［103］汪兵：《胡绳对中共党史功能观的阐释》，《青海师范大学学报》(社会科学
　　　版)2021 年第 1 期。

［104］沈珊珊：《论解放战争时期胡绳对"中间路线"的批判》，《高校马克思主义
　　　理论研究》2021 年第 4 期。

［105］汪兵：《胡绳对中共党史学理论和方法的诠释》，《北京党史》2021 年第 4
　　　期。

［106］王瑞、张卫波：《胡绳与〈中国共产党的七十年〉》，《中国图书评论》2021
　　　年第 12 期。

［107］赵庆云：《阶级理论与马克思主义史学》，《史学理论研究》2022 年第 3 期。

［108］兰梁斌：《延安时期马克思主义史家的辛亥革命史书写与近代史体系构
　　　建》，《史学月刊》2022 年第 7 期。

英文

［1］John King Fairbank. China's Response to the West［M］. Harvatd University Press，
　　1954.

［2］John Stuart Mill. Consideration on Representative，Government［M］. Adamant
　　Media Corporation，1982.

［3］Jack Goldstone. Revolution and Rebellion in the Early Modern World［M］.
　　University of California Press，1993.

［4］Alasdair Macintyre. After Virtue［M］. University of Notre Dame Press，1995.

［5］Charles Taylor. The Malaise of Modernity［M］. House of Anansi Press，2001.

［6］Eric Hobsbawm. The Tradition of Invention［M］. Cambridge University Press，
　　2010.